중국 고문자 연구

중국
고문자 연구

최남규 · 진명호 공저

學古房

들어가는 말

중국 고문자를 좋아한지 꽤 오래되었다.

중국 고문자 연구 중, 은퇴하기 전에 꼭 끝마치고 싶은 작업이 있다. 이 책의 내용 역시 그 중 일부이다.

금문연구에서는 특히 최근에 출토된, 적어도 20세기 후에 출토된 금문들을 총 정리하고 고석(考釋)을 하고 싶었다. 그리고 郭沫若의 名作 ≪兩周金文辭大系≫를 우리말로 번역하고 최근의 연구성과를 반영하여 다시 총정리하고자 하였다.

초나라 문자에서는 ≪郭店楚簡≫을 총정리 고석하고 그 동안의 연구성과들을 토대로 총체적으로 연구 집대성하고 싶다.

≪上博楚簡≫은 2014년 현재 이미 9권까지 출간되었는데, 이들을 모두 고석하고 연구하고 싶으나 시간이 부족하다는 것을 절실하게 느낀다. 최근엔 ≪上博楚簡≫ 중 孔子가 제자들과 나눈 문답식 문장인 '孔子言論文' 중 이미 발표된 제1권 ≪緇衣≫와 ≪性情論≫ 이외의 12편을 정리하고 있는 중이다. 하지만 이외에도 ≪上博楚簡≫의 전편(全篇)을 은퇴하기 전까지 모두 숙독하고 정리해 내고 싶은 욕심을 가지고 있다.

서예를 좋아하는 사람이면 모두 吳昌碩의 ≪石鼓文≫ 임서본을 임서해 봤을 것이고 석고문에 관심이 많다. ≪石鼓文≫은 비교적 일찍 발견된 자료이기 때문에, 杜甫·韓愈 등 고대 중국 명인들이 이를 언급한 적이 더러 있다. 따라서 예로부터 많은 학자들에 의해 연구되어 오던 고문자 자료인 ≪石鼓文≫을 더욱더 총체적으로 정리할 필요가 있다. 漢代

의 碑刻은 갑골문이나 금문의 고전적 중후함과 위진남북조의 민첩함을 절충한 서체미를 지니고 있어, 서예인들에게는 글씨의 매력을 지닌 서체 중에 으뜸으로 꼽힌다. '漢魏六朝'의 碑刻을 총망라하여 정리하고 평생 동안 이를 임서하면서 서예작품에 응용하고 싶은 게 꿈인데, 과연 꿈은 이루어질 수 있을까?

이번 책 '중국 고문자 연구'는 이러한 욕망을 조금씩 실천해 보고자 그 동안 연구하고 발표한 논문들을 다시 정리한 것이다.

모든 학문이 마찬가지이지만 고문자 연구 역시 종합적인 연구가 필요하여 갑골문, 금문 연구의 정확성을 제고하기 위해서는 반드시 초나라 문자 연구와 병행되어야 한다.

《金文編》제 3판에, '1171 覭'자 아래, 《克鼎》의 '𩠐'자와 《番生簋》의 '𩠐'자를 수록하고 있다. 그러나 제 4판에서는 《克鼎》의 자만 '1482 頨'와 '1940 擾'에 수록하고 '柔'의 의미로 쓰인다 하였다. 《番生簋》의 '𩠐'자를 제 4판에서는 누락하고 있는데, 《迷盤》 등의 '𩠐'자는 《番生簋》의 '𩠐'자와 같고, 《克鼎》·《番生簋》와 《迷盤》이 모두 "頨(柔)遠能 埶(邇)"로 쓰는 것으로 보아 《금문편》 4판이 실수로 누락하고 있다. 楚簡은 '頨(腩)'자를 '𡕢'·'𡕢'·'𡕢' 등으로 쓰는데, 어떤 학자는 이 자 중의 편방 '𠂤'를 '肉'으로 보고 음성부분이라고 설명하기도 한다. 그런데 금문 등과 비교해 보면, '𠂤'는 금문의 '卤(卣)'자인 '𠧪' 혹은 '𠧪' 부분이 변형된 것이다. '卤(卣)'는 음성부분으로 '柔'의 음과 통한다. 이외에 초간에는 또한 '𡕢(殺)'자가 있는데, 이 자는 의미부 '頁(見)'에 소리부 '攸'를 추가한 '覭(頨)'의 이체자이다. 따라서 '覭'·'頨'와 '殺'는 모두 같은 이체자이고, '擾'와 '柔'의 통가자로 쓰인다.

이와 같이 종합적으로 살펴보아야 하기 때문에 금문·초간·석고문과

한비각 등을 동시에 연구하기엔 많은 시간과 노력이 필요하다는 것을
알면서도 연구를 병행해야만 하는 이유이다.

　나이가 벌써 오십 중반을 훌쩍 넘어버렸으니 마음이 더욱 조급해진다.
　하루하루 최선을 다하고자 하지만 몸도 마음을 따라가지 못하는 듯하다.
　세월이 더 가기 전에 초간 한편이라도 더 정리해야할 것 같다.

　여러 번 책을 낼 때마다 보다 신중하고 최선을 다하여 더 나은 책을
내야겠다고 다짐을 하지만, 막상 출판을 할 때면 항상 불안하고 아쉽고
두려운 마음뿐이다.
　앞으로도 계속 노력하겠으니 많은 가르침 부탁드린다.

　　　　　　　　　　　　　　全北大 訓詁樓에서 저자 일동

차 례

This Research was supported by Chonbuk National University Research Fund, 2011

제 1 장

金文 研究

Ⅰ 天亡簋(大豐簋·毛公聃季簋·朕簋) 연구

一 ≪天亡簋≫의 銘文 考釋

一) 釋文과 내용해석

【銘文資料】1)

字數: 77(合文1)

時代: 西周早期

著綠: 【總集】 2777, 【銘文選】 023, 【三代】 9.13.2, 【小校】 8.60.2,

【從古】 15.8, 【攈古】 3.2.72, 【愙齋】 11.15.2, 【奇觚】 4.11,

---

1) 【銘文資料】는 ≪殷周金文集成≫의 기물에 대한 설명과 臺灣中央硏究院 金文
   工作室에서 운영하고 있는 인터넷 사이트 「殷周金文暨青銅器資料庫」나 혹은
   劉雨 등이 편집한 ≪商周金文總著錄表≫(中華書局)를 참고하기로 한다. 이외
   에 ≪金文今譯類檢・殷商西周卷≫(≪今譯≫으로 약칭)(廣西敎育出版社)의 쪽
   수를 표시하기로 한다.

【周金】3.31.1,【簠齋】3敦1,【大系】錄1,【靑全】5：50,
【美全】4：147,【歷博】48,【綜覽一】圖版 92敦91,【斷代(新)】
1,【通考】298

出土: 陝西省 岐山 關中. 淸 道光年間(1821-1850)에 출토되었다고 전함.

現藏: 中國歷史博物館

拓片: 考古硏究所藏2)

1) 釋文3)

[大系]

乙①亥, 王②又(有)大豐③, 王凡(風)三方④, 王

祀刃(于)天室⑤降, 天亡又(佑)王⑥.

衣(殷)祀刃王不(丕)顯考文王⑦,

事喜(熹)上帝⑧, 文王監才(在)上⑨, 不

顯王乍(則)眚(相)⑩, 不(丕)緜王乍(則)虘⑪, 不(丕)克

三衣(殷)王祀⑫. 丁丑, 王鄕(饗)大團(宜)⑬, 王降,

亡助(賀)爵復(角)⑭, 隹(又)朕(朕)

又(有)慶⑮, 每(敏)尿(揚)王休于瑣尊白⑯.

[集成釋文]

乙亥王又有大禮王汎三方王

---

2) 拓本은 ≪殷周金文集成≫을 참고하기로 한다. 器銘 아래 숫자 '4261'은 ≪殷周
金文集成≫의 편집 번호이다.

3) [大系]는 郭沫若의 ≪兩周金文大系考釋≫을 가리키고 [集成釋文]은 中國社會
科學院考古硏究所가 편찬한 ≪殷周金文集成釋文≫을 가리키고 [資料庫]는 臺
灣中央研究院歷史語言硏究所에서 운영하고 있는 사이트 ≪殷周金文暨靑銅
器資料庫≫, 張亞初의 [引得]은 ≪殷周金文集成引得≫을 참고하기로 한다.

祀于天室降天亡佑王

衣祀于王丕顯考文王

事饎熹上帝文王監在上丕

顯王作省丕緐王作庸丕克

訖衣王祀丁丑王饗大宜王降

亡得爵退囊唯朕

有慶敏啓王休于尊殷.

[資料庫]

乙亥, 王又(有)大豐, 王凡三方, 王

祀于天室, 降, 天亡又王,

衣祀于王不(丕)顯考文王,

事喜上帝, 文王德在上, 不(丕)

顯王乍(作)省, 不(丕)緐(肆)王乍(作)庶(庸), 不(丕)克

乞(訖)衣(殷)王祀. 丁丑, 王鄕(饗)大宜, 王降,

亡肋爵·退囊, 隹(唯)矣(朕)

又(有)蔑, 每啓王休于尊宮(殷).

[引得]

乙亥, 王又(有)大豐(禮), 王凡三方, 王

祀于天室, 降, 天亡又(有)王,

衣祀于王不(丕)顯考文王,

事喜(饎)上帝, 文王監在上, 不(丕)

顯王乍(則)省, 不(丕)緐(肆)王乍(則)庶(庸), 不(丕)克

乞(訖)衣(殷)王祀. 丁丑, 王鄕(饗), 大宜, 王降,

亡助(賀·嘉)爵·退(褪)橐, 唯朕

又(有)蔑, 每(敏)啓王休于尊皀(殷).

2) 내용해석

乙亥 날에 왕은 大禮를 거행하였다. 왕은 또한 세 곳을 향하여 凡
(槃)祭를 거행하였다.[4] 왕은 天室에서 제사를 지내고 내려왔고, 天亡
은 무왕이 제사지내는 것을 도왔다. 또한 무왕이 있는 곳에서 덕망이
혁혁하신 문왕께 성대한 殷祭드렸고, 하느님께도 糟祭를 올렸다. 하
늘에 계시는 文王은 덕을 혁혁하시고, 훌륭하신 덕을 후세하게 베
풀어 주셨고, 훌륭하신 무왕은 백성들을 잘 보살펴 주시고, 근면 성실
하신 무왕은 또한 위대한 문왕을 본보기로 삼았고, 훌륭하신 무왕은
문왕의 업적을 계승하였으며, 성대한 제사를 잘 마쳤다.

丁丑 일에 무왕은 향연을 베풀고 宜祭를 드리고 亡에게 제 지낸 고
기와 제 지낸 음식을 내리고, 더불어 공로품을 하사하였다. 이 좋은
일을 오랫동안 마음속에 간직하고, 훌륭하신 왕의 은덕을 진심으로
찬양하기 위하여 이 궤를 만든다.

二) 銘文 考釋

본 기물에 대한 역주는 郭沫若의 ≪大系≫를 기본 자료로 하고, 孫
稚雛의 〈天亡簋銘文匯釋〉[5]과 董蓮池가 編著한 ≪商周金文辭彙釋≫[6]
에서 인용하는 전문저서나 논문을 참고하기로 한다.

---

4) 만약에 '순시하다'의 의미로 이해한다면 '鎬京, 宗周, 豐京 등 세 곳을 순시하
   였다'로 해석할 수 있다.
5) ≪古文字硏究≫, 第三輯, 中華書局, 1980年, 166-180쪽.
6) ≪商周金文辭彙釋(上)≫, 作家出版社, 2013年, 313-602쪽.

≪大系≫는 본 ≪大豐簋≫는 武王이 文王에게 제사를 올릴 때, 이 제사를 도운 신하가 만든 기물이라 하였다.

① '乙'

첫 자를 모두 '乙'자로 인식하고 있으나, 사실상 잘 보이지 않는 자이다. 그래서 ≪金文今譯類檢(殷商西周卷)≫은 "拓本은 '亥'자의 앞 자가 보이지 않지만, 아래 문장 '丁丑'을 참고하여 보면 '乙'자가 확실하다"라 하였다.[7] '乙'자를 ≪父乙鼎≫은 'ㄟ'로, ≪缶鼎≫은 'ㄟ'로 쓴다.[8]

② '王'

왕은 武王이다. ≪大系≫는 "이 기물은 武王이 文王에게 정중하게 제사를 드릴 때, 이 제사를 도운 신하가 만든 祭器이다"라 하였다.[9] ≪金文編≫은 '王'자를 'ƒ'으로 쓴다하였다.[10]

③ '大豐'

≪大系≫에 따르면 '大豐'을 ≪麥尊≫에서는 "王桀于舟爲大豐"[11]으로 쓰며, '大封'의 뜻이라 하였다.[12] 그러나 ≪集成釋文≫과 張亞初 ≪引得≫은 '禮'의 의미로 해석하였고, 唐蘭은 ≪西周靑銅器銘文分代史徵≫은 "'大豐'은 '大禮'이다. 즉 큰 전례 의식이라는 뜻이다. 고문자에서 '豊'자와 '豐'자를 자주 혼용한다. 劉心源은 이 자를 '豊'자로 해석

---

7) "亥前一字原拓缺, 據下文丁丑推之, 當爲'乙'", ≪金文今譯類檢≫, 168쪽.
8) ≪金文編≫, '2359 ㄟ', 961쪽 참고.
9) "此武王殷祀文王時其助言之臣工所作器", ≪兩周金文辭大系≫, 1쪽.
10) ≪金文編≫, '0038 王', 18쪽.
11) "왕이 배를 타고 大禮를 거행하다."
12) "大豐, 亦見麥尊, 彼銘云:「王桀于舟爲大豐」. 余意當卽大封." ≪兩周金文辭大系≫, 1쪽.

하였는데 이는 옳은 주장이다"라 하였다.[13]

≪金文編≫은 '豐'자 아래에 ≪天亡簋≫는 '豐'자를 '🖐'으로 쓰며, "金文 중 '醴'자의 偏旁과 '豐'자의 형태가 같다. 즉 '豊'과 같은 자이다. '豊'자는 제기에 물건이 가득 찬 모양이다. '豊'자와 '豐'자는 漢代의 隸書에서 모두 '豊'자로 쓴다"라 하였다.[14]

④ '王凡三方'

'ㅂ'자에 대해서는 학자마다 견해가 다르다.

≪大系≫는 「王凡三方」 중 '凡'은 '風'자의 가차자로, '誥(알리다)'의 뜻인 '諷'의 가차자라 하였다. 또한 '三方'은 동, 남, 북 등 세 곳을 가리키며, 주나라 사람들이 서쪽에 살고 있기 때문에 동남북 세 곳 만을 언급한 것이라 하였다.[15] 唐蘭은 'ㅂ'자는 '同'자와 같은 자로 "同'은 이른바 각 나라의 제후들을 소집하여 회합한다는 의미"라 하였다.[16] 그러나 '同'자는 갑골문과 금문에서 모두 '凡'과 '口'로 이루어진 회의자로 쓰이기 때문에 가능성이 적어 보인다.[17]

于省吾는 갑골문의 "凡于且丁"[18]·"于父乙凡"[19]이라는 구절을 참고하여 祭名으로 보았다.[20]

王輝 ≪商周金文≫은 'ㅂ'자는 '般'자의 초기 형태이며, 李堯東의 ≪天

---

13) "大豐卽大禮. 指大的典禮. 古豊字常與豐字相亂, 劉心源釋豊, 甚是", 唐蘭, ≪西周靑銅器銘文分代史徵≫, 12쪽.

14) "金文醴之偏旁形與此同, 與豊爲一字. 豆之豊滿者所以爲豊也. 漢隷豊豐二字皆作豊", ≪金文編≫, '0767 豊', 331쪽 참고.

15) ≪兩周金文辭大系≫, 1쪽.

16) "同是召集各方諸侯來會", ≪西周靑銅器銘文分代史徵≫, 12쪽.

17) ≪甲骨文編≫(中華書局), 330쪽. ≪金文編≫, '1277 同', 545쪽.

18) "조부 丁에게 凡祭를 지내다."

19) "父乙에게 凡祭를 지내다."

20) 孫稚雛, 〈天亡簋銘文匯釋〉, ≪古文字硏究≫第三輯, 171쪽 재참고.

亡簋與武王東土都邑≫의 문장을 인용하여 '謦'의 뜻으로 보았다.[21]
≪說文解字≫는 '謦'자에 대하여 "'눈을 돌려 쳐다보다'의 의미. 의미
부 目과 소리부 般으로 이루어진 형성자"라 하였다.[22] 즉 왕이 전국
각지를 순시하다의 의미로 해석하였다. ≪金文今譯類檢≫은 배에서
儀式을 행하기 위하여 배를 타고 유람한다는 '沉'의 의미라하였다.[23]
각각의 주장을 정리하면 아래와 같다.

(1) '諷': 알리다
(2) '同': 회합하다
(3) '祭名'
(4) '謦': 省視하다
(5) '沉': 유람하다

갑골문에서 '凡'자는 祭名으로 쓰이고, '四方'이라는 단어가 갑골문
과 금문에도 자주 보이기 때문에 본문은 祭名으로 해석하기로 한다.
≪金文編≫은 ≪天亡簋≫의 'ㅂ'자에 대하여 "≪說文≫은 '凡자는
二와 乃로 이루어진 회의자이다. 乃는 及의 古文이다'라 하였다. 이
는 자형과 맞지 않은 설명으로 잘못된 것이다"라 하였다.[24] 'ㅂ'은 '槃
(盤)'자의 初文이다.[25]

---

21) 王輝, ≪商周金文≫, 35쪽 참고.
22) ≪說文解字≫: "謦, 轉目視也. 從目, 般聲."
23) ≪金文今譯類檢≫, 168쪽.
24) "≪說文≫: '從二, 從乃, 乃, 古文及.' 說解與篆體不合. 殆有譌奪.", ≪金文編≫,
    '2160 凡', 881쪽 참고.
25) 徐中舒 ≪甲骨文字典≫은 "(ㅂ)爲槃之初文."이라 하였다.(1450쪽)

‘凡’자를 갑골문은 ‘𦥑’·‘𦥓’으로 쓰며,[26] █과 비슷하다. ‘凡’자는 갑골문에서 ‘祭名’으로 쓰이고,[27] 고대의 왕은 여러 곳에서 祭禮를 행할 수 있기 때문에 제명이 아닌가 한다. ‘三方’을 郭沫若은 東西南 세 방향을 가리킨다고 하였으나, 갑골문 등은 일반적으로 ‘四方’으로 쓰기 때문에 설득력이 없고, 李平心의 분석과 같이 조상을 모셔 놓은 세 廟室일 수 도 있다.

“王凡三方”은 왕은 大禮를 행하기 위하여 ‘三方’ 즉 세 곳을 두루 순시하다는 뜻이다. 宗周에서의 三方은 ‘蒿(鎬)京’에 있는 ‘天室’과 ‘宗周의 궁실’과 ‘豐邑(문왕의 도읍지)’ 등 세 개의 각기 다른 城 세 곳을 가리킨다. 周 武王이 ‘蒿京’ 즉 궁실에 있다가 ‘天室’에서 상제에게 제사를 올리고, 다시 내려와 宗周인 鎬京의 文王廟에서 文王에게 정성껏 제사를 드리고, ‘豐邑’으로 돌아온 것으로 보인다.

‘三方’ 중의 ‘三’자는 갑골문과 금문에 ‘四方’이라는 단어가 자주 쓰이기 때문에, ‘三’자 아래부분에 한 가로획이 누락되었다고 주장하기도 하나, 郭沫若의 주장처럼 세 곳을 제사를 지낼 수도 있기 때문에, ‘三方’의 주장을 따르기로 한다.

⑤ ‘王祀羽(于)天室’

《大系》는 《庚嬴卣》의 “王이 康嬴의 宮室에 도착하다”와[28], 《豆閉簋》의 “왕이 師戲의 太室에 도착하다”의 문장을 참고하여,[29] ‘天

---

26) 《甲骨文編》, 517쪽.

27) 徐中舒 《甲骨文字典》, 1450쪽. 徐中舒는 「勿乎王族凡于𨑱」(《續》三·七·九) 중의 ‘凡’을 「疑爲巡視之意(순시의 의미로 쓰이고 있는 것이 아닌가한다)」라 하였다. 혹은 《天亡簋》의 ‘凡’자도 ‘巡視’하다의 의미로 해석할 수 있다.

28) 《大系》錄60. 《集成》05426, Fogg Art Museum, Cambridge, Massachusetts, USA. 西周初期, 銘文51字(重文2). 《庚嬴卣》: “王逢于康嬴宮.”(王이 康嬴의 宮室에 도착하다).

室'은 "天亡의 宮室"이라는 의미라 하였다.[30] ≪天亡簋≫ 중의 '🔆🏠'을 吳大澂·孫詒讓·柯昌濟·于省吾 등은 모두 '太室'이라고 하였다. 于省吾는 "'天'과 '太'자는 고문자에서 서로 통한다'[31]라 하였다. '天'자와 '太'자가 고문에서 서로 통용되긴 하지만, ≪天亡簋≫에서는 확실하게 구별하여 쓰고 있다. '天室'과 '天亡' 중의 '天'자는 '🔆·🔆'으로 쓰고, '大豊'이나 '大宜'는 '🔆·🔆'로 써서 확실히 구별하고 있다. 徐同柏·楊樹達·陳夢家 등은 '天室'에 대해 ≪逸周書·度邑篇≫과 ≪史記·周本紀≫의 "하늘이 주나라를 보우하여 천하의 사람들이 天室을 따르도록 하리라. 은왕이 주를 정복했듯이 모든 악인을 찾아내어 벌할 것이다"[32]의 문장을 인용하여 "하늘에 기원하는 明堂"[33]이라 하여 上帝에게 제사를 올리는 '明堂'이라 하였다.[34]

郭沫若은 '天室'을 '天亡'이 머무르는 室'이라고 해석하고 있는데, 전후 문맥으로 보아 잘못된 것이다.

⑥ '降, 天亡又(佑)王'

≪大系≫는 "'天亡又王'을 '天無尤王'으로 해석하였으나", "'天亡' 문장 내용으로 보아 이 기물을 만든 사람의 이름이 틀림없다. '亡'은 '無'자와 통한다. ≪古今人表≫에서 언급한 '賓須亡'·'費亡極' 이름 중 '亡'자를 ≪左傳≫은 '無'자로 쓴다. ≪姓考≫는 '天은 黃帝의 신하 天老의 후예이다'[35]라 했다. 따라서 '天'은 姓이고, '亡'은 이름이다. '又王'은

29) ≪大系≫錄60. ≪集成≫04276. 北京故宮博物館 所藏. 西周中期, 銘文 92 字. ≪豆閉簋≫: "王各于師戲大室"(왕이 師戲의 太室에 도착하다).
30) ≪兩周金文辭大系≫, 1쪽.
31) "天太古通."
32) "定天保, 依天室, 悉求夫惡, 貶從殷王受."
33) "是祈天的明堂." '明堂'은 '天宮'에 상당한다.
34) 각 학자의 주장은 董蓮池 編著 ≪商周金文辭彙釋(上)≫, 313-603쪽 참고.

'佑王'의 뜻으로 '제사를 돕다'라는 뜻이다.

'![img]'자를 하나의 독립적인 문장으로 보기도 하고, 혹은 '天亡'을 '降'의 목적어로 보기도 한다.

'下降': 陳介祺·楊樹達
'命令': 聞一多·陳夢家·柯昌濟

　陳介祺 등은 '降'자를 "王降自天室也"[36]로 해석하고, 聞一多 등은 "문왕께 정성스레 제사를 드리고, 또한 上帝께도 饎祭를 올리라 하였다"[37]라 설명하였다. 柯昌濟는 '降'을 '令'을 해석함과 동시에 ''자는 '失'자를 잘못 쓴 것으로 "亡失(佚)"[38]로 해석하고 있다. 楊樹達도 "천실에서 잘 내려 오셨다"[39]로 해석하고 있다. 이러한 해석은 '天亡'을 인명으로 보고 않는다. 그러나 전후 문맥과 일곱째 중의 '亡' 역시 인명으로 쓰이는 것으로 보아 이곳의 天亡은 인명이고, ''자는 천망이 왕을 도와서 제사를 지내는 '佑(돕다)'이다.

　≪天亡簋≫에서 '降'자는 "王降天亡又(佑)"와 "王降亡得"의 구절에서 두 번 출현하고 있다. 모두 '王 + 動詞 + 天亡(亡)+動詞'로 되어 있다. '降'자는 고문에서 '내려오다'·'하사하다'나 '명령을 내리다'의 의미로 쓰인다. ≪小雅·節南山≫"昊天不惠, 降此大淚"[40], ≪史記·周本紀≫"王降翟師以伐鄭"[41] 중의 '降'은 '하사하다'와 '명령을 내리다'의 의미

---

35) "天, 黃帝臣天老之後."
36) "왕이 天室에서 내려오다."
37) "令天亡衣祀于文王, 並事喜上帝也."
38) "실수없이 행하다."
39) "從天室來沒有愆尤."
40) "하늘이 자비를 베풀지 않으시어, 이러한 큰 환난을 내리셨네."
41) "왕은 翟의 군대를 명령하여 鄭나라를 토벌하였다."

로 쓰인다. ≪天亡篹≫에서는 '降'자를 '내려오다'·'명령하다'나 '하사
하다'의 의미로 모두 해석해도 해당 구절에는 문제가 없다. 따라서 본
銘文에서의 '降'자는 전후 문맥의 내용을 고려하여 해석하여야 한다.

"王降天亡又(佑)"는 "凡(汎)三方"의 내용이 왕의 거처와 관계가 있
기 때문에 '내려오다'의 의미로 해석할 수 있고, "王降亡得"은 앞 구절
내용에서 天亡이 왕을 도와 제사를 지내고, 뒤 내용은 하사품이 언급
되어 있기 때문에 '하사하다'라는 의미로 이해할 수 있다.

'天亡'은 劉心源·聞一多·陳夢家 등 대부분이 성이 '天'이고 이름이
'亡'이라 하였다. 于省吾는 '天亡'은 '大亡' 즉 '太望'으로, "輔助伐周, 國
事元勳"한 '太公望'이라 하였다.[42] '天亡'의 직업이 上帝에게 제사를
지내는 직책이기 때문에 姓을 '天'이라 했다. 孫常敍는 "그 일하는 직
업이 '天'과 관련이 있기 때문에 '天'이라 했고, 이름은 '亡'이다"[43]라
했다. 혹은 商湯이 망하게 된 것을 곧 하늘의 뜻에서 취한 이름이 아
닌가 한다.

⑦ '衣(殷)祀丂王不(丕)顯考文王'

≪大系≫는 「衣祀」를 孫詒讓과 王國維는 모두 "五年而再殷祀" 중
의 '殷祀'로 해석하고 있으며,[44] ('殷'자에 대한 해석은 ≪沈子篹≫ 참
고[45]) 아래 문장 "不克三〈乞〉衣王祀" 중의 '衣'자 역시 같기 때문에 즉
殷商의 '殷'이라고 하였다.

'衣祀' 중의 ■'자를 吳大澂·孫詒讓·王國維[46] 등은 성대한 제사라

---

42) 于省吾, ≪關于天亡篹銘文的幾點論證≫.

43) "其職事爲天, 而其名爲亡."

44) 唐蘭 ≪西周靑銅器銘文分代史徵≫: "殷祀, 豊盛的祭祀. ≪公羊傳·文公二年≫:
   '五年而在殷祀'.", 13쪽.

45) ≪大系≫錄23.

는 의미의 '殷祀'로 해석하고, 岑仲勉·柯昌濟·陳夢家 등은 제사의 명칭으로 보았다. ≪公羊傳·文公二年≫"五年而再殷祭"에 대하여 何休는 "殷, 盛也"라 했고, ≪禮記·曾子問≫"服祭以後殷祭"에 대하여 孔穎達은 ≪疏≫에서 "殷은 '大'의 뜻. ……大祭는 곧 殷祭이다"[47]라 하였다. 크고 성대하게 지내는 제사를 '殷祭'라 한다. '殷祭'는 정성을 다하여 지내는 성대한 제사를 가리킨다.

'丂(于)'자 다음의 '王'은 '무왕이 거처하는 장소'를 가리키고, "不(丕)顯考文王"은 제사를 지내는 대상이다. ≪天亡簋≫에서 '文王' 이외 '王'은 모두 '武王'을 가리킨다. 陳夢家는 "不顯王"과 "不㬎王" 중의 '王'은 모두 "이 기물을 만든 사람이 당시 왕(무왕)을 칭송하여 부르는 것이다"[48]라 했다. 금문에서 일반적으로 先王은 '號'나 '先王'이라 하고, 당시의 왕은 '王'이라고 부른다. ≪金文編≫은 '顯'자를 '𣃦'으로 모사하였다.[49]

⑧ '事喜(熹)上帝'

≪大系≫는 "事喜上帝" 중의 '喜'자는 '熹'자의 생략형이며, 殷墟 ≪卜辭≫ "延于丁宗熹"[50] 중의 '熹'자의 의미와 같은 것으로 섶을 태워 지내는 제사(柴燎)의 뜻이라 하였다.

'𢍺'자를 徐同柏과 方濬益은 '饎'자로 해석하고, 郭沫若은 '熹'자를 생략하여 쓴 '喜'자라고 하였다. 陳夢家는 "'喜'자는 ≪商頌·玄鳥≫'大

---

46) 王國維, ≪殷禮徵文殷祭≫. 孫稚雛, 〈天亡簋銘文匯釋〉, ≪古文字研究≫第三輯(1980), 172쪽 재인용.
47) "殷大也. ……大祭謂之殷祭."
48) "是作器者所以美稱時王(卽武王)."
49) 容庚 ≪金文編≫, '1480 顯'(628쪽) 참고.
50) ≪殷墟書契前編≫5·8·5. ≪說文≫은 "熹, 炙也. 從火喜聲"이라 했다. "先祖丁 宗室에서 熹祭를 지내다."

糦是烝'51) 구절 중의 '糦'와 같은 뜻이다. 《釋文》은 韓詩를 인용하여 '大糦는 大祭이다. ……喜上帝란 즉 上帝에게 음식을 차려 제사를 지내다'라 했다"52)라 하였다. 따라서 본 명문 '喜'는 상제에게 술과 음식을 바쳐 지내는 제사 '糦'의 뜻으로 쓰이고 있다.

⑨ '文王監才(在)上'

'文王 아래 ▨자는 잘 보이지 않기 때문에 학자마다 의견이 분분하다.

'德': 陳介祺·方濬益·吳大澂·孫詒讓·劉心源·于省吾·楊樹達
'監': 郭沫若·白川靜·孫常敍

《詩經·大雅·文王》의 "文王在上, 於昭于天. 周雖舊邦, 其命維新. 有周不顯, 帝命不時. 文王陟降, 在帝左右. 亹亹文王, 令聞不已. 陳錫哉周, 侯文王孫子"53) 중 "文王在上, 於昭于天"54)은 하늘에 계시는 문왕의 덕망에 관한 내용이지, 문왕이 후대를 살펴보고 관찰하는 것이 아니고, '德'자를 갑골문은 '▨'·'▨', 金文은 '▨'(《辛鼎》)·'▨'(《盂鼎》)·'▨'(《毛公鼎》)으로 써 '▨'과 형태가 비슷하다.55) 따라서 본 명문은 '德'자로 해석하는 것이 옳다.

---

51) "많은 제물을 차려 제사를 지내네."
52) "喜應讀作 《商頌·玄鳥》『大糦是烝』之糦. 《釋文》引韓詩云『大糦, 大祭也. ……喜上帝卽祭上帝.』"
53) "문왕께서 위에 계시니 하늘이 밝게 빛나네. 주나라는 오래된 나라이지만 그 명령은 새롭기만 하네. 주나라 임금은 매우 밝으시니 하느님의 명은 바르게 내리셨네. 문왕께선 하늘과 땅을 오르내리시며 하느님 곁을 떠나지 않으셨네. 문왕께서 애쓰시어 아름다운 명성 끊이지 않았네. 주나라에 많은 복 내리시어 문왕 자손들이 누리시네."
54) "문왕께서 위에 계시니 하늘이 밝게 빛나네."
55) 《漢語古文字字形表》, 70쪽 참고.

⑩ '不顯王乍(則)眢(相)'

《大系》는 《卜辭》"我其巳方, 乍帝降若, 我勿巳方, 乍帝降不若"[56]
과 《書經·多方》"惟聖罔念作狂, 惟狂克念作聖"[57]의 구절을 참고하
여, '不'자는 모두 '조'의 뜻이고, '乍'는 모두 '則'의 뜻이라 하였다.

《大系》는 또한 《宗周鐘》을 참고하여[58], '眢'자는 '相'자의 고문
이며, '旹'으로 해석하기도 하나 이는 잘못된 것이라 하였다.

'乍'자 아래 '眢'자를 '省' 혹은 '相'으로 해석한다.

'省': 孫詒讓·劉心源·于省吾
'相': 郭沫若·吳式芬·楊樹達

郭沫若은 "'作'은 '則'의 가차자이다. '조顯王則相'은 문왕이 훌륭하
기 때문에 무왕이 이를 본보기로 삼는다는 뜻이다"라 하고,[59] 楊樹達
은 "'相'은 '視'나 '助'의 의미로 즉 '돌보아주다'이다"[60]라 하여 "조顯王"

56) 《殷墟萃編》1113. 郭沫若은 처음에 『我其巳方, 乍(則)帝降若』이라 해석했으
나(《卜辭通纂》, 76쪽), 후에 "方者, 余謂卽武丁時所習見之卜人方. '巳方'者,
蓋謂罷免其官職(余舊解爲侯祀之事, 不確, 今正)"이라 했다(《殷契萃編》, 143
쪽). 그러나 '巳'는 甲骨文에서 '祀'의 의미로 쓰이고, '方'은 '賓'으로 제사의 명
칭으로 쓰인다.(徐中舒, 《甲骨文字典》) 唐鈺明〈卜辭 「我其巳賓乍帝降若」
解〉는 '巳'·'方'과 '乍'를 모두 제사의 명칭인 '祀'·'賓'·'祚'로 보고 있다.(《中山
大學學報(社會科學版)》1986年第01期 참고). "내가 方(賓)祭를 지내면 상제가
복을 내려 줄까요? 내가 方(賓)祭를 지내지 않으면 상제를 복을 내리지 않을
까요?"
57) "성인이라도 생각을 하지 않으면 사리분별을 하지 못하는 자가 되고, 사리 분
간을 못해도 생각을 잘하면 성인이 될 수 있다."
58) 《大系》錄25, 《集成》00260, 西周末期, 台北故宮博物館 소장. 《訣鐘》이라
고도 한다.
59) 郭沫若, 《殷周靑銅器銘文硏究》, 〈大豐簋韻讀〉. "作假爲則. '조顯王則相'者言
文王不顯, 武王則儀型之."
60) "相者, 視也, 助也, 今言照顧."

중의 ‘王’은 문왕이고 무왕을 도와준다는 의미로 해석하였다. 李平心은 ‘乍相’을 ‘迍商’으로 해석하여 ‘무왕이 상나라를 정벌하다’의 뜻이라 하였다. 于省吾는 ‘省’을 ‘監’·‘臨’으로 해석하고 “신의 능력을 갖춘 문왕이 돌봐준다”[61]라 했다. 聞一多는 또한 ‘循(쫓을 순; xún)’의 의미로 해석하여 “‘循’은 ‘쫓아 추구하다’의 뜻”[62]이라 했다. ≪爾雅≫는 “‘遹(쫓을 휼; yù)’은 ‘循’의 의미다”[63]라 했다.

　㞢은 ‘目’과 ‘生’으로 이루어진 자로 ‘眚’과 같은 자이다. 금문에서 ‘相’은 ‘𣅀’(≪相侯簋≫)·‘𣅀’(≪析尊≫)으로 쓰고,[64] ≪金文編≫은 ≪天亡簋≫의 ‘㞢’자를 ‘0585 眥’(242쪽)에 수록하고, ‘㞢’(≪戍甬鼎≫)자 아래에서 “‘目’과 ‘屮’로 이루어진 자로 ‘眚’과 같은 자이다”[65]라 하고, ≪天亡簋≫의 ‘省’을 ‘視’의 의미로 해석하고 있다.

　‘省’은 ‘省視(자세하게 관찰하다)’의 의미이다. ≪左傳·僖公二十四年≫은 “鄭伯與孔將鉏·石甲父·侯宣多省視官具于氾, 而後聽其私政·禮也”[66]라 했다. ≪宜侯矢簋≫는 “王省斌(武)王成王伐商圖, 延(延)省東或(國)圖”[67]와 같이 巡視하다의 의미로 쓰이고 있다. 본 명문에서 ‘省’은 ‘무왕이 백성들을 순찰하고 성찰하시어 잘 보살펴 주었다는 의미다.

---

61) “說文王在天之神能夠照顧的意思.”
62) “循猶追逑也.”
63) “遹, 循也.”
64) ≪金文編≫, ‘0578 粗’, 235쪽 참고.
65) “從目從屮與眚爲一字.”
66) “鄭伯이 공장서·석갑보·후선다와 함께 氾으로 가서 천자를 모시고 있는 관리들의 일용품을 살펴보고 준비하고 난 다음 자기 나라 일을 보았는데 이는 예의 맞는 일이었다.”
67) “武王과 成王이 정벌한 지역을 순찰하고, 동시에 동부의 행정지역을 省察하였다.”

⑪ '不(丕)䜣王乍(則)庚'

≪大系≫는 '庚'자는 '庚'과 '凡'으로 이루어진 자이며, 이 자는 갑골 문에도 보이는 데, 羅振玉은 '鬶'자로 해석하고 있으나, 이는 잘못된 것이라고 하였고, ≪己酉方彝≫에도 보이며, '凡'과 소리부 '庚'으로 이루어진 자고, 고문은 '盤'으로 쓴다 하였다.

≪大系≫는 또한 '庚'자는 '湯'의 고문으로 '唐'과 같은 자이며, 卜辭 는 '䵼'으로 쓰고, 아래 부분 '凵'은 그릇의 모양이지 혀의 모양이 아니 라고 하였다. 또한 卜辭에서 '唐'자는 成湯의 이름으로 쓰이고, ≪叔 夷鎛鐘≫도 成湯을 成唐으로 쓰며, 음이 같을 뿐만 아니라 서로 통용 된다고 하였다.

'䜣'자는 대부분의 학자들이 '肆'의 의미로 풀이하고 있다.

墜: 柯昌濟
肆: 方濬益·吳闓生·聞一多·楊樹達

楊樹達은 "≪說文≫九篇 아래 希部에 '䜣'자 있는데, 古文은 '䜣'로 쓰고, ≪虞書≫를 인용하여 '䜣類于上帝'라 하였다. 현행본 ≪書經≫ 은 '肆'로 쓴다. '䜣'자는 즉 '肆'자의 古文이다. ≪爾雅·釋言≫은 '肆는 힘쓰다의 뜻'이라 하고, 薛綜은 ≪文選·東京賦≫에서 '肆는 근면하다 의 의미'라 설명하였다"라 했다.[68] ≪金文編≫은 '1587 䜣'에 수록하고 '䜣'로 모사하였다.[69]

---

68) 楊樹達: "≪說文≫九篇下希部䜣字古文䜣引 ≪虞書≫'䜣類于上帝', 今 ≪書≫ 作肆, 則䜣乃肆之古文也. ≪爾雅·釋言≫云'肆, 力也', ≪文選·東京賦≫薛注云 '肆, 勤也.'" ≪積微居金文說≫, 〈大豊簋再跋〉, 235쪽.
69) ≪金文編≫, 669쪽 참고.

'██'자는 소리부 '庚'과 '凡'으로 이루어진 형성자이다. 이 자에 대해서는 학자마다 의견이 다르나 일반적으로 '계승하다'의 의미인 '賡'으로 해석한다.

'賡': 陳介祺·方濬益·吳大澂·柯昌濟
'䡅': 郭沫若·楊樹達
'續'字의 古文: 孫常敍

≪說文解字≫는 '續'자에 대하여 "連也. 從糸賣聲. ██古文續從庚·貝[70]라 하고, 徐鉉은 '續'자를 "현재는 이 자의 음이 '古行'切이다"[71]라 하여 '██(賡)'자는 '續'자의 고문이라 하였다.

그러나 段玉裁는 '賡'자가 '續'자의 고문이 아니라며, "≪說文解字≫는 '賡'자가 '貝'와 소리부 '庚'으로 이루어진 형성자라는 것을 알지 못하였다. 이 자를 '貝'部나 혹은 '庚部에 놓아야 한다. 아마도 이러한 오류는 孔傳이 '續'자를 '賡'으로 해석한 것에서 비롯되었을 것이다. 따라서 ≪설문해자≫의 주장을 따르지 않기로 한다. 옛날에는 현행되는 자로 古文을 설명하는 형식을 취했다. 예를 들어, ≪說文≫의 '潟'자의 篆文은 '讟'이다와 같이 현행되는 자로 古文을 설명하지 않았는가? ≪毛詩≫'西有長庚' 구절에 대하여 ≪傳≫은 '庚'은 '續'의 뜻이라 했는데, 이는 '庚'자와 '賡'자는 동의어라는 것을 의미한다. '庚'자는 '續'의 의미가 있다. '續'자의 고문은 회의자이어야 한다. 會意字로 形聲字를 말하는 것은 잘못된 것이다"[72]라 하여, '賡'자는 형성자이고, '續'과는

---

70) "'계승하다'의 뜻. '糸'와 소리부 '賣'로 이루어진 형성자. '續'자의 고문은 자건 '庚과 '貝'인 '賡'으로 쓴다."
71) "今俗作古行切."
72) ≪說文解字注≫: "不知此字果從貝·庚聲. 許必入之貝部或庚部矣. 其誤起於孔

동의어 관계라고 설명하였다.

孫常敍는 "이 '虔'자의 음은 '古行'切도 아니고, 또한 '續'자의 同義語도 아니다. 이 자의 음은 '似足'切로 '續'자의 이체자 중의 하나인 古文 '續'자이다"73)라 했다.

'續'의 古音은 'rjewk(屋)'이고, '虜'은 'krang(陽)'으로 서로 거리가 멀다.

郭沫若은 '虔'자는 '湯'자의 고문으로 '唐'과 같은 자라고 하며, "'虔'자는 字件 '庚'과 '凡'으로 이루어진 자이다. 卜辭에도 있고, ≪酉方彝≫에도 보인다. 이 자는 '凡'과 소리부 '庚'으로 이루어진 형성자이다. '凡'은 '盤'자의 고문이다. '湯'자의 고문자는 '唐'자와 같은 자이다. '唐'자는 卜辭에서 '𦮃'으로 쓰며, 아래 부분 '⊟'는 그릇 반의 형상이지 입모양이 아니다. 卜辭에서 '唐'은 '成湯'을 가리키고, ≪叔夷鎛鐘≫은 '成湯'을 '成唐'으로 쓴다. 음이 같아 서로 통용되며 또한 古今字이다"74)라 했다.

'𤲞'자의 음성부분은 '庚'으로 '虜'과 통하며 '계승하다'·'지속하다'의 의미로 쓰인다.

⑫ '不(丕)三〈克〉乞(訖)衣(殷)王祀'

'虔'자 아래 '𠃌'자를 聞一多는 ≪經典釋詞≫를 인용하여 '乃'의 의미로 해석하였다. "'丕克' 중 '丕'자는 '乃'의 의미와 같다. ≪書經·盤庚≫

傳, 以續釋虜, 故遂不用許說. 抑知以今字釋古文, 古人自有此例. 卽如許云渴, 誰也. 非以今字釋古文乎. ≪毛詩≫「西有長庚」, ≪傳≫曰: 庚, 續也. 此正謂庚與虜同義. 庚有續義. 故古文續字取以會意也. 仍會意爲形聲, 其啓亂有如此者."
73) "這個虔字不讀古行切, 不是續的同義詞, 而是讀作似足切, 是續字的另一寫法, 古文續字."
74) "虔字從庚從凡, 卜辭有之, 而酉方彝亦有之, 當是從凡庚聲之字. 凡古文盤, 蓋卽湯之古文, 與唐爲一字. 唐卜辭作𦮃, 下從⊟形亦盤皿之象, 非口舌字. 卜辭以唐爲成湯, 叔夷鎛鐘成湯亦作成唐, 不僅音同通用, 實古今字也."〈大系〉, 2쪽.

은 '余丕克羞爾用懷爾然[75]라 하여 '丕克'을 연용하고 있다. ≪天亡簋≫의 용법과 같다"[76]라 했다. 전체적인 문맥으로 보아 참고할 만하다.

'克'자 아래 ▨자는 '三方' 중의 ▨자와는 가운데 필획의 길이가 같지 않으며, 학자마다 이 자에 대한 의견이 분분하다.

'三': 聞一多·楊樹達·吳其昌
'乞': 郭沫若·于省吾·陳夢家
'王': 段滌非·白川靜

郭沫若은 ≪兩周金文辭大系≫三版에서 "陳夢家는 이 자를 '乞'로 해석하고 있는데 따를만 하다. '乞'은 '訖'의 의미로 '중지시키다'의 뜻"라고 수정하여, '그치다'·'중지시키다'의 의미로 해석하였다.[77] 陳夢家는 于省吾의 '乞'의 해석에 찬성하고, "문맥으로 보아 이 궤의 '乞'자를 '三'으로 해석하면 안 된다. '乞衣王祀' 구절 중의 '祀'는 두 가지 해석이 가능하다. 첫째는 歷年으로 ≪召誥≫는 '我不可不監于有夏, 亦不可不監于有殷. ……有夏服天命, 惟有歷年……有殷受天命, 惟有歷年, ……我受天命, 丕若有夏歷年, 式勿替有殷歷年'[78]이라 하였다. 따라서 '乞殷王祀'는 은왕이 다스리는 '歷年(해)'을 종지시킨다는 뜻으로 천명을 끝나게 한다는 것이다. 두 번째는 제사의 의미로 해석할 수 있다.

---

75) "내가 그대들에게 잘 살게 해 주려는 것은 그대들을 생각해서 그러는 것이다."
76) "丕克之丕, 當訓乃. ≪書·盤庚≫「余丕克羞爾用懷爾然」, 丕克連用與此同."
77) 郭沫若, ≪兩周金文大系圖錄考釋≫, 〈大豐簋〉, 1쪽. "陳夢家釋'乞', 可從. 乞讀爲訖, 謂終止也."
78) "우리는 하나라 임금을 거울로 삼지 않을 수 없다. 하나라 임금은 천명에 따라 여러 해 동안 나라를 다스렸다. 은나라 임금은 천명을 받아 여러 해 동안 나라를 다스렸다. 우리가 받은 천명이 하나라 임금이 여러 해 다스릴 때와 같아야 하며 은나라 임금이 여러 해 다스릴 때와 어긋나지 않아야 한다."

≪魯世家≫는 武庚을 봉함으로써 '以續殷祀'[79]라 했고, ≪管蔡世家≫
는 微子에게 '以續殷祀'라 했다. 이는 모두 殷王의 제사를 계속 잇게
하다의 뜻이다. 따라서 '迄殷王祀'는 제사를 종지시키는 것으로 이 또
한 하늘의 명령을 따르는 것이다"[80]라 했다.

≪書經·西伯戡黎≫의 "天旣訖我殷命"[81]의 내용이 이와 관련이 있다.

그러나 段滌非와 白川靜은 이 자를 '王'자의 변형형태로 보아, 段滌
非는 이 ≪天亡簋≫의 시기를 昭王시기로 보고 白川靜은 康王시기의
기물로 보고 있다.

그러나 앞에서 이미 언급하였다시피 금문에서는 일반적으로 그 당
시 왕은 '王'으로 칭하고, 선조의 왕은 '先王' 혹은 직접 號를 쓴다. 따
라서 이 견해는 설득력이 없다.

彭裕商은 ≪西周靑銅器年代綜合研究≫에서 "丕克訖衣王祀"의 명
문에 대하여, "많은 학자들이 '衣'자를 '殷'으로 해석하고 殷王의 제사
를 종결시켰다고 주장하였다. 즉 武王이 紂를 정벌하고 殷나라를 대
신하여 새 나라를 세웠다고 하였다. 그러나 앞 銘文 중에 '衣祀于王丕
顯考文王'이라는 구절을 참고하여 볼 때 '衣王祀'는 '衣祀' 문장의 변
형이며, 武王이 제사 지내는 것을 잘 끝마칠 수 있었다는 내용이다.
전체적인 문맥으로 보아, 앞 뒤 문장이 모두 武王이 文王에게 제사드
릴 때, 天亡이 이 제사에 참여하여 제사를 돕는 내용인데, 갑자기 중

79) "은의 제사를 잇도록 하였다."
80) "讀其文乃悟此簋的乞字非三字. '乞衣王祀'之祀可有兩種解釋. 一釋爲歷年,
≪召誥≫'我不可不監于有夏, 亦不可不監于有殷. ……有夏服天命, 惟有歷
年……有殷受天命, 惟有歷年, ……我受天命, 丕若有夏歷年, 式勿替有殷歷年.'
若如此說, 則乞殷王祀爲終迄殷王的歷年, 亦卽終其天命. 二釋爲祭祀. ≪魯世
家≫封武庚'以續殷祀', ≪管蔡世家≫命微子'以續殷祀'. 此爲繼續殷王的祭祀,
卽'迄殷王祀'爲終迄其祭祀, 亦卽從其天命." ≪西周銅器斷代≫(上), 5쪽
81) "하늘은 우리 은나라의 명을 끊으려 한다."

간에 殷紂를 멸망시킨 내용이 언급된다는 것은 어불성설이다. 역사적으로 볼 때, 武王이 商나라를 멸망시키고 은나라의 제사를 중지시키지 않고, 紂王의 아들인 武庚에게 殷나라의 제사를 계속해서 받들어 모시도록 하였다. 따라서 殷王의 제사를 중지시켰다는 내용을 가지고 武王이 商나라를 멸망시켰다는 것으로 이해한다면 이는 잘못된 것이다"[82]라 하여, 彭裕商은 '乞(訖)'자를 先王에게 제사드리는 일을 순조롭게 잘 마쳤다는 의미로 해석하고 있다. 전체적인 내용으로 보아 이 주장을 따를 만하다.

"衣(殷)祀㝢(于)王不(丕)顯考文王"의 '衣祀' 중 🖾(衣)'자를 吳大澂·孫詒讓·王國維[83] 등은 성대한 제사라는 의미의 '殷祀'로 해석하고, 岑仲勉·柯昌濟·陳夢家 등은 제사의 명칭으로 보았다. ≪公羊傳·文公二年≫"五年而再殷祭"에 대하여 何休는 "殷은 '성대하다(盛)'의 뜻"[84]라 했고, ≪禮記·曾子問≫"服祭以後殷祭"에 대하여 孔穎達은 ≪疏≫에서 '殷은 大의 뜻. ……大祭는 곧 殷祭이다'[85]라 하였다. 크고 성대하게 지내는 제사를 '殷祭'라 한다. '殷祭'는 정성을 다하여 지내는 성대한 제사를 가리킨다.

'㝢(于)'자 다음의 '王'은 '무왕이 거처하는 장소'를 가리키고, "不(丕)顯考文王"은 제사를 지내는 대상이다. ≪天亡簋≫에서 '文王' 이외

---

82) "學者多訓'衣'爲'殷', 謂終止殷王之祀, 卽指武王伐紂伐殷. 但我們認爲, 本銘上文有'衣祀于王丕顯考文王'一句, 則'衣王祀'似應爲'衣祀'之變, 謂武王能善終其祭祀. 又以通篇文意觀之, 上下文都是在說武王祭祀文王而天亡參與與助祭之事, 中間突然冒出一句伐紂代殷的話, 也覺得不論不類. 並且武王滅商, 也並未絕其祀, 而是以紂子武庚奉殷之祀, 以終止殷王之祀來指武王滅商, 也是極其牽强的." 彭裕商, ≪西周靑銅器年代綜合硏究≫(2003), 215 쪽 참고.

83) 王國維, ≪殷禮徵文殷祭≫. 孫稚雛, 〈天亡簋銘文匯釋〉, ≪古文字硏究≫第三輯(1980), 172쪽 재인용.

84) "殷, 盛也."

85) "殷大也. ……大祭謂之殷祭."

'王'은 모두 '武王'을 가리킨다. 陳夢家는 "不顯王"과 "不緟王" 중의 '王'
은 모두 "이 기물을 만든 사람이 당시 왕(무왕)을 칭송하여 부르는 것
이다"[86]라 했다.

어법적으로 "衣祀于王不顯考文王"은 '副詞語(衣)+謂語(祀)+介詞(于)+
介詞賓語(王)+對象賓語(不顯考文王)'의 형식이다. '于+王'은 介賓短語
가 '祀'를 수식하는 補語이고, "不顯考文王" 중의 '不顯考'는 '文王'을
수식하는 定語이며 謂語 '祀'의 賓語역할을 한다. 혹은 '王'은 제사를
모시는 대상이고, "不顯考文王"은 '王'의 同位語로 해석할 수 있다. 즉
'왕에게 성대하게 제사를 드렸는데, 그 왕은 곧 훌륭하신 부친 文王'
이란 뜻이다.

"不克訖衣王祀"의 구절 중 '不克'은 '乃能'로 '마치다'의 의미인 謂語
'訖'의 副詞語이고, '衣王祀'는 '訖'의 賓語이며, '衣'는 名詞性 短語 '王
祀'를 수식하는 定語이며 전체적으로 '성대한 왕의 제사'라는 뜻이다.
따라서 "衣王祀"는 "衣祀"의 변형구조나 혹은 도치문 등으로 설명할
필요가 없이 '訖'이 謂語이고 "衣王祀"가 賓語인 구조이다.

⑬ '王鄉大宜'

郭沫若의 ≪大系≫는 '宜'자에 대하여, "'宜'자는 금문에서 자주 보
이는 자이다. 卜辭에서도 자주 보이고, 이전에는 '宜'자로 해석하였
다. 羅振玉은 '俎'자로 해석하고, 나는 이전에 이 자를 '房俎'의 '房'으
로 해석하였으나[87], 지금 생각하니 '宜'자로 해석하는 것이 옳겠다.

---

86) "是作器者所以美稱時王(卽武王)."
87) '房俎'는 周나라의 祭器이다. '俎'는 '俎几'이다. ≪禮記·明堂位≫ "俎, 有虞氏
以梡, 夏后氏以嶡, 殷以椇, 周以房俎"에 대하여 鄭玄은 "房謂足下跗也, 上下兩
間, 有似於堂房."이라 했다. 孔穎達은 "按 ≪詩≫注云: 其制, 足間有橫, 下有跗,
似乎堂後有房." ≪後漢書·馬融傳≫은 "山罍常滿, 房俎無空."이라 했다.

≪說文解字≫는 '宜'자의 고문을 '𡩡'로 쓴다. '宜'자를 秦 ≪泰山刻石≫
은 '者(諸)産得𡩡'로, ≪古璽≫는 '𡩡民和衆'으로, 漢나라 封泥는 '𡩡春
左圓'으로 쓴다. '宜'자는 고문에서 名詞, 狀詞(형용사), 動詞, 固有名
詞 등의 의미로 쓰인다. 명사의 용법은 '肴(안주 효, yáo)'의 의미로 쓰
인다.(≪詩經·女曰鷄鳴≫에 이 자가 있는데 ≪毛傳≫과 ≪爾雅≫는
이 의미로 해석하였다.) ≪令簋≫와 ≪己酉方彝≫ 중 '障團'의 용법과
같다. 狀詞 용법은 '한적하다'·'화목하다'의 의미로 쓰인다. 본 명문
'大團'의 의미와 같다. ≪貉子卣≫의 '咸團' 또한 이 의미로 쓰인다. 動
詞의 용법은 '제사를 지내 전쟁에서 승리하기를 기원하다'의 뜻으로
쓰인다.(≪爾雅·釋天≫[88]과 ≪周禮≫가 이와 같이 해석하고 있다.) ≪般
甗≫ '王團夷方無孜(侮)'[89] 중 '團'의 의미와 같다. 고유명사는 ≪團子
鼎≫ 중의 '團'는 나라 이름으로 쓰인다"[90]라 하였다.

　聞一多는 이 자를 '俎'자로 해석하여 "'宜'와 '俎'자는 고문자가 같다.
이 구절은 '王饗大俎'로 읽어야 한다. ≪遹簋≫의 '王饗酒' 구절과
≪大鼎≫의 '王饗醴' 구절의 문장 형식과 같다"[91]라 하고 있으나, '俎'
자는 '𪔂'(≪三年瘭壺≫)[92]로 쓰는 것으로 보아 '宜'자와는 형태가 다
르다. 본 기문의 '團'자는 '宜'자로 예정할 수 있고, '祭名'으로 쓰인다.
≪爾雅·釋天≫은 "전쟁을 일으키고 대규모의 병력을 동원할 때는 먼
저 大社에 제사를 지내고 난 다음 출동하였는데, 이를 '宜'라 한다"[93]
라 하였고, ≪爾雅注≫는 "'有事'는 제사이다. ≪周官≫은 '大社에서

---

88) "起大事, 動大衆, 必先有事乎社而後后出, 謂之宜."(≪爾雅≫)
89) "왕은 夷方이 무례한 행위를 행하지 못하도록 기원하는 제사를 지내다."
90) 郭沫若, ≪兩周金文辭大系≫, 2쪽.
91) 聞一多, ≪古典新義·大豐簋考釋≫: "宜俎古同字. 此當讀爲王饗大俎, 猶遹簋
　　之'王饗酒', 大鼎之'王饗醴'."
92) ≪金文編≫, '2273 俎', 927쪽.
93) ≪爾雅≫: "起大事, 動大衆, 必先有事乎社而後出謂之宜."

宜祭를 지낸다'라 하였다"[94]라 하고, ≪爾雅疏≫는 "전란은 흉하고 위험하여 패하는 일이 있을까 두려워하여, 제사를 지내 복과 무사안녕(福宜)을 구했기 때문에 '宜'라 한 것이다"[95]라 하였다. 고대 사회에 있어 '宜'는 전쟁을 하기 전에 거행하는 祭祀의 일종이다.

⑭ '王將亡肋爵復壴'

"王將亡肋爵復壴" 구절에 대하여 학자마다 의견이 다르다. '王將' 중의 '將'자를 '내려오다' 혹은 '명령을 내리다(降命令)로 해석하거나, 혹은 '亡'을 목적어로 해석하고 '將賜(하사품을 내려주다)'로 해석하는 경우가 있다. 楊樹達은 "'降'자는 일반적으로 '下(내리다)'의 의미와 통한다. 이 기물에서 '將'자는 '하사하다(下賜)'의 의미이다. 제사를 지내고 '爵'을 하사하는 것은 실질적인 사실과 부합된다"[96]라 하였다. 문장의 전후맥락과 전체적인 내용으로 볼 때, 楊樹達의 의견이 옳다.

郭沫若 ≪大系≫는 '壴'자에 대하여 "'壴'자를 이전에 나는 '觵'으로 해석하였는데, 최근 于省吾는 '囊'자로 해석하고 있다. '爵'자와 대구를 이루는 문장형식으로 보아 이 자는 '觵'자의 의미로 해석하는 것이 옳겠다. '囊'자와 '觵'자는 모두 古音이 '陽部'에 속한다"라 하였다. 黃盛璋은 '爵'과 '囊'은 왕이 제후에게 내리는 주요한 하사품이라며, "본 금문은 왕이 亡에게 하사하는 '爵'과 '囊'을 기록하고 있다. ……'爵'은 본래 酒器로 宗廟에서 祭祀를 지낼 때 사용하는 祭器이다. ……본 금문에서의 '囊'은 弓과 矢를 넣어놓는 容器로 무기의 일종이다"라 하였다[97].

---

94) ≪爾雅注≫: "有事, 祭也. 周官所謂'宜乎社'."
95) ≪爾雅疏≫: "以兵凶戰危, 慮有負敗, 祭之以求其福宜, 故謂之宜."
96) 楊樹達: "降通訓爲下, 此蓋是下賜之義, 因設祭而以爵爲賜, 事之宜也.", 〈積微居金文說〉, 236쪽.
97) 黃盛璋: "本銘記王賜亡之物爲爵與囊. ……爵本爲酒器, 用於宗廟祭祀就是祭

그러나 이 자는 초죽서의 '●'자와 매우 유사하다. 본 궤의 '●'자는 초죽서의 '●'자의 이체자가 아닌가 한다. 楚竹書 ≪周易≫「姤卦」九二 爻辭 "橐又(有)魚, 亡(无)咎, 不利宕(賓)" 중의 '●(橐)'자를 백서본은 '枹'로 쓰고, 현행본은 '包'로 쓴다. '枹'와 '包'는 '庖'자와 음이 유사하기 때문에 '포장하다'로 이해하거나 '부엌'이라는 의미로 해석하기도 한다. 정리본은 "橐中之物, 不更及外人, 故不利賓.(보자기에 있는 물건을 외부사람에게 꺼내어 주지 않기 때문에 '손님에게 불리하다'라 한 것이다)"라 하였다.98) 그러나 이러한 해석은 '姤'卦의 전체적인 내용과 연관성이 없어 보인다. 전체적으로 『姤』卦는 남녀관계에 관한 괘이다. ≪象傳≫은 "'包有魚', 義不及賓也"99)라 하였다. 이 구절을 백서 ≪周易≫은 "九二: 枹有魚, 无咎, 不利賓"으로, 熹平石經『周易』은 "卅二: 包有魚, 无咎, 不利賓"으로, 현행본『周易』은 "九二: 包有魚, 无咎, 不利賓"으로 쓴다.

'橐'자에 대하여 ≪說文解字·橐部≫는 "橐, 囊張大皃, 從橐省, 缶聲"100)라 하였다. 이 자는 甲骨文과 金文에도 보인다. 于省吾는 ≪甲骨文釋林·釋橐≫에서 갑골문은 '橐'자를 원래 '●'·'●'로 쓰고, 후에 소리부 '●(缶)'가 추가되어 '外形內聲' 구조의 形聲字 '●'자로 쓴다 하였다. 于省吾의 주장을 정리하면 다음과 같다.

'橐'자를 甲骨文은 '●'·'●'·'●'로 쓰고, 西周 金文 ≪散盤≫은 '●'

器. ……本銘之橐當卽爲盛弓矢之用, 屬於戎器一類."
98) 濮茅左, ≪楚竹書 ≪周易≫硏究≫, 152쪽 참고.
99) "'包有魚'는 의리가 손님에 미치지 못함이다."
100) "橐는 '자루가 불룩한 모양'이다. 의미부 '橐'의 省略形과 소리부 '缶'로 이루어진 형성자."

로, 《毛公鼎》은 ❂로, 石鼓文은 ❂로 쓰는데, 石鼓文의 윗 부분에
'ㅇ'를 추가하여 쓰고, 字部 '缶'는 이미 약간 변형된 형태이다. 段玉裁
《說文解字注》는 石鼓文은 "其魚隹(唯)可(何), 隹鱮隹鯉, 可以橐之,
隹楊及柳"101)라 하였는데, 이 중 '橐'자는 '苞苴'의 苞의 음으로 읽어야
한다'라 하였으며, 承培元은 《廣說文答問疏證》에서 "橐자는 《周易》
"包有魚의 包자와 같다'·'包魚는 《史籀篇》은 橐魚로 쓴다'라 하였
다. 段玉裁와 承培元의 주장은 옳다. 漢代 이후로 '橐'자를 '苞'나 '包'
로 쓰고, '苞'와 '包'자가 일반적으로 쓰이고 난 후에는 '橐'자를 쓰지
않게 되었다. 甲骨文의 '❂'·'❂'자는 象形字이며, 윗부분은 새끼줄로
동여맨 매듭이고, 중간 부분 불룩 나온 부분은 물건을 넣는 곳이다.
이 자는 갑골문의 '束'자를 '❂'·'❂'로 쓰는 형태와는 구별이 된다.
'❂'·'❂'자는 '橐'자의 초기 형태이다. '橐'자 중 '缶'는 음성부분이다.
원래 상형자이었으나, 후에 소리부가 추가되어 形聲字가 되었다. '橐'
자는 형성자 중 '外形內聲'의 구조에 해당된다. 이러한 구조의 형성자
는 '圍'·'闌' 등이 있다.102)

이상이 于省吾의 주장이다.
'勛爵'은 '賀爵' 즉 '嘉爵'으로 '좋은 술잔 爵'을 가리키고, '復槖'은 '復
橐' 혹은 '退橐'로 '물건을 담는 용기'를 뜻한다.

⑮ '隹躬又慶'
《金文編》은 《天亡簋》의 '慶'자를 '❂'으로 모사하고 있다.103) 于

───────────────

101) "그 물고기는 어떠한가? 연어와 인어들이네. 무엇으로 꿰어 보관할까? 오로
     지 버드나무 가지로 꿴다네."
102) 于省吾 主編, 《甲骨文字詁林》(中華書局), 3215-3216쪽 재인용.

省吾는 '🧍'자를 '薎'자로 풀이하고, 또한 '朕'자는 '我' 혹은 '朕'의 뜻이 아니라 '畯'의 의미로 經典에서는 일반적으로 '駿(준마 준, jùn)'자로 쓴다하였다. "이는 天亡 스스로 '오랫동안 성실히 노력하겠다'는 말을 하는 것이다. 즉 이후로도 장차 '열심히 분발하여 충성을 다하겠다'는 뜻이다. 예를 들어, ≪文王有聲≫은 '遹駿有聲[104]'라 하였다."[105] 李學勤 또한 '🧍'자를 '薎'자로 인식하고 "이 구절 중의 '有薎'은 즉 '有嘉(좋은 일이 있다)'의 뜻이다"라 하였다.[106] 그러나 董蓮池는 '🧍'자는 '慶'자도 '薎'자도 아니고 아직 인식하지 못하는 자라 하였다.[107]

⑯ '每(敏)阢(揚)王休于障白'

'每'자는 '敏'자와 같은 자이다. '每阢'은 '敏揚'으로 '민첩하게 찬양하다'는 뜻이다.

郭沫若 ≪大系≫는 "명문 중 제일 끝 '白'자를 '㠯' 혹은 '官'이나 '殷'자로 해석하였으나, 원 명문은 분명히 '白'자이다. 이는 즉 현대인들이 이른바 말하는 '공간을 메꾸어 넣기 위하여' 써 넣은 일종 '補白'에 해당된다"라 하였다.[108] 郭沫若 이외에, '障'자 중의 일부로 '障'자의 이체자[109]로 보는 경우와 혹은 '簋'자로 보는 경우가 가장 일반적이다. 그러나 금문에서 '障簋' 혹은 '障彝'로 쓰는 경우가 많기 때문에

---

103) ≪金文編≫, '1723 🧍', 716쪽 참고.
104) "그 소리 멀리 울려퍼지네."
105) 于省吾〈關於天亡簋銘文的幾點論證〉: "這是'天亡'自己說要'長久有所勉勵, 也卽今後將次奮發孝勞之意. 以句例言之, 與詩文王有聲遹駿有聲."
106) 李學勤: "這裏'有薎意卽有嘉."
107) ≪商周金文辭彙釋≫, 600쪽.
108) '補白'은 '補上空白'이라 의미로 작품의 완성도를 높이기 위하여 빈 공간에 詩題나 혹은 遊印을 추가하여 균형미를 갖추는 것을 말한다.
109) 白川靜 ≪金文通釋≫: "障下有較小的'白'形字, 或說當以一獨立字視之, 我以爲不必視爲獨立字, 它與'障'形是一字, 卽'障'字異體."

'曰'자는 '簋'자의 이체자가 아닌가 한다. 張政烺은 이 자는 "簋자이며, 아랫부분이 약간 파손되어 보이지 않는다"라 하였다.[110]

摹寫本

---

110) 張政烺 ≪批注兩周金文辭大系考釋≫, 下卷, "曰卽毁, 下微缺.", 4쪽.

二 ≪天亡簋≫의 器名과 斷代 연구[111]

≪天亡簋≫[112]는 ≪大豐簋≫[113] · ≪毛公聃季簋≫[114] · ≪朕簋≫[115] · ≪大禮簋≫[116]라고도 부르며, 淸 道光(1821-1850년) 말년에 ≪毛公鼎≫과 함께 陝西省 岐山에서 출토되었다고 전한다. 현재는 중국 역사박물관에 소장되어 있다.

≪天亡簋≫가 출토된 이래 수많은 학자들이 시대, 소유주, 명문, 내용 등에 관하여 많은 연구를 하였다. 그러나 일부 명문은 부식되어 잘 보이지 않고, 명문에 대한 해석도 각기 다르기 때문에 ≪天亡簋≫에 대해서 상이한 견해가 많다. 명문을 어떻게 이해하느냐에 따라 전체 내용이 달라지기도 한다. 斷代는 武王이 殷商을 멸망시키기 이전인가 이후인가 혹은 成王인가 康王인가 등과 같은 많은 문제에 부딪치게 된다. 器名에 대해서, 唐蘭은 ≪朕簋≫에서 🔲은 '朕'자이며 인명이기 때문에 '朕簋'라고 하였고,[117] 郭沫若은 ≪兩周金文辭大系考釋圖錄≫에서 🔲을 '大豐'으로 해석하여 ≪大豐簋≫라고 불렀

---

111) 본 절 '≪天亡簋≫의 器名과 斷代 연구'는 앞 절 '天亡簋 (大豐簋·毛公聃季簋·朕簋)연구'를 기초로 하여 논문 형식을 완성한 것이다. 따라서 상호간에 중복되는 내용이 있겠으나, 내용 전개상 필요한 경우에는 중복하기로 한다.

112) 劉心源 ≪奇觚室吉金文述≫, 孫作云≪說"天亡簋"爲武王滅商以前銅器≫.

113) 吳式芬 ≪捃古錄金文≫, 孫詒讓 ≪古籀餘論≫, 郭沫若 ≪兩周金文辭大系圖錄考釋≫.

114) 陳介祺, ≪簠齋吉金錄≫, 〈簠齋藏古冊目並題記 · 聃敎釋說〉. "武王同母第八年最小者. 毛伯聃, 聃季一人."(≪簠齋金文題識≫, 文物出版社, 17쪽)

115) 唐蘭, ≪西周靑銅器銘文分代史徵≫.

116) 孫詒讓 ≪古籀餘論≫卷中, 11쪽(≪文物參考資料≫1958年第一期). ≪金文文獻集成≫ 第13卷 69쪽 재인용.

117) ≪文物參考資料≫(1958年 第9期), ≪金文文獻集成≫ 第28卷 120쪽 재인용. "朕簋, 淸道光末年(約1840年至1850年)出土于陝西岐山, 舊爲山東濰縣陳介祺所藏, 陳氏定名爲聃敎, 說是周文王的兒子聃季所做. 但陳氏認爲是'聃'字的, 實際是'朕'字."

다.[118] 그러나 현재는 일반적으로 '𣄰𠃜(天亡)'을 인명으로 보고, ≪天亡簋≫라고 부르기 때문에 본문에서도 ≪天亡簋≫라고 부르기로 한다.

　먼저 ≪天亡簋≫의 전체 내용을 살펴보기 위하여, 그 동안의 연구 결과를 종합하여 아래와 같이 考釋하기로 한다.

　　[乙]亥, 王又(有)大禮, 王凡(泛)三方, 王 / 祀𧚱(于)天室降, 天亡又(佑) 王. / 衣(殷)祀𧚱(于)王不(丕)顯考文王　事喜(糦)上帝, 文王德才(在)上, 不 / 顯王乍(作)省, 不(丕)䊤(肆)王乍(則)𢆶(虔), 不(丕)克 / 乞(訖)衣(殷)王 祀. 丁丑, 王鄉(饗)大宜, 王降 / 亡䢔(賀)爵遉(復)囊(饙), 隹(又)朕(畯) / 又 (有)慶, 每(敏)𣏘(揚)王休𧚱(于)𨾗(尊)白(殷).

　　乙亥 날에 왕은 大禮를 거행하였다. 왕은 또한 大王·王季와 文王의 廟堂에서 殷祭를 거행하였다.(혹은 鎬京의 宮室과 天室, 豐京 등 세 곳을 순시하였다). 왕은 天室에서 제사를 지내고 내려왔고, 天亡은 무왕이 제사지내는 것을 도왔다. 또한 무왕이 있는 곳에서 덕망이 혁혁하신 문왕께 성대한 祭를 드렸고, 하느님께도 糦祭를 올렸다. 하늘에 계시는 덕망이 혁혁하신 文王은 훌륭하신 덕을 後世에게 베풀어 주셨고, 훌륭하신 무왕은 백성들을 잘 보살펴 주시고, 근면 성실하신 무왕 또한 이 위대한 문왕을 본보기로 삼았고, 훌륭하신 무왕은 문왕의 업적을 계승하였으며, 성대한 무왕이 거행한 제사를 잘 마쳤다.

　　따라서 丁丑 일에 무왕은 향연을 베풀고 宜祭를 드리고 亡에게 질 좋은 禮器와 제 지낸 음식을 내리고 더불어 공로품을 하사하였다. 天亡은

---

118) 郭沫若은 " [乙]亥, 王又(有)大豐, 王凡(風)三方, 王 / 祀𧚱(于)天室降, 天亡又 (佑)王. / 衣(殷)祀𧚱(于)王不(丕)顯考文王 /, 事喜(熹)上帝, 文王監才(在)上, 不 / 顯王乍(作)㫓(相), 不(丕)䊤王乍(則)𢆶, 不(丕)克 / 三〈乞(訖)〉衣(殷)王祀. 丁丑, 王鄉(饗)大團(宜), 王降, / 亡䢔(賀)爵復𣄰(饙), 隹(又)朕(朕) / 又(有) 慶, 每(敏)𣏘(揚)王休𧚱(于)𨾗(尊)白(殷)"로 석문하였다. 中國社會科學院考古 研究所, ≪殷周金文集成釋文≫(香港中文大學中國文化研究所 出版, 374쪽)은 "乙亥王有大禮 王汎三方王 / 祀于天室降天亡佑王 / 衣祀于王丕顯考文王 / 事 饎上帝文王監在上丕 / 顯王作省丕䊤王作㦰丕克 / 訖衣王祀丁丑王饗大宜王 降 / 亡得爵退囊唯朕 / 有蔑敏啓王休于尊殷.(4261)"로 석문하였다.

이 일을 오랫동안 마음속에 간직하고 훌륭하신 왕의 은덕을 진심으로 찬양하기 위하여 이 궤를 만든다.

郭沫若의 연구 결과는 학계에 상당한 영향을 미쳤기 때문에, 郭沫若의 ≪兩周金文大系≫ 석문을 기본 자료로 하고, 그동안의 연구논문을 참고하여 ≪天亡簋≫의 器名과 斷代에 대하여 살펴보기로 한다.

一) 器名

≪天亡簋≫의 명문 첫째 줄 '王又(有)' 아래 '🔲🔲'을 '大豊' 혹은 '大禮'로 해석하고, 이를 본 기물의 명칭으로 보기도 한다. 또한 두 번째 줄 '降天亡又王' 구절 중의 '天亡'을 일반적으로 人名으로 해석하기도 하고, 이를 器名으로 보지 않고 '亡又'를 '無尤'로 해석하고 '🔲'자를 하나의 독립적인 문장으로 보기도 한다. 혹은 '天亡'을 '降'의 목적어로 보기도 하는 등 의견이 분분하다. 이 구절이 器名과 밀접한 관련이 있기 때문에 이에 대하여 살펴보기로 한다.

1) '🔲🔲'에 대한 고찰

'🔲🔲' 두 자를 '地名'·'典禮'나 혹은 '遊娛'로 해석한다.

① '地名'으로 해석

徐同柏 ≪從古堂≫·陳介祺 ≪聃敦釋說≫·方濬益 ≪綴遺齋拾遺≫·吳大澂 ≪愙齋集古錄≫ 등은 '🔲🔲'을 '大豊'으로 釋文하고 地名으로 해석한다.[119)]

② '典禮'의 일종

![image]을 왕이 행하는 典禮 중의 하나이고, '大封'이나 '大禮'로 해석하기도 한다.

②-1 '大封'으로 해석

郭沫若의 ≪大豐簋韻讀≫·≪兩周金文辭大系≫와 黃盛璋의 ≪大豐簋銘製作的年代地點與史實≫은 '大封'으로 해석하고 왕이 행하는 典禮라고 하였다.

所謂大豐乃田役蒐狩之類, 或係操習水戰. 周禮春官大宗伯: 以軍禮同邦國, 大師之禮用衆也, 大均之禮恤衆也, 大田之禮簡衆也, 大役之禮任衆也, 大封之禮合衆也. 封豐本同聲字, 所謂大豐當即大封.

이른바 大豐이란 田役이나 혹은 사냥의 한 종류이거나 혹은 水戰 연습의 일종이다. ≪周禮·春官·大宗伯≫에서 군대를 조율하는 禮典은 邦國과의 제도를 통일하고자 하고, 왕이 군대를 출정하는 전례는 백성들을 동원하고자 하며, 세금징수를 조율하는 예전은 백성을 돌보고자 하며, 田獵의 예전은 백성 대중을 시찰하고자 하며, 부역의 전례는 백성을 동원하고자 하고, 大封의 전례는 대중과 함께 하고자 하는 것이다라 했다. '封'과 '豐'은 음성이 같기 때문에 '大豐'은 즉 '大封'이다.[120]

---

119) ≪金文文獻集成≫에는 ≪天亡簋≫의 논문을 第28卷에 수록하고 있다. ≪金文文獻集成≫의 문장을 재인용하는 경우는 출처를 밝히지 않기로 한다. 이 외에도 ≪金文詁林≫第六冊(5-361)의 ![image]과 ≪古文字詁林≫(第五冊)의 내용을 참고할 수 있다.

120) 〈殷周靑銅器名文硏究〉, ≪郭沫若全集·考古編≫第4卷, 29-44쪽.

　　大豐亦見麥尊, 彼銘云"王榘于舟爲大豐"[121), 余意當卽大封, ≪周禮≫
"大封之禮合衆也."(≪春官大宗伯≫).

　　'大豐'은 ≪麥尊≫에도 보인다. ≪麥尊≫은 "王榘于舟爲大豐"[122)으로
쓴다. '大豐'은 '大封'의 뜻이다. ≪周禮·春官宗伯≫은 "大豐之禮合衆
也"[123)라 하였다.[124)

　黃盛璋은 ≪大豐簋銘製作的年代地點與史實≫에서 ≪麥尊≫을 참
고하여 '大豐'은 諸侯를 봉지할 때 행하는 大禮라 하였다.

　　本銘大豐旣與麥尊大豐文字相同, 行禮程序也大致相似, "王有大豐"之前
也擧行祭祀, 後來也有賞賜, 特別是王賞給天亡的有爵和囊, 而爵在周初也
是一種最隆重的賞賜, 應與封侯有關. 據此, 我們斷知本銘之"大豐"和麥尊
中的大豐意義一樣, 無論讀"禮"讀"封", 它必與封賞有關, 最初應是一種封
侯的典禮. '豐'封'同音, 可以互假, 金文有康侯丰, ≪尙書≫≪史記≫俱作
封, 丰豐音義幷同, 丰卽豐之初文, 又古邦封不別, 豐鎬之豐, ≪載大夫始鼎≫
作邦, 這些都可證豐封互假, 絶無滯碍, 郭氏讀大豐爲大封是正確的.

　　본 명문의 '大豐'은 ≪麥尊≫의 '大豐'과 문자가 같다. 또한 예전을 행
하는 절차 역시 대략적으로 동일하다. "王有大豐(왕이 大禮)"을 행하기
전에 祭祀를 거행하고 후에 상을 내린다. 왕은 天亡에 특별히 '爵'과 '囊'
을 하사하였다. 서주 초기에 '爵'은 융성한 하사품 중의 하나였으며, 제후
로 봉하는 것과 밀접한 관련이 있다. 따라서 본 명문 중의 '大豐'과 ≪麥
尊≫ 중의 '大豐'의 의미는 같다. 이 자를 '禮'로 읽든 '封'으로 읽든 간에
封地하는 하사와 관련이 있다. 처음에는 일종의 제후를 봉하는 전례의
일종이었다. '豐'과 '封'자는 음이 같기 때문에 서로 가차자로 쓰이고 金
文에 '康侯丰'이 있는데 ≪尙書≫와 ≪史記≫는 모두 '封'으로 쓴다. '丰'
과 '豐'자는 음과 뜻이 모두 같다. '丰'자는 '豐'자의 초기 형태이고, 고문

---

121) '榘'은 '乘'자와 같은 자이다. 최남규 考釋, ≪西周金文十八品 고석과 임서≫,
　　 39쪽 참고.
122) "왕이 辟雍에서 배를 타고 대례를 행하다."
123) "大封의 전례는 대중과 함께 하고자 하는 것이다."
124) ≪兩周金文大系圖錄考釋≫, 1쪽 참고.

에서는 '邦'과 '封'자를 구별하지 않고 쓰고, '豐鎬'의 '豐'자를 ≪載大夫始鼎≫자는 '邦'으로 쓴다. '豐'자와 '封'자가 서로 가차자로 쓰인 예들이 확실하기 때문에 郭沫若이 '大豐'을 '大封'으로 해석하는 것이 옳다.[125]

孫常敍는 ≪天亡簋問字疑年≫에서 黃盛璋이 ≪麥尊≫과 함께 주장하는 '封侯'說을 찬성하지 않는 이유를 세 가지 밝히고 있다. 첫째는 ≪麥尊≫이 "辟井(邢)灰(侯)出硛灰(侯)于井(邢)"[126]이라 한 것은 "왕의 명령이 있기 이전에 이미 제후에 봉해졌다. 또한 ≪麥尊≫은 '이 기물은 周나라 천자가 麥의 君長인 邢侯의 덕망을 찬미하고 하사한 해에 만든 것'"[127]이라 했기 때문에, "이 일은 단지 천자가 邢侯를 찬미하고 후한 예우를 해주는 것이 확실하지 봉지를 하는 것이 아니다"[128]라 했다. 두 번째로 黃盛璋은 "제사를 거행하고 후에 특별히 천망에게 爵과 囊을 하사하였다"[129]라 했는데, "귀중한 물건을 하사한다 해서 반드시 봉지와 관련된 것은 아니다"[130]라 했다. 세 번째로 黃盛璋이 주장하는 '爵'자는 '※'·'🗲'·'🖍'으로 이루어진 '🧷'(🖌)자라 하였다. 따라서 '大丰'은 '大豐'이며, 封侯가 아니라 郭沫若의 주장처럼 "邦國과 회동할 때 행하는 軍隊의 禮典 중의 일부이다"[131]라 하였다.[132]

---

125) ≪金文詁林≫, 第六冊(卷五上), 3116(5.388-0625)쪽 재 인용.
126) "왕은 麥의 군주인 邢侯에게 硛 지방을 떠나서 邢 지방의 제후가 되도록 명령하였다."
127) "早在這次王命之前就已經被封爲侯了. 何況麥尊'唯天子休于麥辟灰(侯)之年.'"
128) "已經明言其事只是天子嘉美邢侯, 給于榮寵的禮遇, 而不是始封."
129) "擧行祭祀, 後來也有賞賜, 特別是王賞給天亡的有爵和囊."
130) "說凡是有貴重賞品時就必然是封侯."
131) "以軍禮同邦國的會同之禮的一個組成部分."
132) 〈天亡簋問字疑年〉, ≪吉林師大學報≫, 1963年第一期.(≪孫常敍古文字論文集≫, 東北師範大學出版社, 1998年, 33-81쪽참고)

②-2 '大禮'로 해석

劉心源 ≪奇觚室≫, 孫詒讓 ≪古籀餘論≫, 柯昌濟 ≪韡華閣≫, 聞
一多 ≪大豐簋考釋≫, 孫常敍 ≪天亡簋問字疑年≫, 赤塚忠 ≪西周初
期金文考釋≫, 白川靜 ≪金文通釋·一≫ 등은 '大禮'로 해석하고 전
례의 일종으로 본다.

劉心源은 "大豐을 豐邑으로 해석하면 아래 문장과 연관이 되지 않
는다. 고대 篆書는 '豐'과 '豊'을 구별하지 않고 쓴다. ……이 자를 '豊'
자로 예정하고 '禮'자의 의미로 해석해야 옳다"[133]라 하고, 孫詒讓은
"'又大豐'은 '有大禮'의 의미가 아닌가 한다"[134]라 하며, 柯昌濟는 "'豊'
자는 '禮'자의 의미가 아닌가 한다. 大禮는 宗廟나 교외에서 지내는
제사의 일이거나 혹은 古代의 禮制 중의 하나를 가리키는 전문명사
가 아닌가 하지만 지금은 감히 결론을 내릴 수 없다. '王有大豐'은 '王
有大禮'로 해석할 수도 있겠지만 이것 역시 확실치 않다"[135]라 했다.

聞一多는 ≪大豐簋考釋≫(≪聞一多全集≫第10卷)에서 郭沫若이
'大封'으로 해석하는 것은 잘못이라 하며, '大禮'의 의미로 해석하였
다. "郭沫若이 '大豐'을 '大封'으로 해석하고 있는데 이는 아마도 잘못
된 것이다. ……'大封'이란 즉 땅에 알리고, 종묘에서 제사를 드리고
제후로 봉해지는 예이다. 처음에 建國은 서로 지역을 나누어 분봉하
고, 부당한 일이 있으면 군대를 상호 협력하여 다스렸기 때문에 군대
의 전례가 있다. 나라들이 세워진 후에는 상호 경계를 침범하고 군대
를 일으켜 점령하는 것을 또한 大封이라 하였다. …… ≪麥尊≫은 왕
이 辟廱에서 大豐의 예를 행하고 큰 오리를 활로 잡는 饗射의 예를

---

133) "以大豐爲豐邑, 則下文不貫, 古刻豐·豊篆刻無別……, 釋此爲豊, 獨禮字協."
134) "'又大豐'……疑當讀爲'有大禮'."
135) "豊疑讀禮, 大禮爲宗廟郊祀之事, 或爲古代禮制之專名詞, 未敢定. 王有大豊
     或當讀如王有大禮, 亦未能定."

행하고 있는데, 이는 大封과 관계가 없다. ≪麥尊≫과 본 명문의 '大
豐'은 孫詒讓이 해석한 것처럼 大禮가 아닌가 한다. ≪周禮·大宗伯之
職≫에서는 '治其大禮詔相王之大禮'[136], ≪小宗伯之職≫에서는 '詔相
祭祀之小禮, 凡大禮佐大宗伯'[137]라 하였다. 鄭玄은 君臣이 행하는 예
가 小禮이고 군주가 행하는 예가 大禮라 하였다. 따라서 연회와 활을
쏘는 饗射는 大禮의 일종이다"[138]라 했다. 陳夢家 역시 ≪西周銅器斷
代≫에서 孫詒讓과 聞一多의 의견에 찬성하며 "孫詒讓의 주장처럼
'王又大豐'은 '有大豐'의 뜻이다. ≪周禮·大行人≫에서 鄭玄은 '大禮
曰饗餼也(大禮란 연회를 열어 음식을 대접하는 禮이다)', ≪司儀≫에
서는 '小禮曰飧, 大禮曰饗餼'[139]라 했다. 大禮는 향연을 베풀고 활을
쏘는 예로써 辟雍에서 행하였다. ≪詩經·靈臺≫에서 ≪正義≫는 ≪五
經異義≫를 인용하여 '韓詩說曰辟雍者……所以敎天下春射秋饗……'[140]
이라 하였다. ……따라서 明堂인 辟雍에서 행하는 제도에 대하여 이
해해야 이 簋의 銘文 '王于大禮' 구절은 왕이 辟雍의 호수에서 대례를
행하는 내용이라는 것을 알 수 있다. 따라서 '王凡三方'은 큰 호수 세
곳에서 배를 타고 예를 행한다는 것을 알 수 있다. "王祀於天室"은 王

---

136) "대례를 행할 때 옆에서 왕의 대례 진행을 고하다."
137) "제사의 소례는 알려 주고, 이른바 대례는 대종백이 보좌하다."
138) "郭謂大豐卽大封似未確. ……則大封者, 告于后土, 祭于宗廟, 封建諸侯之禮
也. 邦國初建, 封疆溝涂, 容有錯互不正者, 當合軍以治之, 故又爲軍禮. 因之,
建國之後, 境界侵削, 而以兵征之, 亦謂之大封. …… ≪麥尊≫言王在辟雍爲
大豐, 射大鷺, 明是饗射之類, 與大封不侔也. 因疑 ≪麥尊≫及此器爲'大豐',
仍當從孫詒讓讀爲大禮. ≪周禮·大宗伯之職≫'治其大禮詔相王之大禮', ≪小
宗伯之職≫'詔相祭祀之小禮, 凡大禮佐大宗伯'. ≪注≫皆謂君臣之禮謂小禮,
則人君之禮爲大禮, 可知. 饗射亦大禮之一也." ≪聞一多全集≫第10卷, 湖北
人民出版社, 607쪽 참고.
139) "小禮는 간단한 식사를 하는 飧이고 大禮는 향연을 베푸는 饗餼라 하였다."
140) "韓詩에서 말하는 辟雍이란…… 이른바 천하에 봄에 화살을 쏘는 예와 가을
향연의 예를 교도하다."

이 호수 辟雍 안쪽 언덕에 있는 明堂에서 제사를 지내는 것을 말하고, 周나라 선왕 중 文王만이 明堂에서 제사 지내질 수 있고, 上帝와 함께 할 수 있는 자격이 있다'라 하였다.[141]

赤塚忠은 '大豐'는 '大醴'로 "豐'는 '醴酒'의 '禮'이다"[142]라 하고, '又'자는 '侑'로 '凡'자는 '祊(제사 이름 팽, bēng)'자로 해석하여 大醴는 '祊祭를 거행하기 이전에 행하는 饗禮 중의 하나라고 하였다. 白川靜 ≪金文通釋≫은 '大豐'은 奠禮나 祼鬯을 사용하여 행하는 儀禮 중의 하나라 했다.[143]

孫稚雛는 ≪天亡簋銘文匯釋≫에서 ≪長由盉≫의 "穆王卿豊(饗醴)" 구절 중의 '豊'자에 대하여 "본 명문의 '大'자 아래 자의 형태가 같다. '豐'과 '豊'자는 고문자에서 본래 같은 자였으나, 후에 분화되어 달리 쓰였다. 따라서 孫詒讓의 '大禮'가 옳다"라 하였다.[144]

③ '遊娛'에 관한 일

'遊娛'로 해석하는 경우는 楊樹達 ≪積微居金文說≫가 대표적이다. 楊樹達은 ≪積微居金文說≫에서 ≪麥尊≫의 銘文을 인용하고 "이 문장을 참고하여 볼 때 大豐은 유희를 즐기는 일이지 典禮와 상관이 없

---

141) "'王又大豐'應從孫氏讀作'有大豐'. ≪周禮·大行人≫注云'大禮曰饗餼也', ≪司儀≫注云'小禮曰飱, 大禮曰饗餼' 大禮是饗射之禮, 行於辟雍, ≪詩·靈臺≫ ≪正義≫引 ≪五經異義≫云'韓詩說曰辟雍者……所以敎天下春射秋饗……'. …… 由於對明堂辟雍之制的瞭解, 才能解釋此簋的前四行. '王于大禮'是王有大禮於辟雍的池中, 所以王凡三方是泛舟於大池中的三方. '王祀於天室'是王祀於辟雍內水中丘上的明堂, 所祀者是文王與上帝. 周先王中只有文王祀於明堂, 以配上帝." 陳夢家, ≪西周銅器斷代≫, 5쪽.
142) "豐乃醴酒之禮."
143) ≪白川靜著作集≫, 平凡社, 1(上), 1쪽.
144) "與本銘大下一字形同, 豐豊古字一字, 後世才將它們分別開來. 據此, 孫詒讓讀爲'大禮'是正確的." ≪古文字研究≫第3輯, 166쪽

는 것 같다. 이 명문을 제사와 관련지어 해석하고 유희를 즐기는 것
과 관련이 없는 것으로 보는 것은 後人의 잘못된 견해가 아닌가 한
다. ≪麥尊≫이 芬京에서 彫祭를 지내고 다음 날에 大豐을 행하는 것
과, 본 銘文의 천실에서 정성껏 제사를 모시기 전에 大豐을 행하는
것은 서로 같기 때문에 의심을 할 필요가 없겠다. 다만 이를 증명한
고문헌이 없다는 것이 애석한 일이다"145)라 했다.

유희를 즐기는 내용을 자자손손 후대까지 남겨 놓을 중요한 기록
으로 보기엔 무리가 있고, 다른 명문에도 대례를 행하는 내용이 자주
보이기 때문에 설득력이 없다.

林沄은 〈豐豊辨〉에서 고대 문자에서 '豊'자는 字符가 '珏'인 '❖'·
'❖'·'❖'·'❖'·'❖' 등의 형태로 쓰지만, '豐'자는 음성부분이 '丰'인
'❖'·'❖'이기 때문에 서로 다른 문자라고 설명하고 있다. "'豊'자와 '豐'
자가 비록 자건이 모두 '壴'이지만, '豊'자의 자건은 '珏'이고 '豐'자는
'丰'으로 각각 다르다. 古代 文字에서 이미 그 증거를 찾을 수 있다.
또한 '豊'자는 會意字이고 '豐'자는 形聲字이다. '豊'자와 '豐'자의 形音
義의 고려하지 않고 두 자를 같은 자로 인식한다면 이는 잘못된 것이
다"라 했다.146)

따라서 ≪天亡簋≫의 '❖'자는 字符가 '❖' 즉 '珏'이기 때문에 '豊'
자라는 것을 알 수 있다. '豊'자는 '醴'와 같은 자이고, ≪天亡簋≫의
'❖'는 '大禮'이다. '大禮'는 중요하고 큰 儀典 행사를 가리킨다.

---

145) "據彼文觀之, 似大豐乃遊娛之事, 不關典禮也. 或疑此銘所記爲祭享之事, 不
　　得涉及娛遊, 此自是後人見解. 麥尊記芬京彫祀之次日爲大豐, 此文衣祀天室
　　之前有大豐, 事正相同, 不得以此爲疑也. 惜書闕有間, 無由以載籍證明耳."
146) "豊豐二字雖均從壴, 但豊本從珏, 豐本從丰, 在先秦古文字中已得到證實. 而
　　且豊是會意字, 豐是形聲字, 不顧豊豐二字形音義三方面的明顯區別, 而把二
　　字混爲一談, 肯定是不對的." ≪古文字研究≫, 第12輯, 184쪽 참고.

2) 銘文 '降天亡又王'에 대한 이해

두 번째 줄 "降天亡又王" 구절 중의 '天亡'을 기명으로 보지 않는 경우도 있다. 또한 이 구절 중의 '자를 하나의 독립적인 문장으로 보기도 하고, 혹은 '天亡'을 '降'의 목적어로 보기도 한다.

'下降'의 의미로 해석: 陳介祺·楊樹達
'命令'의 의미로 해석: 聞一多·陳夢家·柯昌濟

陳介祺 등은 '降'자를 "王降自天室也"[147]로 해석하고, 聞一多 등은 "문왕께 정성스레 제사를 드리고, 또한 上帝께도 饎祭를 올리라 하였다"[148]라 설명하였다. 柯昌濟는 '降'을 '令'으로 해석함과 동시에 (又)'자는 '失'자를 잘못 쓴 것으로 "亡失(佚)"[149]로 해석하고 있다. 楊樹達도 "從天室來沒有愆尤"[150]로 해석하고 있다. 이러한 해석은 '天亡'을 인명으로 보지 않는다. 그러나 전후 문맥과 일곱째 중의 '亡' 역시 인명으로 쓰이는 것으로 보아 이곳의 天亡은 인명이고, (又)' 자는 천망이 왕을 도와서 제사를 지내는 '佑(돕다)'이다.

≪天亡簋≫에서 '降'자는 "王降天亡又(佑)"와 "王降亡得"의 구절에서 두 번 출현하고 있다. 모두 '王 + 動詞 + 天亡(亡)+動詞'로 되어 있다. '降'자는 고문에서 '내려오다'·'하사하다'나 '명령을 내리다'의 의미로 쓰인다.[151] ≪小雅·節南山≫"昊天不惠, 降此大淚"[152], ≪史記·周

---

147) "왕이 天室에서 내려오다."
148) "令天亡衣祀于文王, 並事喜上帝也."
149) "실수없이 행하다."
150) "천실에서 잘 내려 오셨다."
151) ≪漢語大字典≫, 4127쪽 참고.
152) "하늘이 은혜를 베풀어 주시지 않아 이러한 큰 환난을 내려주시네."

本紀≫"王降翟師以伐鄭"153) 중의 '降'은 '하사하다'와 '명령을 내리다'
의 의미로 쓰인다. ≪天亡篕≫에서는 '降'자를 '내려오다'·'명령하다'나
'하사하다'의 의미로 모두 해석해도 해당 구절에는 문제가 없다. 본
銘文에서의 '降'자는 전후 문맥의 내용을 고려하여 해석하여야 한다.

"王降天亡又(佑)"는 "凡(汎)三方"의 내용이 왕의 거처와 관계가 있
기 때문에 '내려오다'의 의미로 해석할 수 있고, '王降亡'은 앞 구절 내
용에서 天亡이 왕을 도와 제사를 지내고, 뒤 내용은 하사품이 언급되
어 있기 때문에 '하사하다'의 의미로 해석할 수 있다.

'天亡'은 劉心源·聞一多·陳夢家 등 대부분이 성이 '天'이고 이름이
'亡'이라 하였다. 于省吾는 '天亡'은 '大亡' 즉 '太望'으로, "輔助伐周, 國
事元勳"한 '太公望'이라 하였다.154) '天亡'의 직업이 上帝에게 제사를
지내는 직책이기 때문에 姓을 '天'이라 했다. 孫常敍는 "其職事爲天,
而其名爲亡"155)라 했다. 혹은 商湯이 망하게 된 것을 두고, 곧 하늘의
뜻에서 취한 이름이 아닌가 한다.

二) 斷代

靑銅器의 斷代란 그 청동기가 어느 시기에 속하는가를 말한다. 단
대는 명문 중에 단대를 추측할 수 있는 내용이 있으면 쉽게 판별할
수 있으나, 만약에 그렇지 않다면 명문의 내용·기물의 형태·명문의
서체 등을 종합하여 살펴보아야 한다. 아래에서는 그동안에 제시되
었던 명문의 내용, 청동기의 紋樣 등을 종합하여 ≪天亡篕≫의 단대
를 살펴보기로 한다.

---

153) "惠王은 翟族의 군대에게 명령을 내려 정나라를 정벌토록 하다."
154) 于省吾, ≪關于天亡篕銘文的幾點論證≫.
155) "그 일하는 직업이 '天'과 관련이 있기 때문에 '天'이라 했고, 이름은 '亡'이다."

1) 斷代에 대한 견해

≪天亡簋≫는 周나라 초기 역사적 사실을 이해할 수 있는 중요한 청동기이다. 銘文 중 「不(丕)顯考文王」이라는 구절이 있기 때문에 武王 시기의 청동기라고 주장하는 학자가 많으나, 武王이 殷商을 멸망시키기 이전인가 이후인가에 대해서는 의견이 다르다. 이러한 단대의 설정은 銘文 이해와 밀접한 관계가 있다. ≪天亡簋≫의 시대를 정리하면 아래와 같다.

① 武王이 殷商을 멸망시키기 以前

孫作云 ≪說"天亡簋"爲武王滅商以前銅器≫와 孫常敍 ≪天亡簋問字疑年≫은 ≪天亡簋≫를 武王이 殷商을 멸망시키기 以前의 기물로 보고 있다.

孫作云은 ≪說"天亡簋"爲武王滅商以前銅器≫에서 '不克' 아래 '𣤲'를 '气'로 예정하고 '訖'로 해석하여 "본 명문 중의 '气'字는 세 개의 횡획 중 가운데 한 획이 짧게 되어 있어 갑골문의 형태와 유사하다. '丕克訖衣(殷)王祀' 구절 중의 '訖'자의 의미와 ≪尙書≫에서 西伯이 黎나라를 치자 祖伊가 두려워서 달려 나와 왕에게 '天旣訖我殷命'[156]이라고 한 '訖'자의 뜻과 완전히 같다. 이와 비슷한 내용으로, ≪召誥≫의 '天旣遐終大邦殷之命'[157], ≪多士≫의 '敕殷命終于帝'[158] 등이 있다. '訖殷王祀'는 곧 '은나라의 명을 끊다'이다. 이러한 내용으로 보아 銘文은 은상이 멸망되기 이전 내용이라는 것을 알 수 있다"이라 하였다.[159] 그러나 ≪召誥≫는 성왕이 무왕의 뜻을 받들어 도읍을 洛 땅

---

156) "하늘은 우리 은나라의 명을 끊으려 합니다."
157) "하늘은 이미 큰 나라 은의 명을 끊어 버리셨다."
158) "은나라의 명을 하느님의 뜻에 따라 끝맺게 하다."

으로 옮기려 할 때, 소공이 먼저 와서 조사를 끝내고 주공을 통하여
임금에게 훈계하는 내용이고, ≪多士≫는 성왕이 낙읍을 정한 후 은
나라 백성들을 낙읍으로 옮기려고 그들의 지도계급인 은나라 관리들
을 주공이 훈계하는 내용이다. '訖殷王祀'와 같은 말은 殷商을 멸망시
키고 할 수 있다.

② 武王이 殷商을 멸망시킨 以後

  唐蘭 ≪朕簋≫·黃盛璋 ≪大豐簋銘制作的年代地點與史實≫·于省
吾 ≪關于天亡簋銘文的幾點論證≫ 등은 武王이 殷商을 멸망시킨 以
後로 보고 있다.

  唐蘭은 ≪朕簋≫에서 "귀가 네 개 있고 네모난 좌대를 한 이 銅簋
는 짐승 머리와 몸통이 새인 괴이한 새가 장식되어 있는데, 銘文이
81자에 달하는 이러한 銅簋는 사실상 商代에는 존재하지 않았다. 명
문의 내용으로 보아 이 동궤는 紀元前 11세기인 武王 시기에 만들어
진 것이다. 武王이 은상을 멸망시키고 父親인 文王에게 제사드릴 때
朕이 제사를 도왔고, 이를 기념하기 위하여 이 동궤를 만들었다"라
했다.160) 그러나 唐蘭은 "隹(又)' 아래 ▩'자를 '朕'자로 해석하고, 器

---

159) "本銘气字作橫平三劃, 中劃短, 猶保存甲骨文的書法. 此丕克訖衣(殷)王祀訖
    字的用法, 與 ≪尙書≫西伯戡黎祖伊恐, 奔告于王, 曰: '天旣訖我殷命'的訖的
    用法, 完全相同. 若論其意, 則與召誥所說的: '天旣遐終大邦殷之命'; 多士: '敉
    殷命終于帝'相合; '訖殷王祀', 猶終殷之命也. 從這些同類詞句的對比中, 可以
    瞭解此句的意義. 由此可見此器爲滅商以前所作." ≪金文文獻集成≫28卷, 120
    쪽 재인용.

160) "這個簋四耳方座, 上面有一種獸頭鳥身的怪鳥花紋, 銘文將近八十字, 是商代
    銅器所沒有的. 從銘文里可以看出它是武王時代所做, 約在公元前十一世紀.
    銘文中所記是武王滅殷以後祭他的父親文王, 而朕這個人是當時幇助祭祀的, 所
    以做了這個銅器." ≪金文文獻集成≫28卷, 120쪽 재인용.

物 제작자로 보고 있는데, 이는 전후 문맥으로 보아 잘못된 주장이다.
하지만 단대는 唐蘭의 주장을 따를 만하다.161)

③ 昭王과 康王時期

殷滌非〈試論大豐簋的年代〉는 昭王 시대의 기물로, 白川靜 ≪金文
通釋≫과 周錫䪖〈天亡簋應爲康王時期〉162)는 康王 시기의 것으로 보
고 있다.

殷滌非는 ≪試論大豐簋的年代≫에서 ≪天亡簋≫ "不克乞衣王祀"
중의 ▨(乞)'자를 "내가 생각하기에 이 자를 '三' 혹은 '訖'자로 해석하
면 문맥상 적절치 않다. 이 자를 '王'으로 해석하여야 전후문맥이 잘
통할 뿐만 아니라, 문장이 기백이 있고 낭랑하게 낭송할 수 있다"163)
라 하여 '王'자로 해석하고, 또한 「不顯考文王」 중의 ▨(考)'자를 '失'
자로 예정하고 '懿'의 의미로 해석하면서 이 기물은 昭王시기의 것이
라고 주장하고 있다. 銘文 중 "文王監在上"은 文王, "不顯王作(則)相"
은 武王, "不肆王作(則)虔"은 成王, "不克王衣(殷)王祀"는 康王에 관한
내용으로 文王 · 武王 · 成王과 康王을 모두 昭王의 先王으로 보고 이
기물은 昭王 때 만들어진 기물이라 했다.164) 周錫䪖은 ≪天亡簋應爲

---

161) 于省吾의 ≪關于天亡簋銘文的幾點論證≫은 西周 金文에서 '朕'자가 「從無以
    朕代我的例.('朕'자가 '我'의 의미로 쓰이는 경우는 없다)」하면서, '朕'자는 '眈'
    · '晙'의 의미로 쓰이며, 經典에서는 일반적으로 '駿'으로 쓴다라 했다.
162) ≪古文字研究≫(第24期), 中華書局, 2002年
163) "我想釋三或訖于文義均不甚妥, 試釋此爲王字. 釋王不僅文句通達條貫, 而且
    文氣雄偉, 誦之暢然."
164) ≪文物≫1960年第五期, ≪金文文獻集成≫ 第28卷 121쪽 재인용. "簋銘不克
    下一字作三形, 如釋三, 則三橫畫不等長, 中間一橫如點, 不死三. 如釋氣讀爲
    '訖', 則'三'字中間一橫如點, 不與甲骨文'三'字相合, 釋氣亦非是. '三'字非三非
    氣, 而是'王'字的變體或壞字, 那麼簋銘中的四句讚美之語, 可依次讀之如下:
    文王監在上……文, 不顯王作(則)相……武, 不肆王作(則)虔…成, 不克王衣(殷)

康王時期≫에서 銘文 중 '方, 王, 王, 王, 上, 賡, 饗, 囊'이 압운자이고,
상당히 성숙된 韻文형식을 취하고 있고, 기물의 형태·紋飾·銘文·書
體 등을 고려해 볼 때 康王시기의 기물이라고 주장하고 있다. 銘文
중 "丕顯考'는 曾祖父 文王을 가리킨다. 주나라 사람들은 文王을 존
칭하여 太祖라 불렀기 때문에 '丕顯考'는 실질적으로 太祖를 말한다.
…… '丕顯王'은 康王의 祖父인 文王이다. '相'은 혹은 '省'으로 해석하
는데, 모두 '省察하다'·'본받다'의 뜻이다. ……'丕肆王'은 부친인 成王
을 가리킨다. '肆'자는 '힘쓰다(力)'·'노력하다'의 뜻이고, '賡'은 '계승
하다'의 의미이다.……'丕克'은 '乃能(비로소 능히 ~하다)'의 뜻이고,
'訖殷王祀'는 즉 은왕에 대한 제사를 종결시키고, 은상을 멸망시키다
의 뜻이다"라 했다.165) 白川靜 역시 「不克王(〈乞〉)」을 康王으로 보고
있으나, 康王은 先王이 아니라 기물이 만들어진 당시의 왕이라 하여
이 기물을 康王시기의 것으로 보고 있다.166)

　陳夢家는 ≪西周銅器斷代≫에서 器物의 형태와 무늬의 특징을 참
고하여 西周初期의 청동기라고 설명하고 있다. "≪天亡簋≫의 형태
는 특별한 의미를 지니고 있다. 네 개의 귀 손잡이와 네모난 좌대가

　王祀…康. 據此排列, 則知大豐簋乃殷祀以文王爲首的以下武成康諸王時其助
　享之臣工所作之器. ……失從手乙聲, 簋銘𢆶也當從手乙聲, 訓爲失, 失通佚.
　佚又可假爲懿, 美也. 詩經大雅蒸民'民之秉彛, 好是懿德', 毛傳說: '懿, 美也'.
　字在本簋銘中應讀佚爲懿, '不顯懿'與金文習見之'不顯休'同例, 都是稱美之詞,
　故有"不顯懿文王"之銘, 以稱美文王."
165) "'丕顯考'乃是指曾祖父周文王, 而周人尊文王爲太祖, 所以'丕顯考'實際是指太
　祖.……'丕顯王'卽是康王之祖父文王. '相'或釋省, 都有省察效法之意.……'丕肆
　王'指父親成王, 肆, 力也, 勤也. 賡, 續也.……'丕克, 乃能. '訖殷王祀, 卽終止殷
　王的祭祀, 亦卽滅亡殷商." ≪古文字硏究≫(第24期), 2002年, 211-215쪽 참고.
166) ≪金文通釋一≫, 平凡社, 1-33쪽 참고.

있는 청동기는 서주시기의 특색이다. 특히 네 개의 귀 손잡이가 달린
청동기는 西周初期에만 있었다. 예를 들어, 《宜侯矢簋》·《井侯簋》
·《大保簋》와 《商周彝器通考》下册에서 소개하고 있는 247·248·
254·255·256 등이 그것이다. 네모난 좌대가 달린 簋 역시 西周初期
에 성행하였다. 좌대식의 청동기는 西周中期와 그 이후에도 여전히
보이고 있다. 《天亡簋》 몸체와 좌대에 있는 무늬 양식은 서로 같으
며, 이러한 무늬 양식은 西周 初期인 武王과 成王 때에만 유행하였다.
입 벌린 용머리와 몸을 휘감고 있는 용의 무늬 양식으로는 《仲爯簋》
가 있으며, 이러한 청동기의 양식은 늦어도 成王시기를 넘지 않는다"
라 했다.167)

　금문에서 가장 일반적인 형식은, 先王은 '號'를 쓰거나 '先王'이라
칭하고 당시의 왕은 '王'이라고 부른다. 陳夢家가 "不顯王"과 "不緋王"
중의 '王'은 모두 "이 기물을 만든 사람이 당시 왕(무왕)을 칭송하여
부르는 것이다"168)라 했듯이 《天亡簋》에서 '文王' 이외의 '王'은 모
두 '武王'을 가리킨다. 《何尊》·《德方尊》·《史牆盤》 등은 모두
先王을 '文王'·'武王' 등과 같이 왕호로 쓰고, 器物 當時의 王은 '王'이
나 '天子'로 쓴다. 《書經》 중의 《金縢》 등도 역시 마찬가지다.

　彭裕商은 《西周靑銅器年代綜合硏究》에서 《天亡簋》에 대하여
"이와 같은 양식의 銅簋 중 시대가 명확한 것은 天亡簋가 있다. 天亡

---

167) "在刑制上有其特殊的意義, 四耳和方座, 是西周的特色, 而四耳之簋僅限于西
　　周初期, 如宜侯矢簋, 井侯簋, 大保簋以及 《商周彝器通考》下册二四七·二四
　　八·二五四·二五五·二五六等. 帶方座的簋, 盛行於西周初期, 但在西周中期
　　或以後, 也仍然有出現的. 此簋器身和座身的花紋是一致, 也代表僅僅行於武
　　成時代一種西周初期形式的花紋, 開口的龍頭與迴身的龍身, 它和仲爯簋器身
　　的花紋一樣, 該器的時代也不能晩于成王." 《西周銅器斷代》(中華書局), 6쪽.
168) "是作器者所以美稱時王(卽武王)."

簋는 '衣祀于王不顯考文王'이라 하였고, 이 궤는 武王時期의 것이다. 利簋·德簋·叔德簋 등은 成王時期의 銅簋이다. ……명문 중에 '衣祀于 王不顯考文王'169)이라는 구절은 '丕顯考'라 하여 직접적으로 문왕을 언급하고 있는 것으로 보아 분명히 무왕의 기물이 확실하다. 본 기물 의 복부와 좌대에 '團龍紋(쌍을 이룬 용의 무늬)'가 있는데, 이는 商代 와 周代에 유행한 紋飾이다. 예를 들어, 陝西省 涇陽 高家堡墓에서 발견된 銅簋·尊·卣와 德簋·效父簋 등이 모두 이와 같은 장식 무늬 가 있다. 이와 같은 무늬의 청동기는 모두 그 年代가 은나라 말기와 周나라 초기의 武王·成王에 해당된다"170)라 했다.

劉啓益은 ≪西周紀年≫에서 西周 청동기 중 ≪利簋≫와 ≪天亡簋≫ 를 武王 시기의 銅簋로 보고 "利簋의 銘文은 武王이 殷紂를 멸한 후 일곱째 되는 날의 기록이다. 右史인 利가 武王의 상을 받고 그 부친 인 檀公에게 제사드릴 때 사용할 銅簋를 만든 것이다. 따라서 이 祭 器는 武王 시대의 것임이 확실하다. …… ≪天亡簋≫ 중 '丕顯考文王' 의 문장으로 이 동궤가 역시 武王 시대에 것임을 알 수 있다. ≪利簋≫ 와 ≪天亡簋≫의 기물 형태, 무늬, 서체 등은 武王 혹은 이 시기 전후 의 동기라는 인식에 참고가 된다"171)라 하고, 陳夢家가 설명한 "≪天

---

169) "위대한 문왕에게 성대한 제사를 드리다."
170) "本式簋有年代明確的傳世器, 天亡簋說'衣祀于王不顯考文王', 爲武王時期, 利 簋·德簋·叔德簋等爲成王時期. …… 銘文有'衣祀于王不顯考文王'一句, 旣稱 文王爲'丕顯考', 則是王非武王莫屬. 本器腹和方座如飾'團龍紋', 也是一種流行 于商周之際的紋飾, 如陝西涇陽高家堡墓銅簋尊卣. 以及德簋·效父簋等均有 這樣紋飾, 年代都在晚殷至周初武成之間." 彭裕商, ≪西周靑銅器年代綜合硏 究≫, 巴蜀書社, 2003年, 135쪽, 215쪽 참고.
171) "利簋銘文記載的是武王滅紂後第七天, 右史利受到武王賞賜, 爲其父檀公作了 這件祭器. 它的時代屬于武王, 是十分明白的. …… (天亡簋)此簋銘文有"丕顯 考文王"字樣, 它的時代屬于武王, 也是十分明白的. 以上武王時期銅器兩件, 其刑制·花紋·書體均可作爲武王及其前後不遠銅器的參考."

亡簋≫ 몸체와 좌대에 있는 무늬 양식은 서로 같으며, 이러한 무늬
양식은 西周 初期인 武王과 成王 때에만 유행하였다"에 대하여 "이러
한 양식의 銅簋는 주왕이 멸망되기 이전에 이미 출현하였다. 西周 때
부터 보인다는 陳夢家의 주장을 약간 수정할 수 있다. 하지만 이러한
네 개의 귀와 네모난 좌대를 가진 동궤는 확실히 주나라 동궤의 특징
이다. ……주나라 청동기 중에는 은나라 청동기를 모방하였거나 발전
계승시킨 흔적이 남아 있다. 즉 어떤 청동기는 은상의 특징을 가지면
서 동시에 주나라의 청동기 특징을 지니고 있다. 陳夢家 역시 이 점
을 이미 알고 있었다. 鄒衡은 이러한 형태의 청동기를 商周 混合式銅
器라 하였다"라 했다.172)

따라서 명문의 내용, 기물의 형태, 문자의 형태 등을 종합해 볼 때
≪天亡簋≫는 武王 시기의 銅簋임을 알 수 있다.

2) '不顯王乍(作)眉(相), 不(丕)緐王乍(則)庹, 不(丕)克三〈乞(訖)衣
(殷)王祀'에 대한 이해

≪天亡簋≫의 銘文 "不顯王乍(作)眉(相), 不(丕)緐王乍(則)庹, 不
(丕)克三〈乞(訖)衣(殷)王祀"를 어떻게 이해하느냐에 따라 ≪天亡簋≫
의 제작 시기가 달라진다. 아래에서는 "不顯王乍(作)眉(相)"·"不(丕)
緐王乍(則)庹"과 "不(丕)克三〈乞(訖)衣(殷)王祀" 등 세 구절로 나누어
살펴보기로 한다.

---

172) "此式簋滅紂前已經出現了, 不自西周時, 陳夢家的論點應稍作補充, 但四耳方
座確是周人銅器特點. ……這就是說, 周人銅器中的這些因素是模倣與繼承殷
人銅器而來. 在同一件銅器上旣具有殷人銅器特點, 又具有周人銅器特點的現
象, 陳夢家早已注意到了. 鄒衡稱這種銅器爲商周混合式銅器." 劉啓益, ≪西
周紀年≫, 廣東敎育出版社, 64-65쪽 참고.

① '不顯王乍(作)省(相)'

'乍'자 아래 🔲자를 '省' 혹은 '相'으로 해석한다.

'省': 孫詒讓·劉心源·于省吾
'相': 郭沫若·吳式芬·楊樹達

　　郭沫若은 "'作'은 '則'의 가차자이다. '丕顯王則相'은 문왕이 훌륭하기 때문에 무왕이 이를 본보기로 삼는다는 뜻이다"라 하고,[173] 楊樹達은 "相者, 視也, 助也, 今言照顧.('相'은 '視'나 '助'의 의미로 즉 '돌보아주다'이다)"라 하여 '丕顯王' 중의 '王'은 문왕이고 무왕을 도와준다는 의미로 해석하고 있다. 李平心은 '乍相'을 '迮商'으로 해석하여 '무왕이 상나라를 정벌하다'의 뜻이라 하였다. 于省吾는 '省'을 '監'·'臨'으로 해석하고 "신의 능력을 갖춘 문왕이 돌봐준다"[174]라 했다. 聞一多는 또한 '循(좇을 순; xún)'의 의미로 해석하여 "循猶追述也"[175]라 했다. ≪爾雅≫는 "遹(좇을 휼; yù)'은 '循'의 의미다"[176]라 했다.

　　🔲은 '目'과 '生'으로 이루어진 자로 '眚'과 같은 자이다. 금문에서 '相'은 '🔲'(≪相侯簋≫)·'🔲'(≪析尊≫)으로 쓰고,[177] ≪金文編≫은 ≪天亡簋≫의 '🔲'자를 '0585 眚'에 수록하고, '🔲'(≪戌甬鼎≫)자 아래에서 "'目'과 '屮'로 이루어진 자로 '眚'과 같은 자이다"[178]라 하고, ≪天亡簋≫의 '省'을 '視'의 의미로 해석하고 있다.[179]

---

173) "作假爲則. '不顯王則相'者言文王不顯, 武王則儀型之." ≪大豊簋韻讀≫
174) "說文王在天之神能夠照顧的意思."
175) "'循'은 '좇아 추구하다'의 뜻이다."
176) "遹, 循也."
177) ≪金文編≫, '0578 相', 235쪽 참고.
178) "從目從屮與眚爲一字."
179) ≪金文編≫, 242쪽 참고.

'省'은 '省視(자세하게 관찰하다)'의 의미이다. ≪左傳·僖公二十四年≫은 "鄭伯이 공장서·석갑보·후선다와 함께 氾으로 가서 천자를 모시고 있는 관리들의 일용품을 살펴보고 준비하고 난 다음 자기 나라 일을 보았는데 이는 예에 맞는 일이었다"[180)]라 했다. ≪宜侯夨簋≫ "王省珷(武)王成王伐商圖, 徙(延)省東或(國)圖"[181)] 중의 '省'자 역시 '巡視하다'의 의미로 쓰이고 있다. 따라서 본 명문 ''은 '省'자이며 '무왕이 백성들을 순찰하고 성찰하시어 잘 보살펴 주었다'는 의미다.

② '不(丕)鯀王乍(則)虔'

''자는 대부분의 학자들이 '肆'의 의미로 풀이하고 있다.

'墜': 柯昌濟
'肆': 方濬益·吳闓生·聞一多·楊樹達

楊樹達은 "≪說文≫九篇 아래 希部에 '鯀'자가 있는데, 古文은 ''로 쓰고, ≪虞書≫을 인용하여 『鯀類于上帝』라 하였다. 현행본 ≪書經≫은 '肆'로 쓴다. '鯀'자는 즉 '肆'자의 古文이다. ≪爾雅·釋言≫은 『肆는 '힘쓰다'의 뜻』이라 하고, 薛綜은 ≪文選·東京賦≫에서 '肆'는 '근면하다'의 의미라 설명하였다"라 했다.[182)]

''자는 소리부 '庚'과 '凡'으로 이루어진 형성자이다. 이 자에 대해

---

180) "鄭伯與孔將鉏·石甲父·侯宣多省視官具于氾, 而後聽其私政·禮也."
181) "武王과 成王이 정벌한 지역을 순찰하고, 동시에 동부의 행정지역을 省察하였다."
182) "≪說文≫九篇下希部鯀字古文鱻引≪虞書≫'鯀類于上帝', 今 ≪書≫作肆, 則鯀乃肆之古文也. ≪爾雅·釋言≫云'肆, 力也.' ≪文選·東京賦≫薛注云'肆, 勤也.'" ≪積微居金文說≫(增訂本), 中華書局, 235쪽 참고.

서는 학자마다 의견을 달리하나 일반적으로 '계승하다'의 의미인 '賡'
으로 해석한다.

 '賡': 陳介祺·方濬益·吳大澂·柯昌濟
 '虩': 郭沫若·楊樹達
 '續'字의 古文: 孫常敍

≪說文解字≫는 '續'자에 대하여 "連也. 從糸賣聲. 古文續從庚·
貝"183)라 하고, 徐鉉은 '續'자를 "현재는 이 자의 음이 '古行'切이다"184)
라 하였다. '賡(賡)'은 '續'자의 고문이라는 것이다.

그러나 段玉裁는 '賡'자가 '續'자의 고문이 아니라며, "≪說文解字≫
는 '賡'자가 '貝'와 '庚'으로 이루어진 형성자라는 것을 알지 못하였다.
이 자를 '貝'部나 혹은 '庚'部에 놓아야 한다. 아마도 이러한 오류는 孔
傳이 '續'자를 '賡'으로 해석한 것에서 비롯되었을 것이다. 따라서 ≪설
문해자≫의 주장을 따르지 않기로 한다. 옛날에는 현행 문자로 古文
을 설명하는 형식을 취했다. 예를 들어, ≪說文≫의 '渴'자의 篆文은
'濰'이다는 현행 문자로 古文을 설명하지 않았는가? ≪毛詩≫「西有
長庚」 구절에 대하여 ≪傳≫은 '庚'은 '續'의 뜻이라 했는데, 이는 '庚'
자와 '賡'자는 동의어라는 것을 의미한다. '庚'자는 '續'의 의미가 있다.
'續'자의 고문은 회의자이어야 한다. 會意字로 形聲字를 말하는 것은
잘못된 것이다"185)라 하여 '賡'자는 형성자이고, '續'과는 동의어 관계

---

183) "'계승하다'의 뜻. '糸'와 소리부 '賣'로 이루어진 형성자. '續'자의 고문은 자건
    '庚'과 '貝'인 '賡'으로 쓴다."
184) "今俗作古行切."
185) "不知此字果從貝·庚聲. 許必入之貝部或庚部矣. 其誤起於孔傳, 以續釋賡, 故
    遂不用許說. 抑知以今字釋古文, 古人自有此例. 卽如許云渴, 濰也. 非以今字

라고 설명하고 있다.

孫常敍는 "이 '虔'자의 음은 '古行切도 아니고, 또한 '續'자의 同義語도 아니다. 이 자의 음은 '似足'切로 '續'자의 이체자 중의 하나인 古文 '續'자이다"[186]라 했다. 段玉裁는 '虔'과 '續'자는 고문자 관계가 아니라고 하였듯이, '續'의 古音은 'rjewk(屋)'이고, '虔'은 'krang(陽)'으로 서로 거리가 멀다.

郭沫若은 '虔'자는 '湯'자의 고문으로 '唐'과 같은 자라고 하였다. "'虔'자는 편방 '庚'과 '凡'으로 이루어진 자이다. 卜辭에도 있고, ≪酉方彝≫에도 보인다. 이 자는 '凡'과 소리부 '庚'으로 이루어진 형성자이다. '凡'은 '盤'자의 고문이다. '湯'자의 고문자는 '唐'자와 같은 자이다. '唐'자는 卜辭에서는 '𣇄'으로 쓰며, 아랫부분 '𠙵'는 그릇 반의 형상이지 입모양이 아니다. 卜辭에서 '唐'은 '成湯'을 가리키고, ≪叔夷鎛鐘≫은 '成湯'을 '成唐'으로 쓴다. 음이 같아 서로 통용되며 또한 古今字이다"라 했다.[187]

楊樹達 역시 ≪積微居金文說≫에서 "이 자는 편방 庚이 음성부분이다. 아시다시피, 이 명문은 韻을 사용하고 있다. 앞 구절 중 '方'·'王'·'王'·'上'·'相'가 押韻字이다. '虔'의 음은 '庚'이고, 古音은 '韻唐部에 속하는 자이기 때문에 사실 상황과 맞다'라 하여 음성부분을 '庚'으로 보고 있다.[188]

釋古文乎. ≪毛詩≫「西有長庚」, ≪傳≫曰: 庚, 續也. 此正謂庚與虔同義. 庚有續義. 故古文續字取以會意也. 仍會意爲形聲, 其啟亂有如此者."
186) "這個虔字不讀古行切, 不是續的同義詞, 而是讀作似足切, 是續字的另一寫法, 古文續字."
187) "虔字從庚從凡, 卜辭有之, 而酉方彝亦有之, 當是從凡庚聲之字. 凡古文盤, 蓋卽湯之古文, 與唐爲一字. 唐卜辭作𣇄, 下從𠙵形亦盤皿之象, 非口舌字. 卜辭以唐爲成湯, 叔夷鎛鐘成湯亦作成唐, 不僅音同通用, 實古今字也." 郭沫若, ≪兩周金文大系圖錄考釋≫, 〈大豐簋〉, 2쪽.

따라서 '　'자는 음성부분은 '庚'이고 '賡'과 통하고, '湯'·'唐'의 가차
자로 쓰일 수 있다. 본 명문에서는 '賡'의 의미인 '계승하다'·'지속하
다'의 뜻이다.

③ '不(丕)克三〈乞(訖)〉衣(殷)王祀'

'麀'자 아래 '　'자를 聞一多는 ≪經典釋詞≫를 인용하여 '乃'의 의
미로 해석하였다. "'丕克' 중 '丕'자는 '乃'의 의미와 같다. ≪書經·盤庚≫
은 '余丕克羞爾用懷爾然189)이라 하여 '丕克'을 연용하고 있다. ≪天亡簋≫
의 용법과 같다"190)라 했다. 전체적인 문맥으로 보아 참고할 만하다.
'克'자 아래 '　'자는 '三方' 중의 '　'자와는 가운데 필획의 길이가
같지 않으며, 학자마다 이 자에 대한 의견이 분분하다.

'三': 聞一多·楊樹達·吳其昌
'乞': 郭沫若·于省吾·陳夢家
'王': 段滌非·白川靜

郭沫若은 ≪兩周金文辭大系≫三版에서 "陳夢家는 이 자를 '乞'로
해석하고 있는데 따를만 하다. '乞'은 '訖'의 의미로 '중지시키다'의
뜻"191)이라고 수정하여, '그치다'·'중지시키다'의 의미로 해석하였

---

188) "「亦其字從庚, 乃以庚爲聲, 知者, 此銘大部皆有韻, 此上以方王王上相爲韻,
麀讀如庚, 乃古韻唐部字, 正相合也." ≪積微居金文說≫(增訂本), 中華書局,
235쪽참고.
189) "내가 그대들에게 잘 살게 해 주려는 것은 그대들을 생각해서 그러는 것이
다."
190) "丕克之丕, 當訓乃, ≪書·盤庚≫「余丕克羞爾用懷爾然」, 丕克連用與此同."
191) "陳夢家釋'乞', 可從. 乞讀爲訖, 謂終止也."

다.192) 陳夢家는 于省吾의 '乞'의 해석에 찬성하고, "문맥으로 보아 이 궤의 '乞'자를 '三'으로 해석하면 안 된다. '乞衣王祀' 구절 중의 '祀'는 두 가지 해석이 가능하다. 첫째는 歷年으로 ≪召誥≫는 '我不可不監 于有夏, 亦不可不監于有殷. ……有夏服天命, 惟有歷年……有殷受天命, 惟有歷年, ……我受天命, 丕若有夏歷年, 式勿替有殷歷年'193)라 하였 다. 따라서 '乞殷王祀'는 은왕이 다스리는 '歷年(해)'을 종지시킨다는 뜻으로 천명을 끝나게 한다는 것이다. 두 번째는 제사의 의미로 해석 할 수 있다. ≪魯世家≫는 武庚을 봉함으로써 '以續殷祀'194)이라 했 고, ≪管蔡世家≫는 微子에게 '以續殷祀'라 했다. 이는 모두 殷王의 제사를 계속 잇게 하다의 뜻이다. 따라서 '迄殷王祀'는 제사를 종지시 키는 것으로 이 또한 하늘의 명령을 따르는 것이다"195)이라 했다.

≪書經·西伯戡黎≫의 "天旣訖我殷命"196)의 내용이 이와 관련이 있다.

그러나 段滌非와 白川靜은 이 자를 '王'자의 변형형태로 보아, 段 滌非는 이 ≪天亡簋≫의 시기를 昭王시기로 보고 白川靜은 康王시기 의 기물로 보고 있다.

그러나 앞에서 이미 언급하였다시피 금문에서는 일반적으로 그 당

---

192) 郭沫若, ≪兩周金文大系圖錄考釋≫, 〈大豐簋〉, 1쪽.
193) "우리는 하나라 임금을 거울로 삼지 않을 수 없다. 하나라 임금은 천명에 따라 여러 해 동안 나라를 다스렸다. 은나라 임금은 천명을 받아 여러 해 동안 나라를 다스렸다. 우리가 받은 천명이 하나라 임금이 여러 해 다스릴 때와 같아야 하며 은나라 임금이 여러 해 다스릴 때와 어긋나지 않아야 한다."
194) "은의 제사를 잇도록 하였다."
195) "讀其文乃悟此簋的'乞'字非'三'字. '乞衣王祀'之祀可有兩種解釋. 一釋爲歷年, ≪召誥≫'我不可不監于有夏, 亦不可不監于有殷. ……有夏服天命, 惟有歷 年……有殷受天命, 惟有歷年, ……我受天命, 丕若有夏歷年, 式勿替有殷歷 年.' 若如此說, 則'乞殷王祀'爲終迄殷王的歷年, 亦卽終其天命. 二釋爲祭祀. ≪魯世家≫封武庚'以續殷祀', ≪管蔡世家≫命微子'以續殷祀'. 此爲繼續殷王 的祭祀, 卽迄殷王祀爲終迄其祭祀, 亦卽從其天命."
196) "하늘은 우리 은나라의 명을 끊으려 한다."

시 왕은 '王'으로 칭하고, 선조의 왕은 '先王' 혹은 직접 號를 쓴다. 따라서 이 견해는 설득력이 없다.

彭裕商(2003)은 ≪西周靑銅器年代綜合硏究≫에서 "丕克訖衣王祀"의 명문에 대하여 "많은 학자들이 '衣'자를 '殷'으로 해석하고 殷王의 제사를 종결시켰다고 주장하였다. 즉 武王이 紂를 정벌하고 殷나라를 대신하여 새 나라를 세웠다고 하였다. 그러나 앞 銘文 중에 '衣祀于王丕顯考文王'라는 구절을 참고하여 볼 때 '衣王祀'는 '衣祀' 문장의 변형이며, 武王이 제사 지내는 것을 잘 끝마칠 수 있었다는 내용이다. 전체적인 문맥으로 보아, 앞 뒤 문장이 모두 武王이 文王에게 제사드릴 때, 天亡이 이 제사에 참여하여 제사를 돕는 내용인데, 갑자기 중간에 殷紂를 멸망시킨 내용이 언급된다는 것을 어불성설이다. 역사적으로 볼 때, 武王이 商나라를 멸망시키고 은나라의 제사를 중지시키지 않고, 紂王의 아들인 武庚에게 殷나라에 제사를 계속해서 받들어 모시도록 하였다. 따라서 殷王의 제사를 중지시켰다는 내용을 가지고 武王이 商나라를 멸망시켰다는 것으로 이해한다면 이는 잘못된 것이다"[197]라 하여, 彭裕商은 '乞(訖)'자를 先王에게 제사드리는 일을 순조롭게 잘 마쳤다는 의미로 해석하고 있다. 전체적인 내용으로 보아 이 주장을 따를 만하다.

"衣(殷)祀㧙(于)王不(丕)顯考文王"의 '衣祀' 중 '⿱(衣)'자를 吳大澂·孫詒讓·王國維[198] 등은 성대한 제사라는 의미의 '殷祀'로 해석하고,

---

197) "學者多訓'衣'爲'殷', 謂終止殷王之祀, 卽指武王伐殷. 但我們認爲, 本銘上文有'衣祀于王不顯考文王'一句, 則'衣王祀'似應爲'衣祀'之變, 謂武王能善終其祭祀. 又以通篇文意觀之, 上下文都是在說武王祭祀文王而天亡參與與助祭之事, 中間突然冒出一句伐紂代殷的話, 也覺得不論不類. 並且武王滅商, 也並未絶其祀, 而是以紂子武庚奉殷之祀, 以終止殷王之祀來指武王滅商, 也是極其牽强的." 彭裕商, ≪西周靑銅器年代綜合硏究≫(2003), 215쪽 참고.
198) ≪殷禮徵文殷祭≫.

岑仲勉·柯昌濟·陳夢家 등은 제사의 명칭으로 보았다. ≪公羊傳·文公二年≫"五年而再殷祭"에 대하여 何休는 "殷, 盛也"라 했고, ≪禮記·曾子問≫ "服祭以後殷祭"에 대하여 孔穎達은 ≪疏≫에서 "'殷'은 '大'의 뜻. ……大祭는 곧 殷祭이다"[199]라 하였다. 크고 성대하게 지내는 제사를 '殷祭'라 한다. '殷祭'는 정성을 다하여 지내는 성대한 제사를 가리킨다.

'衣(于)'자 다음의 '王'은 '무왕이 거처하는 장소'를 가리키고, "不(丕)顯考文王"은 제사를 지내는 대상이다. ≪天亡簋≫에서 '文王' 이외 '王'은 모두 '武王'을 가리킨다. 陳夢家는 "不顯王"과 "不㬎王" 중의 '王'은 모두 "이 기물을 만든 사람이 당시 왕(무왕)을 칭송하여 부르는 것이다"[200]라 했다.

어법적으로 "衣祀于王不顯考文王"은 '副詞語(衣)+謂語+介詞(于)+介詞賓語(王)+對象賓語(丕顯考文王)'의 형식이다. '于+王'은 介賓短語가 '祀'를 수식하는 補語이고, '丕顯考文王' 중의 '丕顯考'는 '文王'을 수식하는 定語이며 謂語 '祀'의 賓語역할을 한다. 혹은 '王'은 제사를 모시는 대상이고, "不顯考文王"은 '王'의 同位語로 해석할 수 있다. 즉 '왕에게 성대하게 제사를 드렸는데, 그 왕은 곧 훌륭하신 부친 文王'이란 뜻이다.

"丕克訖衣王祀"의 구절 중 '丕克'은 '乃能'로 '마치다'의 의미인 謂語 '訖'의 副詞語이고, '衣王祀'는 '訖'의 賓語이며, '衣'는 名詞性 短語 '王祀'을 수식하는 定語이며 전체적으로 '성대한 왕의 제사'라는 뜻이다. 따라서 "衣王祀"는 "衣祀"의 변형구조나 혹은 도치문 등으로 설명할 필요가 없이 '訖'이 謂語이고 '衣王祀'가 賓語인 구조이다.

---

199) "殷大也. ……大祭謂之殷祭."
200) "是作器者所以美稱時王(卽武王)."

‘▨’자의 字符 ‘▨’은 즉 ‘珏’이기 때문에 ‘豊’자이고 ‘醴’와 같은 자이다. ‘▨’는 ‘大禮’로, 중요하고 큰 儀典 행사를 가리킨다. ‘天亡’은 기물주 이름이며 직책이 上帝에게 제사를 지내는 것이기 때문에 姓을 ‘天’이라 하였고, 商湯이 망하게 된 것은 곧 하늘의 뜻이라는 내용과 연관성이 있다. ≪天亡簋≫와 같은 양식의 銅簋는 紂王이 멸망되기 이전에 이미 출현하였고, 네 개의 귀와 네모난 좌대를 가진 동궤는 주나라 동궤의 특징이다. 명문의 내용, 기물의 형태, 紋飾, 문자의 형태 등을 종합해 볼 때 ≪天亡簋≫는 武王 시기의 銅簋이다.

銘文의 內容이외에, 기물의 形態, 紋飾, 字體가 중요한 靑銅器의 斷代 기준이 된다. 그 중에서 字體가 청동기 발전변화를 가장 민감하게 반영하고 있다. ≪天亡簋≫중 편방 ‘貝’·편방 ‘宀’와 ‘尊’·‘王’자는 서주 초기 금문 형태의 특색을 보이고 있으며, 작고 큰 명문의 어울림과 자연스런 포치는 商代의 금문과는 또 다른 아름다운 미를 갖추고 있다.

先王는 일반적으로 王號를 사용하고, 해당 시기의 왕은 ‘王’이나 ‘天子’를 사용한다. ≪何尊≫은 先王을 ‘文王’·‘武王’으로 時王은 ‘王’으로, ≪德方尊≫은 先王을 ‘武王’으로 時王은 ‘王’으로, ≪史牆盤≫은 先王을 ‘文王’·‘武王’·‘成王’·‘康王’·‘昭王’·‘穆王’으로 時王은 ‘天子’로 쓴다. ≪書經≫ 중의 ≪金縢≫은 先王을 ‘文王’·‘武王’으로 時王은 ‘王’으로, ≪逸周書·祭公≫은 先王을 ‘文王’·‘武王’·‘成王’·‘康王’·‘昭王’으로 時王을 ‘王’으로 쓴다. ≪天亡簋≫의 ‘王’은 ‘武王’을 가리킨다.

II 陝西省 眉縣 楊家村에서 출토된 靑銅器(2003年) 銘文 考釋

2003년 1月에 陝西省 眉縣 馬家鎭 楊家村에서 鼎12個, 鬲9個, 壺2個, 盤盉盂匜 各 1個 등 모두 27개의 西周靑銅器가 발견되었다. 27개의 청동기의 명칭과 銘文의 통계 숫자는 아래와 같다.[1]

名稱	重量	銘文字數	銘文의 排列
42年鼎甲	44.5	282	25行, 每行 11-13字, 重文符號 4 개
42年鼎乙	33.5	280	25行, 每行 10-13字, 重文符號 4 개
43年鼎甲	46	319	29行, 每行 10-14字, 重文符號 6 개
43年鼎乙	33.5	320	30行, 每行 8-13字, 重文符號 5 개
43年鼎丙	29.5	317	29行, 每行 9-13字, 重文符號 6 개
43年鼎丁	22	319	27行, 每行 10-15字, 重文符號 6 개
43年鼎戊	12	317	25行, 每行 10-15字, 重文符號 6 개
43年鼎己	10	315	27行, 每行 9-16字, 重文符號 6 개
43年鼎庚	6.5	318	29行, 每行 6-17字, 重文符號 5 개
43年鼎辛	7.3	317	31行, 每行 8-12字, 重文符號 6 개
43年鼎壬	4.3	131	16行, 每行 2-10字.
43年鼎癸	3.9	171	16行, 每行 8-12字, 重文符號 6 개
逨盤	18.5	372	21行, 每行 17-19字, 重文符號 12 개, 合文1 개
逨盉	12	20	3行, 每行 5-8字.
天盂	34.5	12	2行, 每行 6字, 重文符號 2 개, 族徽銘文 1개

---

1) 李潤乾 著, ≪楊家村五大考古發現考釋≫, 陝西人民出版社, 2006年, 37-38쪽 참고.

名稱	重量	銘文字數	銘文의 排列
叔五父匜	2.4	14	2行, 每行 7字
單叔鬲甲	2.3	15	1行, 重文符號 1 개
單叔鬲乙	2.2	17	1行, 重文符號 2 개
單叔鬲丙	2.4	17	1行, 重文符號 2 개
單叔鬲丁	2.2	17	1行, 重文符號 2 개
單叔鬲戊	2.3	13	1行('子子孫孫'4자 無)
單叔鬲己	2.2	17	1行, 重文符號 2 개
單叔鬲庚	2.3	17	1行, 重文符號 2 개
單叔鬲辛	2.4	17	1行, 重文符號 2 개
單叔鬲壬	2	13	1行('子子孫孫'4자 無)
單五父壺甲	25	19	器蓋 4行, 器身4行, 重文符號 2個
單五父壺乙	25.5	36	器蓋: 4行, 共 17 字 器身: 4行, 重 文符號 2 개, 共 19 字
		총4022 字	

楊家村 27개의 청동기 중 ≪逨鼎≫과 ≪逨盤≫의 내용이 비교적 길다.

≪逨鼎≫ 중 42年 ≪逨鼎 · 甲≫과 ≪逨鼎 · 乙≫의 내용이 거의 같고 10개의 43년 ≪逨鼎≫의 내용과도 거의 같기 때문에 세인의 주목을 비교적 받고 있는 ≪逨盤≫의 명문을 살펴보도록 한다.(拓本은 ≪文物≫2003年 第6期 참고.)

≪逨鼎≫이 康穆宮에서 책명을 행하는 의례의 순서는 ≪頌鼎≫과 유사하다. ≪頌鼎≫은 '康昭宮'에서 거행했다. 玁狁族을 정벌하는 내용은 ≪師袁簋≫나 ≪不娶簋≫ 등에도 보인다.

≪逨鼎≫ 등은 第 1代 單(선, shàn)公은 文王과 武王을, 第 2代 公叔은 成王을, 第 3代 新室仲은 康王을, 第 4代 惠仲 盠父는 昭王과 穆王을, 第 5代 靈伯은 龔(恭)王과 懿王을, 第 6代 懿仲은 孝王과 夷王을 第7代 龔(共)叔은 厲王을 헌신적으로 보좌한 내용을 차례대로 언급하고 있다.

《史牆盤》은 선조가 활약했던 공적을 먼저 기록하고 先祖들의 업적들을 각각 서로 분리하여 기록하고 있으나, 《逨盤》은 먼저 선조들의 공적을 기록하고 이에 해당되는 왕의 업적을 동시에 기록하는 형식을 취하고 있다.

'釋文'은 李學勤의 《眉縣楊家村新出靑銅器硏究》(《文物》2003年 06期, 66-73쪽)를 기본 자료로 하며, 이외에 劉懷君 等著 《逨盤銘文試釋》(《文物》2003年 06期, 90-93쪽)·金文今譯類檢編寫組 《金文今譯類檢·殷商西周卷》(廣西敎育出版社, 2003年)을 참고하여 보충하기로 한다.

一 ≪逑盤≫의 銘文 考釋[2)]

一) 釋文과 내용 해석

1) 釋文

逨曰: "❶ 不(丕)顯朕皇高且(祖)單公①, 趄=(桓桓)克明䏌(悊)氒(厥)德②, 夾䜌(召)③文王·武王, 達殷④, 膺(膺)受天魯令(命), 匍(溥)有亖(四)方⑤, 竝宅厥堇(勤)彊(疆)土, 用配帝(上帝)⑥. ❷ 雩朕皇考且(祖)公弔(叔), 克逨(佐)匹成王⑦, 成受大命, 方狄(逖)不亯, 用奠亖(四)或(域)萬邦⑧. ❸ 雩朕皇考且(祖)新室仲, 克幽明氒(厥)心, 𩕢(柔)遠能𤞷(邇)⑨會䜌(召)康王. 方褱(懷)不廷⑩. ❹ 雩朕皇考且(祖)惠中(仲)盠父盭(戾)龢(和)于政, 又(有)成于猷⑪, 用會卲(昭)王·穆王, 盜(剿)政(征)亖(四)方⑫, 斲(撲)伐楚荊.⑬ ❺ 雩朕皇考且(祖)零(靈)伯, 炎(粦)明氒(厥)心⑭, 不㒸(墜)□服⑮, 用辟龔(恭)王·懿王. ❻ 雩朕皇亞且(祖)懿中(仲), 𢿨(廣)𧥤=(諫言)⑯, 克匍保氒(厥)辟考(孝)王𡰥(夷)王⑰, 雩成于周邦. ❼ 雩朕皇考龔(共)弔(叔), 穆=趩=(穆穆趩趩), 龢(和)訇(詢)于政, 明𨛜(棲)于德⑱, 亯逨(佐)剌(厲)王⑲. ❽ 逨肇(肇)尸(纂)⑳朕皇且(祖)考服, 虔夙(夙)夕敬朕死(尸)事, 肆(肆)天子多易(賜)逨休, 天子𠀠(其)萬年無彊(疆)耆黃耇, 保奠周邦㉑, 𧥤(諫)辪(乂)亖(四)方.㉒" 王若曰: "逨, 不(丕)顯文武, 膺(膺)受大令(命), 匍(溥)有亖((四)方, 鼎(則)繇隹(唯)乃先聖且(祖)考, 夾䜌(召)先王㉓, 爵(恪)堇(勤)大令(命)㉔. 今余隹(唯)巠(經)厥乃聖且(祖)考㉕, 𤕌(緟)𦣻乃令=(命, 命)女(汝)疋(胥)榮兌𩁹(拼)𤔲(司)亖((四)方吳(虞)·林(林)㉖, 用宮御㉗. 易(賜)女(汝)赤市幽黃·攸(鋚)勒㉘." 逨敢對天子不(丕)顯魯休𩀁(揚)㉙, 用乍(作)朕皇且(祖)考寶障(尊)般(盤), 用追亯孝于

2) ≪逨盤≫의 銘文 내용은 아래 '≪逨鼎≫(≪42年逨鼎·乙≫)'과 '≪逨鼎≫(≪43年逨鼎·辛≫)'의 銘文과 상당부분이 서로 중복된다. 따라서 본문의 설명부분이나 '銘文 考釋'은 상호 중복되는 내용이 있을 수 있지만, 설명이 필요한 부분은 중복하기로 한다.

㫃(前)文人, 㫃(前)文人嚴才(在)上, 廙(翼)才(在)[下]㉚, 敷(豐)=彔=降逨
魯多福嚳(眉)耆(壽)綽(綽)綰㉛. 受(授)余康㿻(樂)屯(純)又(祐)通彔(祿)永
令(命), 霝(靈)冬(終)㉜. 逨畯(畯)臣天子,㉝ 子孫孫永寶用盲.

2) 내용해석

逨가 말하였다.

나의 위대하신 始祖 單公께서는 당당히 덕을 밝히고 성실한 마음
으로 文王과 武王을 보좌하여 殷을 정벌하였고, 文王과 武王이 하늘
의 대명을 잘 받들어서 주변 국가들을 널리 회유하고 성실하게 국가
를 다스리고 노력하여 하늘의 뜻에 부응하였다.

나의 위대하신 선조 公叔은 근면하게 成王을 보좌하여 成王이 하
늘로부터 부여받은 사명을 이룰 수 있도록 하였다. 또한 당시의 周나
라의 풍속을 따르지 않고 제사의 예의를 모르는 나라를 다스리기 시
작하였고, 사방의 수많은 제후국들을 평정하였다.

나의 위대하신 선조 新室仲은 총명하고 지혜가 뛰어나 능히 멀리
떨어진 변방은 위로하고 안심시키며, 가까운 지역과는 화목하게 지

냄으로써, 수많은 나라들이 康王에게 찾아와 조공을 바치게 되었으며, 康王으로 하여금 신하의 예로써 굴복하지 않은 주변 국가들을 회유하게 하였다.

나의 위대하신 선조 惠仲 盠父는 政事를 안정되고 화합하게 하며 국가를 안정시키며 책략을 세워 昭王과 穆王을 보좌함으로써, 많은 제후국을 정벌 다스리고 荊楚를 토벌하였다.

나의 위대하신 선조 靈伯은 그 마음이 밝고 지혜로웠으며, 직무를 근면하게 성실하게 이행하여 龔王과 懿王이 천하를 다스리는 일을 도왔다.

나의 위대하신 조부(亞祖) 懿仲은 수시로 나라를 위하여 간언하였고, 나라의 군주인 孝王과 夷王을 널리 보필하여 周나라를 위해 공을 세웠다.

나의 선친 龔叔은 공손하고 정중하게 맡은 바를 행하고 섬겼으며, 국정을 합심하여 훌륭하게 이행하였으며, 고상한 덕으로 厲王을 헌신적으로 보좌하였다.

逨는 위대하신 선조들과 선친의 직분을 이어받아, 충성을 다하여 밤낮으로 맡은 바 소임을 다하자, 天子께서 逨에게 매우 많은 복록과 은공을 내려 주셨다. 따라서 부디 天子께서 만수무강 하시고, 周나라가 영원토록 태평하게 保佑해 주시며, 천하가 잘 다스려지기를 기원합니다."

周王이 逨에게 말하였다.

"逨여! 나의 위대하신 文王·武王께서는 진심으로 하늘의 대명을 잘 받들어서 天下를 안정되고 편안하게 다스리셨다. 나는 너의 총명한 선조들이 예부터 선왕을 보좌하고, 각자 맡은 사명을 성실하게 행하였음을 알고 있다. 이제 나는 너의 현명하고 훌륭한 선조들과 네 선친이 맡았던 직분의 소임을 계속하여 다시 너에게 맡기고자 한다. 너는 榮兌를 보좌하여 국가의 농림 사업에 관한 직무와 왕궁에서 필요한 것들을 공급하도록 하라. 너에게 검은 문양이 있는 붉은 祭服과 佩玉과 말 장식을 하사하노라."

逨는 위대하신 天子의 은덕을 칭송하고, 또한 조부와 부친을 기념하는 이 보배로운 盤을 주조하여 덕망 높은 선조들의 고귀한 뜻을 계승하고자 한다.

하늘 위에 계신 덕망 높은 선조들의 영령을 逨는 지상에서 공손하게 모시고자 하니, 바라옵건대, 천상에 계신 선조들의 영령들이시여, 逨에게 물이 쏟아지듯 더욱 많은 복과 평안함과 장수함을 내려주시기를 기원하오며, 화목하고 즐겁게 생활할 수 있게 하여 주시며, 많은 녹을 얻을 수 있도록 보살펴 주시고, 영원토록 重任을 맡을 수 있도록 하여 주시고, 오래도록 天子를 충성을 다하여 신하로써 섬기도록 해주소서.

逨의 자자손손들은 영원토록 이 盤을 보배롭게 여기며 간직하고 복을 누리면서 선조들을 기리도록 하라.

二) 銘文 考釋

① '逨曰不(丕)顯皇高且(祖)單公'

🌣(逨)'는 인명이다. 이외에도 본 명문에서는 '佐'의 의미로 쓰인다. '逨'자는 의미부분이 '辵'이고, 음성부분이 '來'이다. 李學勤 등은 🌣자를 '逨'자로 예정하고, 음은 '佐'라고 설명하고 있다.[3] '逨'자로

---

3) ≪眉縣楊家村新出靑銅器硏究≫, ≪文物≫, 2003年 第6期, 66쪽.

일반적으로 예정하나, 음과 의미에 대해서는 아직도 의견이 분분하다.4) ≪小雅·正月≫『執我仇仇(나를 원수 대하듯 하다)』중의 '仇仇'를 ≪郭店楚簡·緇衣≫의 제18간은 '![글자]'로 ≪上博楚簡·紂衣≫는 ''로 쓴다.5) ≪郭店楚簡·緇衣≫의 '![글자]'자를 '救'나 혹은 '戮'로 예정한다. 李零은 이 자를 '仇'로 예정하고 "'仇'자는 '戈'와 '來'로 이루어진 자이다. 편방 '來'를 '求'로 혼동하여 쓴 것이다. 예를 들어, ≪郭店楚簡·老子乙≫ 제13간의 '終身不來'6)를 王弼本은 '終身不救'로 쓴다"라 했다.7) ≪郭店楚簡≫ ''자를 ≪帛書·乙≫은 '棘'자로 쓰고, 王弼本은 '救'로 쓴다. '救'는 '逑'의 가차자이다. ≪說文解字≫는 ''자에 대하여 "聚歛也"8)라고 설명하고 있다. 白於藍은 <郭店楚簡 ≪老子≫'![글자]'·'賽'·'![글자]'校釋>에서 "'棘'·'救'와 '來'자는 음이 통하고 의미가 같다는 것을 확실하게 알 수 있다. '다하다(窮盡)'·'끝나다(終止)'의 의미이다. 따라서 '終身不救(혹은 '棘'나 '來'로 쓴다)는 '평생 동안 다하지 않다'나 '일생 동안 그치지 않다'의 의미이다"9)라고 설명하고 있다.10) 따라서 '逑'로 예정하고 음은 '仇'로 읽을 수 있다.

≪散氏盤≫은 '![글자]'나 '![글자]'로 쓴다. 容庚은 ≪商周彝器通考≫에서는 '逑'로 예정하나, ≪金文編≫에서는 '0260 逑'에 수록하고 있다.11) ≪金

---

4) 李潤乾 著, ≪楊家村五大考古發現考釋≫(陝西人民出版社, 2006年), 74쪽.

5) ≪金文編≫은 ≪滕侯吳戟≫의 '![글자]'자를 '2032 戮'(824쪽)에 수록하고 "從各汗簡 ![글자], 釋格"이라 설명하였다.

6) "평생이 순조롭지 않다."

7) "仇, 原從戈從來, 乃混來爲求. ≪老子乙組≫簡13'終身不來', 王弼本作終身不救, 爲類似的例字." 李零 著, ≪郭店楚簡三篇校讀記≫(中國人民大學出版社, 2007年), 81쪽.

8) "'거두어 모으다'의 의미."

9) "確知棘·救·來三字音通義同, 都包含有窮盡, 終止之意. 故本段最後一句'終身不救(或棘·或來)', 意卽終身不會窮盡·不會終止."

10) ≪古籍整理硏究學刊≫, 2000年, 60-61쪽 참고.

11) ≪金文編≫, '0260 逑', 109쪽 참고. 최남규, ≪중국 고대 금문의 이해(Ⅱ)≫,

文編≫은 또한 ≪逨𤔲≫ (逨)자 아래서 "≪三字石經·僖公≫은 '來'자 의 고문을 (徠)로 쓴다"[12]라 하며 '來'의 이체자로 보고 있다.[13] ≪淸 華簡·尹至≫ 제1간은 '逨'자를 (逨)로 쓰고 '徠(돌아오다)'는 의미로 쓰인다. 이외에도 ≪金文編≫은 '2042 𢾅'에서 ≪中山王𪉲鼎≫의 '(𢾅)·(𢾅)'자를 수록하고 "義如救. 義如仇"라 했다.[14] 따라서 ≪金文編≫ 중의 '逨'·'逨'·'𢾅'는 이체자이며, '救'·'仇'·'徠'의 의미로 쓰인다.

종합해 볼 때, '逨'는 의미부 '辵'과 소리부가 '來'인 형성자이고, 혹 은 '來'와 '求'의 형태가 비슷하기 때문에 '逑'와 혼용되어 쓰이고, '逑' 는 '救'·'仇'나 '佐'의 가차로 쓰인다. 따라서 ≪逨鼎≫의 자건 '來'가 '求'를 혼용한 것이 아니라면, '逨'자는 '래'의 음으로 읽을 수 있다. 본 문은 '來'로 읽기로 한다.

'皇'은 이미 故人이 된 조부에 대한 존칭으로, '皇考'라고도 칭한다. '高祖'는 '先祖'의 의미로, '單公'은 逨의 8대 앞 선조에 해당된다.

'顯'자를 ≪頌鼎≫은 (顯)으로 쓴다.[15]

器銘에 표시된 周王과 單氏 家族의 世系는 아래와 같다.

❶ 文王·武王　　　　單公(皇高祖)

❷ 成王　　　　　　公叔(皇高祖)

❸ 康王　　　　　　新室仲(皇高祖)

❹ 邵(昭)王·穆王　　惠仲盠夫(皇高祖)

❺ 共(恭)·懿王　　　零(靈)白(伯)(皇高祖)

529쪽 참고.

12) "三字石經僖公來字古文作徠."

13) ≪金文編≫, '0893 來', 383쪽 참고.

14) ≪金文編≫, 829쪽 참고.

15) ≪金文編≫, '1480 顯', 628쪽 참고.

❻ 考(孝)王 · 㝸(夷)王　　　　懿仲(皇亞祖)

❼ 剌(厲)王　　　　　　　　龔叔(皇考)

❽ 天子(宣王)　　　　　　　逨

≪史記 · 周本紀≫의 「穆王在位五十五年, 崩逝」 주장에 대하여 각
학자마다 의견이 다르다. 아래는 劉啓益이 ≪西周紀年≫(廣東敎育出
版社, 2002年)에서 정리한 周代 列王 在位 年數에 관한 대조표이다.[16)]

	史記 周本紀	太平 御覽	東洋天文學史研 究([日]新城新藏)	金文歷朔所證 (吳其昌)	西周年 代考	西周紀年 (劉啓益)	
武王	3	10	3	7	3	2	
周公攝政	7	7	7	7		7	
成王		7	30	30	20	17	
康王		26	26	26	38	26	
昭王		51	24	51	19	19	
穆王	55	55	55	55	20	41	
共王		20	12	20	20	19	
懿王		25	25	17	10	24	
孝王		15	15	15	10	13	
夷王		16	12	16	30	29	
厲王	37		16	37	16	37	

≪逨盤≫에서 언급한 皇高祖 惠仲盠夫가 邵(昭)王과 穆王 두 왕을
보필한 내용을 근거로 穆王의 재위 기간을 王占奎 등은 아래와 같이
39年으로 보기도 한다.[17)]

---

16) 劉啓益, 48쪽.
17) 王占奎(陝西省考古研究所研究員), ≪西周列王紀年擬測≫, ≪考古與文物≫, 2003
　　年 第3期.

西周 列王 紀年

     武王伐紂后在位4年（含伐紂年），BC1029──1026

     成王在位15年，BC1025──1011

     康王在位25年，BC1010──986

     昭王在位19年，BC985──967（据《古本竹書紀年》）

     穆王在位39年，BC966──928

     恭王在位24年，BC927──904

     懿王在位13年，BC903──891

     孝王在位5年，BC890──886

     夷王在位7年，BC885──879

     厲王在位37年，BC878──842

     宣王在位60年，BC841──782

     幽王在位11年，BC781──771

② '趄=(桓桓)克明㤀(慈)乎(厥)德'

    █(趄=)'은 《虢季子白盤》과 《秦公簋》 등에도 보인다. 《虢季子白盤》은 '█'으로 《秦公簋》는 '█'으로 쓴다.[18] '趄趄'을 《詩經·魯頌·泮水》 "濟濟多士, 克廣德心. 桓桓于征, 狄彼東南. 烝烝皇皇, 不吳不揚. 不告于訩, 在泮獻功"[19], 《周頌·閔予小子之什·桓》 "綏萬邦, 婁豐年, 天命匪解. 桓桓武王, 保有厥土, 于以四方, 克定厥家. 於昭于天, 皇以間之"[20] 구절에서는 '桓桓'으로 쓴다. 《毛傳》은 "桓桓은

---

18) 《金文編》 '0183 █', 82쪽 참고.

19) "많은 신하들이 착한 마음 넓히어, 용감하게 정벌에 나서 동남쪽 오랑캐들 다스렸네. 대단하고 굉장하시네, 떠들지도 소리 내지도 않고. 서로 다투는 일도 없이 반궁에서 공을 아뢰네."

20) "온 세상 평화롭게 하시니 풍년이 거듭되고, 하늘의 명에 게을리 하지 않네.

위엄있는 모습"21)이라고 설명하고 있다.

'克'은 부사의 용법으로 '능히(能)~잘하다'의 의미이고, ≪尙書·康誥≫은 "惟乃丕顯考文王, 克明德愼罰, 不敢侮鰥寡, 庸庸祗祗威威, 顯民"22)이라 했다.

'㤅(㤅)'자는 '心'과 '㪿'으로 이루어진 '㤅'자이며 '悊(공경할 철; zhé)'·'哲'의 이체자이다. ≪師望鼎≫은 '㤅'으로 쓴다.23) ≪說文解字≫는 '悊(悊)'자에 대하여 "敬也. 從心折聲"24), '哲(哲)'자에 대하여 "知也. 從口折聲. 悊哲或從心. 㪿古文哲從三吉"25)이라 하였다.

'𠂤'자는 代詞 '厥(그 궐, jué)'과 '其'자의 통가자로 쓰인다. ≪說文解字≫는 '𠂤(𠂤)'자에 대하여 "木本. 從氏, 大於末. 讀若厥"26)이라 했다. ≪金文編≫은 '𠂤'(≪盂鼎≫)자 아래에서 "≪說文≫이 '氒'자를 '𠂤'로 쓰는 것으로 보아 '𠂤'자는 '氒'과 '厥'의 古文이라는 것을 알 수 있다. 古文을 예정하여 쓴 敦煌本 ≪尙書≫는 '厥'자를 모두 '𠂤'로 쓰며, ≪史記≫는 ≪尙書≫를 인용한 문장에서 모두 '其'자로 쓴다"27)라 했다.28)

용감한 무왕께서는 그의 신하들을 보살피어, 세상을 다스리게 하심으로써 그의 나라를 안정시켰네. 아아, 하늘을 밝게 알려져 하느님은 은 나라를 대신케 하셨네."
21) "桓桓, 威武貌."
22) "너의 훌륭하신 아버지 문왕께서는 능히 덕을 밝히고 형벌을 삼가셨고, 감히 홀아비, 과부들도 업신여기지 않으셨으며, 수고하고 공경하며 위엄이 있으셨고, 백성들을 존중하였다."
23) ≪金文編≫, '0132 悊', 57쪽 참고.
24) "'존경하다'의 의미. '心'과 소리부 '折'로 이루어진 형성자."
25) "'총명하다'의 의미. '口'와 소리부 '折'로 이루어진 형성자. '哲'자는 혹은 편방 '心'을 써서 悊(悊)로 쓰거나. 세 개의 '吉'을 써서 '㪿'로 쓰기도 한다.
26) "나무의 뿌리. '氏'와 '十'으로 이루어진 회의자. 뿌리가 나무의 끝부분보다 큰 모습이다. '厥'의 음과 같다."
27) "氒說文作𠂤, 是知𠂤爲氒之古文, 亦厥之古文. 敦煌本隸古定尙書厥皆作𠂤, 史

③ '夾盨(召)'

'(夾盨)(召)'는 ≪42年逨鼎辛≫에도 보인다. ≪42年逨鼎辛≫은 '盨' 자를 '[그림]'로 쓴다. '盨'는 간략한 형태로 '召'로 쓴다. '召'는 '詔·昭·'紹'와 통한다. '召夾'는 동의어가 連用된 형태로 모두 '補佐'의 의미이다. ≪大盂鼎≫은 '鼻(召)夾'으로 쓴다. ≪大史友甗≫은 '[그림]'·'[그림]', ≪召伯簋二≫는 '[그림]', ≪伯公父匠≫는 생략 형태인 '[그림]'로 쓴다.29) 본 명문 '[그림]'는 ≪召伯簋二≫와 형태가 유사하다.

④ '達殷'

'[그림](達)'은 '撻(매질할 달; tà)'의 의미인 '정복하다'의 뜻이다. ≪史牆盤≫은 "上帝降懿(懿)德大甹(屛), 匍(撫)有上下, 迨(合)受萬邦. 緐圉武王, 遹征(正)四方, 達(撻)殷, 畯民永不鞏(恐)狄(惕)"이라 했다.30) ≪書經·顧命≫"用克達殷集大命"31)이라 했다. ≪史牆盤≫은 '達'자를 '[그림]'로 쓰고,32) '殷'자는 '[그림]'·'[그림]'으로 쓴다.33)

⑤ '雁(膺)受天魯令(命)匍有三(四)方'

'膺受大令(命)'은 ≪42年逨鼎辛≫이나 ≪毛公鼎≫에도 보인다. ≪42年逨鼎辛≫은 '[그림]'으로 쓰며, ≪毛公鼎≫은 '[그림](膺)'으로 쓴다.34) '[그림]

記引尚書多改作其."
28) ≪金文編≫, '2027, 雩', 817쪽 참고.
29) ≪金文編≫ '0135 召(召)', 61-62쪽, 참고.
30) "하느님께서 아름다운 덕을 겸비한 신하들을 내려 주시어 온 천하의 백성들을 다스리게 되었고, 많은 소국들을 합병하게 되었다. 위엄하고 용감한 武王께서는 천하를 정벌하시어 殷紂를 정벌하여 현인들이 더 이상 두려움이 없게 하였다."≪중국고대금문의 이해≫, 282쪽 참고.
31) "은나라를 정복하여 천명을 이룰 수가 있었다."
32) ≪金文編≫, '0231 撻', 101쪽 참고.
33) ≪金文編≫, '1384 殷(殷)', 583쪽 참고.

자는 '䧹'자로 예정할 수 있고, '䧹(받을 응; yīng)'의 의미이다.

≪牆盤≫은 '受'자를 '𤔲'로,35) '令'자를 ≪頌鼎≫은 '令'으로 쓴다.36)

'(魯)'자는 명문에서 '嘉'자나 혹은 '嘏'와 통하여 '善'이나 '福'의 뜻으로 쓰인다.37) 본 명문 21行은 '魯休揚'이라 했다. '魯休'는 금문에서 습관적으로 쓰이는 단어로 '嘉美'와 '完善'의 뜻이다. ≪井侯簋≫는 '魯'자를 ''로 ≪師虎簋≫는 ''로 쓴다.38)

"匍有三(四)方"은 금문에 자주 사용하는 구절로 ≪大盂鼎≫에도 보이고, ≪牆盤≫은 "匍有上下"로 쓴다. '(匍)'는 '敷(펼 부; fū)'・'溥(넓을 부; pǔ)'나 '撫(어루만질 무, fǔ)'의 의미로 쓰인다. ≪牆盤≫은 '(匍)'로 쓴다.39)

⑥ '竝宅厥堇(勤)彊(疆)土, 用配帝(上帝)'

"竝宅厥堇(勤)彊(疆)土"40) 중 '(竝)'자는 '旁'의 의미로, 네 번째 줄 "方狄不亯"41)와 여섯 번째 줄 "方襄(懷)不庭"42) 중의 '方'도 역시 '旁'의 뜻으로 사용되고 있다.43) '旁(두루 방; páng)'은 '두루'나 '넓다'의 의미이다. 혹은 '竝'은 連詞로 해석하기도 한다. 둘째 줄의 '四方' 중 '方'은 ''으로 쓰고, '方狄'과 '方襄' 중의 '方'자는 각각 ''과 ''으로 쓴다. 형태가 약간 다르다.

---

34) ≪金文編≫, '0671 ', 282쪽 참고.
35) ≪金文編≫, '0657 ', 274쪽 참고.
36) ≪金文編≫, '1500 (令), 641쪽 참고.
37) ≪金文常用字典≫, 414쪽 참고.
38) ≪金文編≫, '059 ', 245쪽 참고.
39) ≪金文編≫ '1515 匍', 649쪽 참고.
40) "근면성실하게 다스려 통치하게 된 강토를 두루 다스리다."
41) "周나라에 귀속되지 않은 나라들은 멀리 하였다."
42) "예로써 굴복하지 않은 주변 국가들을 널리 회유하였다."
43) 李學勤, ≪文物≫(2003年, 第6期), 66쪽.

'▦(宅)'은 금문에서 명사인 '宮室', 동사인 '살다(居)'의 의미 이외에 '度'의 의미로 가차되어 '헤아리다'·'꾀하다'·'도모하다'·'통치하다'· '다스리다'의 뜻으로 사용된다. ≪尙書·舜典≫의 "五流有宅"[44] 구절 을 ≪史記·五帝紀≫는 "五流有度"로 쓴다. ≪尙書·禹貢≫은 "三危旣 宅"[45]이라 했고, ≪詩經·大雅·黃矣≫는 "維彼四國, 爰究爰度"라 했 다.[46]

'▦(氒)'자는 代詞 '厥(그 궐, jué)'과 '其'자의 통가자로 쓰인다. ≪默 鐘≫『戕(撲)伐氒都(服國의 수도를 공격하여 점령토록 하였다)』 중 의 '▦(戕伐)'은 '撲伐'로 '토벌하여 점령하다'의 의미이고, '氒都'는 '服國의 수도'이다.

'▦(董)'자는 '勤'의 뜻이다. '董疆土'는 훌륭하게 다스려 통치하게 된 강토의 의미이다.[47] '董'자를 ≪頌鼎≫은 '▦'으로 쓰고, ≪금문편≫ 은 '2083 疆'에서 ≪頌鼎≫ '▦(疆)'자에 대하여 "疆의 의미이다. 畺 자에도 보인다"라 했다.[48]

'用'은 접속사, '用配上帝'은 "與……上帝同在"의 의미이다.[49]

⑦ '雺朕皇考且(祖)公弔(叔)克逨匹成王'

'▦(雺)'자는 금문에서 주로 허사의 용법인 '于'·'與'나 혹은 문두어 기사로 사용된다. ≪42年逨鼎辛≫는 '雺乃'로 쓴다. 현대중국어의 '于 是'로,「그래서 곧 ~하다.」의 뜻이다.

---

44) "다섯 가지로 귀양을 보내되 살 수 있는 방법을 모색할 수 있게 하여야 한다."
45) "삼위산 사람들이 살 수 있게 되다."
46) "사방의 나라들을 살펴보고 헤아려 보네" ≪金文常用字典≫, 725쪽 재인용.
47) ≪金文編≫ '2189 董, 888쪽 참고.
48) "孶乳爲疆, 畺字重見." ≪金文編≫, 849쪽, '2206 畺'(895-898쪽) 참고.
49) "하느님과 함께 하다." ≪金文今譯類檢≫, 699쪽 참고.

(弔)'는 '伯叔'의 '叔'의 의미로 쓰이거나, 혹은 '정숙하다'인 '淑'의 의미로 가차되어 사용된다.50) ≪曶鼎(智鼎)≫은 '井叔'의 '叔'자를 으로 쓰고, ≪賢簋≫에는 '公叔'의 '叔'을 으로 쓴다. 금문에서 '弔'자는 '叔'이나 '淑'의 가차자로 쓰인다. ≪左傳·定公七年≫에서 ≪小雅·節南山≫"不弔昊天, 亂靡有定"51) 구절에 대하여 楊伯峻은 ≪春秋左傳注≫에서 "'不弔'는 '不淑'으로 '좋지 않다'라는 의미이다. '昊'의 음은 '浩'와 같고, 원래의 의미는 '끝없이 넓다'이다. '昊天'는 '蒼天'과 같은 의미로 '하늘'이다. '하늘도 무심하여 혼란이 평정되지 않다.'의 의미이다"52)라 하였다. ≪上海博物館藏戰國楚竹書一≫≪緇衣≫ 第3 簡은 '淑人'을 '禺人'으로 쓰고 있다. ≪郭店楚墓竹簡≫도 '淑'자를 ''으로 쓰고, '禺'으로 예정하고 있다. 金文은 '弔'자를 ''(≪叔父丁簋≫)·''(≪叔鼎≫)·''(≪嘉鼎≫)·''(≪叔簋≫) 등으로 쓰며, 이 자는 '叔' 혹은 '淑'으로 종종 가차되어 쓰인다. 초간은 '叔'에 자건(字件) '口'를 추가하였다. 본 명문에서는 '弔'는 인명으로 '叔'의 가차자이다.

(克)'은 '능히 ~ 잘 하다'의 뜻이며, ≪42年逨鼎辛≫은 (克)'으로 쓴다. 銘文에서 '정복하다'나 '능히(能)'의 의미로 쓰인다. 본문에서는 '能'의 의미로 쓰인다. ≪利簋≫는 ''으로 쓴다.53)

(逨)'자는 본 명문에서 이름 이외에, 본 구절에서는 '佐'의 의미로 사용되고 있다. ≪史墻盤≫의 "逨匹乊辟"54) 구절 내용과 유사하다.

---

50) ≪金文編≫ '1354 弔', 569쪽 참고.
51) "불행하도다 하늘이여. 혼란이 안정되지 못하다."
52) "不弔, 不淑, 不善也. 昊音浩, 本意爲廣大無邊. 昊天, 猶言蒼天, 上天. 句意謂上天不仁, 亂無有定."
53) ≪金文編≫, '1155, 亭', 497쪽 참고.
54) "군주를 보필하다."

≪史墻盤≫의 자를 '逤'으로 예정하고, 음성부분을 '泰'으로 보고 '弼(도울 필; bì)'의 가차자로 해석하기도 한다. 자와 매우 비슷하다. 따라서 李學勤은 ≪史墻盤≫의 자도 '逤'로 예정하고 '補佐하다'의 의미로 설명하고 있다.[55] "克逤匹成王"의 구절은 문맥 내용으로 보아 '補佐하다'의 뜻이다. 또는 이 자를 '逤'로 예정하고 '來'의 가차자로 해석하기도 한다. ≪爾雅·釋詁≫는 "'來'는 '힘쓰다'의 의미이다"[56]라 하였다.

'逤匹'은 '보좌하다'·'보필하다'의 뜻이다. '匹'자를 ≪牆盤≫은 ''로, ≪單伯鐘≫은 ''로 쓴다.

⑧ '方狄(逖)不言用奠三(四)或(域)萬邦'

≪金文今譯類檢≫은 '(方)'자를 시간부사 '방금 시작하다'의 의미로 해석하고, '狄'자를 '剔(바를 척; tī)'자인 '다스리다'의 의미로 해석하였다.[57] '言'자는 '亯'·'享'자와 같은 자이다. 楊樹達은 "'亯'자는 '亯'·'享'과 '烹'자와 같은 자이다. 鼎은 원래 '烹(삶을 팽, pēng)'을 하는 기물이기 때문에, '亯'자는 '烹'자와 같은 자이다"라 하고,[58] 高亨은 "亯은 제사를 지낸다는 뜻의 享이다.……'亯'과 '享'과 사실상 한 글자인 것이다"라 하였다.[59] ≪師鄂父鼎≫은 '亯'자를 ''으로 쓰고, ≪令簋≫는 ''으로 쓴다.[60] 혹은 '(狄)'은 '逖(멀 적; tì)'의 의미, '亯'은 '헌납하다'·'헌신하다'의 의미로 해석하기도 한다.[61] 전체적으로 '周

55) 李學勤, ≪文物≫(2003年, 第6期), 66쪽.

56) "來, 勤也."

57) ≪金文今譯類檢≫, 699쪽, 注 ⑪ 참고.

58) "亯在後世爲亯享烹三字. 鼎本烹者之器, 此亯蓋烹字也." ≪積微居金文說≫增訂本, 213쪽 참고.

59) 高亨 註解, 김상섭 옮김. ≪高亨의 周易≫, 예문서원, 84쪽.

60) ≪金文編≫ '0882 亯(亯)', 377쪽

나라의 풍속을 따르지 않고 제사의 예의를 모르는 나라를 다스리기 시작하다'이다. ≪牆盤≫은 '狄'자를 '𤝗'으로 쓴다.[62]

'(奠)'은 '안정시키다'의 뜻이다. 13-14 줄의 「保奠周邦」, 注 ㉑을 참고. ≪22年逨鼎≫은 '(奠)'으로 쓴다.

⑨ '頀(柔)遠能蝕(邇)'

'頀(柔)遠能蝕(邇)'는 ≪大克鼎≫에도 보인다. '(頀)'자를 '擾'자로 예정하기도 한다. '擾'자는 '擾'자의 이체자로 '柔'자로 가차되어 '부드럽게 대해주다'나 '위로하다'의 뜻이다. ≪克鐘≫은 '擾'자를 '𧴓'로 쓴다.[63] '憂'자를 ≪無憂卣≫는 '𧴓'로, ≪毛公鼎≫은 '𧴓'로 쓴다.[64]

≪𤰈匜(㻒匜)≫의 '(㺒)'자 역시 '擾'자이다. 한편 ≪𤰈匜(㻒匜)≫의 '𤰈'자와 ≪小臣艅犧尊≫의 '𤰈'자를 ≪금문편≫은 ≪부록하≫의 '694' (1286쪽)에 수록하고 인식할 수 없는 자로 보고 있으나, ≪부록하≫ '693-697'에서 수록하고 있는 아래 문자들은 모두 '㺒(憂)'자로 인식할 수 있다. 혹은 이 자를 '㺒'로 해석하기도 한다.[65]

61) 李學勤, ≪文物≫, 67쪽.
62) ≪金文編≫ '1627 狄', 685쪽 참고.
63) ≪金文編≫ '1940 擾, 778쪽.
64) ≪金文編≫, '0879 𧴓, 384쪽 참고.
65) ≪金文詁林附錄≫, 2608-2612쪽, ≪說文解字今釋≫, 731-732쪽 참고

≪금문편·부록하≫, '694'(1286쪽)

　≪上博楚簡(五)≫ ≪季康子問於孔子≫의 제1간 중에 "唯子之尒朌朚"
라 구절이 있는데, 이 중 '朚'자는 '　'로 쓴다. 濮茅左 정리본은 이 자
를 '朚'로 예정하고, 이 자는 또한 '腬'자와 같은 자로 ≪玉篇≫ "腬'자
의 음은 如由切이다. ≪說文≫은 '얼굴이 화기애애하다의 뜻이다'라
하였다. 안컨대, 이 자의 뜻은 얼굴이 부드럽고 온화한 것을 말한다.
지금은 '柔'자로 쓴다"66)라 하여 '柔'의 의미라 하였다.67)
　'朌'자를 ≪九店楚簡≫은 '　'로, ≪包山楚簡≫은 '　'로 쓴다.68) ≪說
文解字≫는 '　(腬)'자에 대하여 "腬, 面和也. 從百, 從肉. 讀若柔"69)
라 하였다. 상고음은 'njəw'(幽部)이다. ≪說文解字≫는 '擾'자를 '　
(擾)'자로 쓰고, "'擾'자는 '번거롭다(煩)'의 의미. 의미부 '手'와 소리부
'夒'로 이루어진 형성자"70)라 하고, 邵瑛은 ≪說文羣經正字≫에서 "현재

---

66) "腬, 如由切. ≪說文≫云: '面和也', 野王案: 柔色以蘊之是, 今爲柔字."
67) ≪上博楚簡(五)≫, 200쪽.
68) 滕壬生, ≪楚系簡帛文字編(增訂本)≫, 800쪽.
69) "'腬'는 '안색이 부드럽다'는 의미이다. '百'와 '肉'으로 이루어진 자이다. '柔'의
　　음으로 읽는다."

經典에서는 자부 ‘夒’자 대신 ‘憂’를 쓰는데, 이는 隸變되면서 와전되었기 때문이다”[71]라 하였다. ≪金文編≫은 ≪克鼎≫의 [字形]자를 ‘㐬’와 ‘頁’로 이루어진 ‘擾’자이며, 이 자를 또한 ‘柔’자로 쓰기도 한다고 하였고,[72] 또한 ≪金文編≫은 이 자를 ‘䫜’자로 예정하면서 ‘擾’자의 이체자라 하였다.[73] ≪金文編≫(三版)에서는 ‘䫜’자 아래 ≪克鼎≫의 [字形][74]자와 ≪番生簋≫[75]의 ‘[字形]([字形])’자를 수록하고 있으나[76], 제 4판에서는 이를 누락하고 있다. ≪番生簋≫의 구절 역시 ≪克鼎≫과 같이 “擾遠能𢓓”로 쓰고, 문자의 자형이 유사한 것으로 보아 응당히 같은 자로 인식하는 것이 옳겠다. ‘[字形](夒)’자에 대하여 ≪說文解字≫는 “탐식하는 짐승. 혹은 사람과 비슷하게 생긴 어미 원숭이. 字符 頁 · 已 · 止와 夊로 이루어진 자. 그중 字符 已 · 止와 夊는 손과 다리를 표시한다”[77]라 하였다. 금문 중 ≪小臣艅犀尊≫의 ‘[字形][78]자와 ≪金文編≫ ‘夒’자 아래 ‘[字形]’ · ‘[字形]’ · ‘[字形]’ · ‘[字形]’ 등 네 자를 수록하고 있는데, 아마도 이

---

70) “擾, 煩也. 從手, 夒聲.”

71) “今經典並從憂作擾, 此隸轉寫之譌.”

72) ≪金文編≫, ‘1940 擾’, 778쪽. “擾遠能𢓓. 孫詒讓謂猶詩言柔遠能邇. 史記擾而毅, 徐廣云擾一作柔.”

73) ≪金文編≫, ‘1482 䫜’, 629쪽. “孫詒讓謂當爲擾之異文. ≪尙書 · 顧命≫柔遠能邇作柔. 柔擾聲近字通.”

74) ≪殷周金文集成≫‘02836’ ≪克鼎(≪大克鼎≫)≫의 [字形]자를 ≪金文編≫은 [字形]로 摹寫하고 있으나, 徐中舒 ≪漢語古文字字形表≫는 [字形]로 모사하고 있어 약간 다르다.

75) ≪殷周金文集成≫, ‘04326’.

76) ≪金文編≫(三版), ‘1171 䫜’, 492쪽. ≪番生簋≫(≪殷周金文集成≫, 04326) 역시 “擾遠能𢓓”로 ≪克鼎≫의 내용과 같다. 또한 ≪金文編≫(第三版)에서는 ≪番生簋≫의 [字形]자를 [字形]로 잘못 摹寫(임서)하였다. 본문은 徐中舒의 ≪漢語古文字字形表≫(458쪽) ‘擾(柔)’자 아래 摹寫된 문자를 수록하기로 한다.

77) ≪說文解字≫: “貪獸也. 一曰母猴, 似人. 從頁, 已 · 止 · 夊, 其手 · 足.”

78) ≪金文編≫, 〈附錄下〉‘694’, 1286쪽.

들 자 중 몇 자는 '夒'자일 가능성이 있다.[79] ≪金文編≫제3판에서는 원래 '䁤(뚫어지게볼 유)'[80]자에 대하여 李孝定 ≪金文詁林讀後記≫는 "番生簋의 '＄'자는 우측 편방이 '夒'자이고, 좌측 '＄'는 '卣'자로 음성부분이다. 이 자는 '夒'자에 聲符 '卣'가 추가되어 이루어진 자이지만 여전히 '夒'자이다. 고문자 상형자 중 후에 聲符가 추가되어 이루어진 자는 아주 많다"라 하였는데,[81] '＄(卣)'가 음성부분으로 후에 첨가되어 이루어진 형성자라는 것에 주의할 만하다. 따라서 '䁤(顮)'자는 결국 '夒'자의 이체자이며 음성적 관계로 인하여 '擾(擾)'나 '羞'의 가차자로 쓰인다. ≪中弓≫ 제26간 "愚志(恐)怠虐(吾)子態(憂), 志(愿)因(因)虐(吾)子而台(治)"[82] 중의 '態'자를 '＄'로 쓰고, 「態」자에 대하여 李朝遠 정리본은 "'惥' 혹은 '憂'자와 같다"라 하였다.[83] 陳劍은 이 자는 '羞'자의 통가자로 쓰인다 하고,[84] 孟蓬生은 이 자는 '憂'자가 아니고, 자부 '心'과 '脀聲'으로 이루어진 형성자로 '羞'자의 本字라 하였다.[85] ≪上博楚簡≫ ≪周易≫제 28간 「巫(恆)」卦 세 번째 陽爻 "不經丌悳, 或丞丌態, 貞吝"[86] 중의 '＄(態)'자를 백서본과 현행본은 모두 '羞'자로 쓴다. 濮茅左 정리본은 "「態」자는 ≪說文解字≫에 보이지 않

---

79) ≪金文編≫, '0897 夒, 384쪽. 陳漢平 著, ≪金文編訂補≫, 中國社會科學出版社(1993), 61쪽 참고.
80) ≪金文編(第三版)≫, 492쪽.
81) 李孝定, ≪金文詁林讀後記≫, 337쪽. "番生簋作＄, 右旁所從卽夒字, 左從＄, 乃卣字, 爲夒字後加之聲符, 仍是夒字, 古文象形字後加聲符者多矣."
82) "우둔하기 때문에 선생님을 부끄럽게 하는 누를 끼칠까봐 걱정이 되어, 삼가 선생님의 가르침에 따라 다스리고자 합니다."
83) 馬承源 主編, ≪上海博物館藏戰國楚竹書 (三)≫, 282쪽.
84) 陳劍, ≪上博竹書〈仲弓〉篇新編釋文(稿)≫, 簡帛硏究網, 2004-04-18.
85) 孟蓬生, 〈上博竹書(三)字詞考釋〉, 簡帛硏究網, 2004-04-26.
86) "그 덕을 항상 변하지 않도록 하지 않으면, 혹은 치욕을 당해 부끄러운 일을 당하게 되니, 바르게 하더라도 궁색하다."

는다. 편방 '頁'·'心'과 소리부 '訔'로 이루어진 형성자이며, 음은 '憂'
나 '羞'와 통한다"라 하였다.[87] 「恒卦」세 번째 陽爻(九三) 구절은 현
행본은 "不恒其德, 或承之羞, 貞吝"으로 쓰고 본 구절을 인용한 ≪論語
·子路≫와 ≪禮記·緇衣≫ 역시 '羞'자로 쓴다.[88] 季旭昇은 의미부
'憂'와 소리부 '肉'으로 이루어진 형성자이거나 혹은 의미부 '心'과 소
리부 '頯(胏)'로 이루어진 형성자라 하였다.[89]

楚簡의 '頯'자 '𦣻'(≪九店楚簡≫)·'𦣻'(≪包山楚簡≫)자는 금문의

---

87) 馬承源 主編, ≪上海博物館藏戰國楚竹書(三)≫, 175쪽.

88) ≪論語≫의 ≪子路≫篇은 "子曰 : '南人有言曰 : 人而无恒, 不可以作巫医. 善
夫 !' '不恒其德, 或承之羞.' 子曰 : '不占而已矣.'"(공자는 '남인의 어떤 사람이
항상심이 없으면 무당이나 의사도 될 수 없다하였는데 이는 옳은 말이다'라
하였다. ≪易經≫은 '그 덕을 변함없이 지키지 않으면 욕을 당할지도 모른다'
라 했는데, 이에 대하여 공자는 '항상심이 없는 사람은 점을 칠 필요가 없다'
라 하였다)라 하였다. "不占而已矣"의 구절을 楊伯峻 ≪論語譯註≫는 "這話的
意思是叫無恆心的人不必去占卦罷了.(이 말은 항상심이 없는 사람은 점을 칠
필요가 없이 그만두어야 하는 뜻이다)"로 해석하였다. ≪禮記·緇衣≫는 "子
曰 : 南人有言曰 : '人而無恒, 不可以爲卜筮.' 古之遺言與? 龜筮猶不能知也, 而況
於人乎? ≪詩≫云 : '我龜旣厭, 不我告猶.' ≪兌命≫曰 : '爵無及惡德, 民立而正
事, 純而祭祀, 是爲不敬 ; 事煩則亂, 事神則難.' ≪易≫曰 : '不恒其德, 或承之羞.
恒其德偵, 婦人吉, 夫子兇.'"(공자는 말하였다. 남인의 어떤 사람이 말하기를
'사람이 항상심이 없으면 점을 칠 필요가 없다'고 했다. 이는 아마 옛부터 전
해 내려오는 말이 아니겠는가? 이러한 사람은 거북이 점도 알 수가 없는 것인
데, 하물며 사람은 어찌하겠는가. ≪詩經≫은 '거북이도 싫증이 나서 나에게
길흉을 알려 주지 않네'라고 했다. ≪兌命≫은 '벼슬에 악덕이 있게 하지 마라.
백성들이 이를 배울 것이다. 악덕이 있는 사람이 제사를 지내는 것을 不敬이
라 한다. 일이 번거로우면 어지럽고 신을 섬기면 어렵다'라 했다. ≪易經≫이
말하기를 '그 덕이 항상심이 없으면, 혹은 부끄러운 일이 생겨 치욕을 당할
수 있다. 그 덕이 항상심이 있으면 정직하니, 부인은 길하지만 남자는 흉한
것이다)라 하였다.)

89) 季旭昇 主編, ≪〈上海博物館藏戰國楚竹書(三)〉讀本≫, 77쪽. "字形分析可視爲
從憂, 疊加'肉'聲, '憂'字金文作𦣻', 盖假䚻字爲之, 戰國文字加肉聲, 窄式隸定
作䐔, 實卽'憂'字, 於此讀爲羞. 亦可分析爲從心頯(胏), 窄式隸定作愥."

🐚(≪克鼎≫)·🦋(≪番生簋≫)자의 이체자가 아닌가 한다. 초간의
왼쪽 부분을 季旭昇은 '肉'이라고 하고, 李孝定은 금문의 왼쪽 부분을
'卣'라 하였는데, 초간의 '肉'은 금문의 '卣'가 와전된 것으로 보인다.
즉 '🐚'·'🦋'는 '肉'이 아니라 소리부 '卣(匃·卤)'인 '䚢'자로 보았다. ≪金
文編≫이 말한 '匃'자는 '卣'자의 이체자이다. 한편, ≪彭祖≫제7간에
'🐚'자가 있는데, 또한 楚簡의 '脜'자 '🦋'(≪九店楚簡≫)와 금문의 🐚(≪克
鼎≫)·🦋(≪番生簋≫)자의 이체자가 아닌가 한다. '🐚'자는 윗부분이
'頁(百)' 혹은 '首'와 소리부 '攸'로 이루어진 형성자이다. 아랫부분은
≪彭祖≫제5간의 '🦋(攸)'자와 비슷하고,[90] 윗부분은 ≪彭祖≫제7간
의 '🦋(惪)'자의 윗부분과 비슷하다. '🦋(惪)'자에 대하여 李零 정리본
은 "일반적인 '憂'자의 자형과 다르다. 혹은 아래 '寂'자와 관련이 있는
것이 아닌가 한다"라 하였다.[91] '🦋(惪)'자는 金文 ≪中山王鼎≫의 '🦋'자
와 유사하다. 何琳儀는 ≪戰國古文字典≫에서 이 자에 대하여 "🦋, 從心,
百聲. 百或作頁·夏, 悳·惪·憂實乃一字"라 하였다.[92] ≪說文解字≫는
"憂, 和之行也. 從夊, 悳聲"이라 하고,[93] '惪'자에 대해서는 "愁也. 從心,
從頁"[94]이라 하였다. '憂'자와 '惪'자는 같은 자인데, ≪說文解字≫가
잘못 인식한 것이다. 朱駿聲은 "경전에서 '惪'자 대신 '憂'자를 쓰자 '惪'

---

90) ≪上博楚簡≫ 중 ≪性情論≫은 '🦋'로 쓰고, ≪容成氏≫는 '🦋'로 쓴다. 滕壬生,
≪楚系簡帛文字編≫, 308쪽 참고.

91) ≪上海博物館藏戰國楚竹書(三)≫, 308쪽. "「惪」與一般的寫法不太一樣, 或與
下文「寂」字有關."

92) 何琳儀, ≪戰國文字典≫, 195쪽. "🦋'자는 자부 '心'과 소리부 '百'로 이루어진
형성자이다. '百'자는 혹은 '頁·夏' 등으로 쓰기도 한다. '悳'·'惪'자와 '憂'자는
사실상 같은 자이다."

93) "'憂'는 '유유자적하게 걸어가다'의 뜻. 의미부 '夊'와 소리부 '悳'로 이루어진 형
성자."

94) "'시름겹다'의 의미. '心'과 '頁'로 이루어진 자."

자가 사용되지 않게 되었다"라 하였다.95) ≪上博楚簡≫ 중 ≪孔子詩論≫ 제16간 "綠衣之憂, 思古人也"96) 중의 '憂'자를 '🔣(慐)'로 쓴다. ≪詩經·綠衣≫의 "心之憂矣, 曷維其亡"97)·"我思古人, 俾無訧兮"98)·"我思古人, 實獲我心"99)라는 구절이 '憂'의 내용이다. ≪孔子詩論≫의 '憂'자와 본 죽간의 '🔣'자는 완전히 같다. 이 자는 '慐' 혹은 '意'나 '憂'자로 예정할 수 있다. ≪說文解字≫는 '悠'자에 대하여 "慐也. 從心, 攸聲"100)라 하고, 段玉裁는 "黍離, 悠悠蒼天. 傳曰: 悠悠, 遠意. 此謂悠同攸. 攸同脩, 古多叚攸爲脩. 長也, 遠也"101)라 하였다. 따라서 본문에서 '🔣'자는 '憂'나 '悠'의 의미인 '걱정하다'의 뜻으로 쓰인다. 李零 정리본은 이 자가 '霯'자와 관련이 있는 것이 아닌가 하고 추측하고 있으나, 문자의 자형과 전후 문맥으로 보아 관련이 없는 것으로 보인다.

'🔣'자는 자부 '頁'의 생략형인 '頁'과 소리부 '攸'로 이루어진 형성자임이 확실하다. 이 자를 정리본이 '修'의 의미로 파악하는 것과는 달리, 林志鵬 등은 '俯'의 가차자로,102) 孟蓬生은 '머리를 숙이다'인 '頣'103)의 가차자로 보고 '朕'자는 '머리를 들다'라는 '上'의 의미로 설명하였

---

95) "經典皆以憂爲之, 而慐廢矣." 湯可敬, ≪說文解字今釋≫, 1478쪽 재인용.

96) "≪綠衣≫의 시름은 故人을 그리워하는 것이다."

97) "마음의 시름이여 언제나 없어지려는가?"

98) "나는 옛사람을 생각하여 허물없게 힘쓰려네."

99) "나는 옛사람을 생각하노니, 정말로 내 마음 잡아주네."

100) "'근심하다'의 의미. '心'과 '攸聲'으로 이루어진 형성자."

101) "≪詩經·黍離≫'悠悠蒼天' 구절에 대하여 ≪傳≫은 '悠悠'는 '멀다'라는 뜻이라 하였다. 이는 '悠'자는 '攸'자의 의미로 쓰인다는 것을 말한다. '攸'자는 또한 '脩'자와 음이 같기 때문에 고문에서 '攸'자는 '脩'의 가차자로 종종 쓰인다. '길다'·'멀다'라는 의미로 쓰인다."

102) 林志鵬, 〈戰國楚竹書 ≪彭祖≫考論〉(一), 簡帛硏究, 인터넷사이트, 2007-08-18

103) ≪說文解字≫는 "從見, 卥聲. 讀若攸.('見'과 소리부'卥'로 이루어진 형성자. '攸'와 음이 같다)"라 하였다.

다.104)

금문 '🔸'자 중 발음부분 '囟'가 楚簡 '🔸(脜)'에서는 '肉'으로 변하여 그 음을 확실히 알 수 없기 때문에, 다시 발음부분 '攸'를 추가하여 이체자 '🔸'가 된 것이다.

'🔸(能)'은 '親善'이나 '和睦'의 의미이다.105) ≪毛公鼎≫은 '🔸'으로 쓴다.106)

'🔸(埶)'자는 '埶'자의 이체자이며, '藝'로 쓰기도 하며,107) '邇'와 통한다. '邇'는 '가깝다'는 의미이다. ≪番生簋≫는 '🔸'로 ≪趩馭簋≫는 '🔸'로 쓴다.108) 이 문장은 전체적으로 '멀리 떨어진 변방은 위로하고 안심시키며, 가까운 지역과는 화목하게 지낸다'의 뜻이다.

⑩ '會䀉(召)康王方裹(懷)不庭

'🔸(會䀉)'는 '夾䀉'와 동의어이다. 제7줄에서는 '🔸(用會)'로 쓴

---

104) 孟蓬生, 〈≪彭祖≫字義疏證〉, 簡帛研究, 2005-6-21. "簡文使用了對比手法, 前種態度謙卑謹慎, 後一種態度倨傲輕薄, 與 ≪莊子≫之語尤其相似. 以簡文與傳世典籍參照, 使我們更加相信李零先生'膓'與'𡱀'字的含義似乎相反'的體會是十分正確的. 我們似乎可以初步假定, '𡱀'字當與'低頭'有關, 而'膓'字作'𡱀'字的反義詞, 當與'擧首'有關. '𡱀'字從百, 攸聲, 其音義當與'囟'或'䀉'相近. ≪說文·囟部≫: '囟, 草木實垂囟囟然, 象形, 讀若調.' 又 ≪見部≫: '䀉, 下視深也. 從見囟聲. 讀若攸.' 是囟聲字古有'下垂'之義. 攸與囟古音相同, '𡱀'字從百, 攸聲, 當爲'低頭'之義. 或者我們也可以直接讀'𡱀'爲'䀉'. 古人以視下爲謙卑, 以視高爲倨傲. ……'膓'讀爲襄, '上擧'之義. 簡文與'𡱀'字對文, 爲'擧首'之義. ≪尙書·堯典≫: '湯湯洪水方割, 蕩蕩懷山襄陵, 浩浩滔天.' 某氏傳: '襄, 上也.' ≪漢書·賈鄒枚路傳≫: '臣聞交龍襄首奮翼, 則浮雲出流, 霧雨咸集.' 師古注: '襄, 擧也.' 又 ≪漢書·敘傳≫: '雲起龍襄, 化爲侯王.' 師古注: '襄, 擧也.'"

105) ≪金文常用字典≫, 908쪽 참고.

106) ≪金文編≫ '1644 🔸', 688쪽 참고.

107) ≪毛公鼎≫은 '藝'자를 '🔸'로 쓴다. ≪金文編≫ '1392 🔸', 587쪽 참고.

108) ≪金文編≫ '0444 🔸', 177쪽 참고.

다. "方裹(懷)不庭"을 ≪毛公鼎≫은 "衒(率)裹(懷)不廷方"으로 쓴다. '衒(率)'자는 어조사로 쓰이거나, '거느리다' · '통솔하다'의 동사의 용법으로 쓰인다. ≪尙書 · 立政≫의 "亦越武王, 率惟敉功, 不敢替厥義德, 率惟謀從容(睿)德, 以竝受此丕丕基"[109] 중의 '率'의 용법과 같다. "不廷方" 중의 '廷方'은 '朝廷에 朝見하다'의 의미이며, 전체적으로 '조견을 하지 않은 주변국가'의 뜻이다.

'裹'자를 ≪伯烖簋≫는 '衒'로 쓴다.[110]

⑪ '惠中(仲)盠父盠龢于政又(有)成于獻'

'惠仲盠父'는 인명이다. ≪金文編≫은 ≪盠駒尊≫의 '盠'와 ≪盠方彝≫의 '盠'자를 ≪부록하≫ '235'에 수록하고 있으나, 器名에는 이미 '盠'자를 사용하고 있다[111].

≪史墻盤≫은 "初盠龢于政"[112]으로 쓰고, '盠'자와 '龢'자를 각각 (盠)와 (龢)로 쓴다.[113] ≪說文解字≫는 '盠(盠, lí)'자에 대하여 '讀如戾'라고 설명하고 있다.[114] 따라서 음은 '려'이다. '盠'는 '안정'이고, '盠龢'는 '안정되고 화협되다'의 의미이다. '龢(龢)'자에 대하여 ≪說文解字≫는 "'조화를 이루다(調)'의 의미이다. 의미부 '龠', 음성부 '和'인 형성자이다. '和'의 음과 같다"라 설명하였다.[115]

---

109) "또한 무왕께서도 유업을 완성하시고, 감히 문왕의 의로운 덕을 버리지 않으셨으며, 문왕의 밝은 덕을 꾀하시고 따르심으로써, 이 위대한 유업을 다 받으시게 되었던 것이다."
110) ≪金文編≫ '1390 裹, 586쪽 참고.
111) ≪金文編≫, 1208쪽 참고.
112) "처음으로 정치를 안정되고 화합하게 되다."
113) ≪金文編≫ '2090 盠', 851쪽, '0305 龢', 124 참고.
114) ≪說文解字今釋≫, 1836쪽 참고.
115) "調也, 從龠和聲, 讀如和同." ≪說文解字今釋≫, 303쪽.

"又成于猷"116) 중 ''는 '策略·謀略'의 뜻이다. ≪43年逨鼎辛≫
과 ≪毛公鼎≫의 "雝(雍)我邦小大猷"117) 중의 '猷'의 의미와 같다. ≪牆
盤≫은 '猷'를 '![]'로 쓴다.118)

⑫ '用會邵(昭)王·穆王鑯(剿)政三(四)方'
'邵(昭)王'과 '穆王'은 주나라 왕이다.

李學勤은 ''자 중의 '次(침 연)'은 '涎'자와 같은 자이고, '延'의
의미이며, 전체적으로 "덕정으로 천하의 제후를 다스리다"라 했
다.119) ≪金文今譯類檢≫은 '鑯'로 예정하고 '剿(정복할 초; jiǎo, chāo)'
의 의미로 해석하고 있다. ≪秦公鐘≫의 "盜百緣(蠻)"120)을 참고하여
'盜政四方'을 '덕 있는 정치로 사방 제후국을 다스리다'로 해석하기로
한다. ≪秦公鐘≫은 '![]'로 쓴다.121) ≪秦公鐘≫의 '![]'자를 '兆'의 가
차자로 해석하기도 한다.

⑬ '斲(撲)伐楚荊'
''은 '撲(칠 박; pū)'자와 같은 자이다. '楚荊'은 楚國을 가리킨
다. ≪趞鐘≫은 "戲(撲)伐乎都"122) 중의 '撲伐'을 ''로 쓴
다. '撲伐'로 '토벌하여 점령하다'의 의미이다. ≪今甲盤≫은 '![]'으로,
≪散盤≫은 '![]'으로 쓴다.123) ≪令簋≫는 '伐'자를 '![]'로 쓴다.124)

---

116) "또한 책략을 세우다."
117) "우리나라의 크고 작은 모든 일들의 계획을 옹호하다."
118) ≪金文編≫, '1628 ![]', 685쪽 참고.
119) "將其德政普及到四方諸侯." 李學勤, ≪文物≫, 67쪽.
120) "많은 제후의 방국을 다스리다."
121) ≪金文編≫ '0807 鑯', 347쪽 참고.
122) "服國의 수도를 공격 점령토록 하였다."
123) ≪金文編≫ '1944 ![]' 782쪽 참고.

≪過伯簋≫는 ‘荊’자를 ‘⿰’으로 쓴다.125)

⑭ ‘霝(靈)伯炎(粦)明乓(厥)心’

‘■(炎)’자는 ‘粦’자와 같은 자이고, ≪43年逑鼎·辛≫은 ‘■(咨)’으로 쓰며, ‘眜’과 통하여 ‘헤아리다’의 뜻이다. ≪史墻盤≫은 ‘咨(粦)明亞祖’ 중의 ‘咨’자를 ‘■’으로 쓴다. ‘■(炎)’자는 ≪史墻盤≫의 ‘■(咨)’자의 생략형이다. ‘咨(粦)’은 ‘令’이나 ‘靈’과 통한다. ‘粦明’·‘令明’과 ‘靈明’은 ‘賢明’의 뜻이다.

⑮ ‘彖(墜)□服’

‘■(彖)’자는 ‘墜’자를 생략하여 쓴 형태이다. ≪秦公鎛≫은 “不彖(墜)于上”126) 중의 ‘彖’자를 ‘■’로 쓰고, ≪墻盤≫은 ‘■’로 쓴다.127) ‘彖’자 다음은 ‘于’이나 혹은 ‘厥’이 누락된 것으로 보인다. ‘■(服)’은 ‘職務’·服務의 의미이다. ≪克鼎≫은 ‘服’자를 ‘■’으로 쓴다.128)

⑯ ‘用辟龏(恭)王懿王霝朕皇亞且(祖)懿中(仲)叞(廣)諫言=(諫言)’

‘龏王’·‘懿王’·‘懿仲’은 인명이다. ≪頌鼎≫은 ‘龏’자를 ‘■’으로 쓰고,129) ‘歖(懿)’자를 ≪班簋≫는 ‘■’로 쓰고 ≪墻盤≫은 ‘■’로 쓴다.130)

---

124) ≪金文編≫ ‘1352 伐’, 568쪽 참고.
125) ≪金文編≫ ‘0822 ■’, 352쪽 참고.
126) “하늘의 명령에 어긋남 없이 행하다.”
127) ≪金文編≫ ‘0110 彖’, 49쪽 참고.
128) ≪金文編≫ ‘1428 ■(服)’, 612쪽 참고.
129) ≪金文編≫, ‘0417 龏’ 165쪽 참고.
130) ≪金文編≫ ‘1684 懿’, 704쪽 참고.

'■(敤)'자를 이름으로 해석하여 '敤伯'으로 보기도 하나, 李學勤 등은 '王'이 음성부분이고 '匡'과 '廣'의 뜻으로 보았다.131) ≪金文編≫ 은 ≪史籴兄簋≫의 '■'자에 대하여 高景成의 말을 인용하여, "'兄'과 '望'은 음이 같다. 고문자는 자주 소리부를 추가하여 쓰기도 한다"라 했다.132)

'■'은 '諫='으로 문자 아래 중문 부호 '='가 있다. 따라서 '■'자를 '諫 諫'으로 풀이하기도 하고, 합문부호로 보고 '諫言'으로 해석하기도 한 다. ≪毛公鼎≫ "敏朝夕入讕(諫)"133) 등의 내용으로 보아 임금에게 간 언하는 것도 임무를 충실히 행하는 일 중의 하나이기 때문에 '諫言'으 로 해석하기로 한다.

⑰ '考(孝)王犀(夷)王'

'■(考)'자는 '孝'와 음성이 통한다. '犀'자는 ≪此鼎≫에도 보인다. ≪此 鼎≫은 "周康宮犀宮"134)으로 쓴다. '■(犀)'자는 '夷'자와 통한다. '夷 宮'은 宣王의 祖父 夷王의 묘를 가리킨다. ≪金文編≫은 이 자를 '0273 ■(犀)'에 수록하고 "이 자는 편방이 '屖'으로 되어 있고, '遲'자와 통한다"라 하고, ≪犀鐘≫은 '■'로 쓴다.135)

⑱ '穆=趩=(穆穆趩趩)龢(和)訇(詢)于政明郪(棲)于德'

'■(穆=趩=)'은 '공경하는 모습'이다. ≪42年逨鼎乙≫은 "其嚴在

---

131) ≪金文今譯類檢≫, 699쪽 참고.
132) "高景成云兄望同聲古字恒增聲符." ≪金文編≫ '1436 ■', 616쪽 참고.
133) "성실한 마음으로 언제나 諫言하다."
134) "周城의 康宮과 夷宮."
135) "從屖通遲." ≪金文編≫, 113쪽 참고.

上, 趩在下, 穆秉明德"136)라 했다. ≪42年逨鼎乙≫은 '嚴'과 '趩'자를 각각 '[圖]'과 '[圖]'자로 쓴다. '嚴'은 '위엄이 있음'을, '趩'는 '廙(공경할 이; yì)'나 '翼'과 통하여 '공경하다'의 뜻이다.137) "其嚴在上"은 하늘에 계신 위엄있는 조상님들을 가리키고, "趩在下"는 이들을 공경하는 현재의 자신을 가리킨다. "穆秉明德"은 본 명문의 "明郪于德"와 내용이 유사하다. '穆'은 '공경하다',138) '秉'은 '유지하다'·'섬기다', '明德'은 '훌륭하신 덕'으로, '조상님들의 훌륭하신 덕을 잘 섬기다'의 의미이다.

'[圖](郪)'자는 음성부가 '妻'로 '棲'나 '濟'와 통하여 '이루다'의 뜻이다. ≪弔鼎≫은 '齎'자를 편방 '妻'를 써서 '[圖]'로 쓴다.139) ≪爾雅·釋言≫은 "濟, 成也"140)라 하였다.

"訹訇(詢)于政" 중의 '[圖](訹)'는 ≪牆盤(史牆盤)≫중의 "初礬訹于政"141)의 '訹'와 같은 의미다. '[圖](訇)'은 銘文에서 '詢'이나 '訊'의 의미로 '고하다'·'알리다'의 뜻이다. ≪金文編≫은 ≪敔球簋≫의 '[圖]'자에 대하여 "錢大昕은 '訇'자다"라 하였다.142)

'訹訇(詢)于政'은 '협의적이고 성실히 국정을 도모하고 간언하다'의 뜻이다.

⑲ '宦逨(佐)剌(厲)王'

'宦'자는 '亯' 혹은 '享'자와 같은 자로 '헌신하다'·'바치다'의 의미이

---

136) "하늘에 계신 大恩大德하신 선조들의 영령을 逨는 공경하게 모시고 존경하며, 조상이 보여주신 고귀하신 덕행을 이어받고자 한다."

137) ≪金文編≫ '0178 [圖]', 81쪽 참고.

138) ≪通簋≫는 '[圖]'으로 쓴다. ≪金文編≫ '1160 [圖](穆)', 500쪽 참고.

139) ≪金文編≫, '0787 齎', 339쪽 참고.

140) "濟는 '이루어지다(成)'의 의미."

141) "처음으로 정치를 안정되고 화합하게 하였다."

142) "錢大昕謂卽訇." ≪金文編≫, '0356 [圖]', 145쪽 참고.

다. '逑'자는 본 구절에서 6행과 같이 '佐'의 의미로 쓰이고 있다.
(剌)'는 '剌과 같은 자이며, 銘文에서 '烈' 혹은 '厲'의 가차자로 쓰인다.
'剌(剌)王'은 '厲王'을 가리킨다.143)

⑳ '肇(肇)尿(纂)'

(肇)'자는 금문에서 종종 어기사 용법으로 사용된다. 《馱鐘》
의 "王肇遹眚(省)文武堇(勤)疆土"144) 구절 중 '肇'자도 어기사로 쓰이
고 있다. 《金文編》은 《犀尊》의 ''자를 '肁'로 예정하고 "이 자
는 '肇'나 '肇'의 의미로 쓰인다"라 하였다.145) '肁'자는 '肇'·'肇'자는
이체자이다.146) 《逑鼎》의 자는 '肇'로 예정할 수 있다. 《毛公鼎》
은 로 쓴다. 《說文解字》는 '(肇)'자에 대하여 "擊也, 從攴, 肇省
聲"147)이라 하였다.

'자를 裘錫圭는 '尿'로 예정하고 '纂(이을 찬; zuǎn)'의 의미로 해
석하고 있다.148)

㉑ '耆黃耉保奠周邦'

'자는 아래 부분이 '者'로 되어 있다. 《裘衛盉》는 '者'자를 ''
로 쓴다.149) '耆'자를 잘못 쓴 것으로 보인다. 《朕侯耆戈》는 '耆'자를

---

143) 《金文編》, '0986 新', 423쪽 참고.
144) "왕인 나는 문왕과 무왕의 덕망을 잘 본받아 강토를 성실하게 다스렸다."
145) "孳乳爲肇爲肇." 《金文編》은 '1904 肁', 767쪽 참고.
146) 《金文編》, '2030 肇', 822-823쪽. '0506 肇', 210 -211쪽 참고.
147) "'치다(擊)'의 의미. 의미부분이 '攴'이고, '肇'자의 일부가 생략된 자가 소리부
분이다."
148) 裘錫圭, 〈讀逑器銘文札記三則〉, 《文物》, 2003年6期, 74쪽, 참고.
149) 《金文編》 '0592 者', 247쪽 참고.

'🔲'로 쓰며,150). '耆黃耈'는 원래는 '늙은이'를 가리키나, '長壽'의 의미로 쓰인다. ≪史牆盤≫은 '黃耈彌生(장수를 누리다)'라 했다. '彌生'은 '오래 살다'의 의미로, 전체적으로 '장수하여 오래 살다'의 뜻이다. ≪牆盤≫은 '耈'자를 '🔲'로 쓴다.151)

'保奠周邦'은 '오랫 동안 保佑하고 안정시키다'의 의미이다.

'奠'은 '안정시키다'의 의미. ≪22年逨鼎≫은 '🔲(奠)'으로 쓴다. ≪書經·禹貢≫ "奠高山大川"152) 중의 '奠'자와 의미가 같다. ≪鄭同媿鼎≫은 '🔲'으로 쓰고,153) ≪鄭義伯匜≫은 '🔲(奠)'으로, ≪鄭義伯盨≫는 '🔲'으로 쓴다. 國名 '鄭'의 통가자로 쓴다. '奠'자에 대하여 ≪說文解字≫는 "'奠'은 술을 바치는 제사. 字符 '酉'는 '酒'이다. 아래 부분은 받침대 '丌'이다. ≪禮經≫중에 '奠'으로 지내는 제사가 있다"154)라 하였다. 갑골문은 '奠'자를 '🔲'으로 쓰고, 금문은 '水'를 추가하여 '🔲'으로 쓰기도 한다. "保奠周邦"은 '오랫동안 保佑하고 안정시키다'의 의미이다.

㉒ '🔲(諫)辥(乂)四方'

'🔲(諫)'은 '簡'의 가차자로 쓰이고 있다. 본 구절에서 '簡'은 부사인 '잘' · '훌륭하게'의 의미이다. ≪爾雅·釋詁≫은 "'簡'은 '大'의 뜻155)이라 하였다. '🔲(辥)'은 '嬖'자와 같은 자로 '乂'자와 통하여 '다스리다'의 의미이다.

---

150) ≪金文編≫ '1403 耈' 589쪽 참고.
151) ≪金文編≫ '1404 耈'(590쪽) 참고.
152) "높은 산과 큰 강을 안정시키다."
153) ≪金文編≫, '0727 🔲', 309쪽 참고.
154) "奠, 置祭也. 從酉. 酉, 酒也, 下其丌也. 禮有奠祭者."
155) "簡, 大也."

㉓ '則絲唯乃先聖且(祖)考夾龘(召)先王'

🔲(絲)'자는 본 구절에서 '舊(이전처럼, 여전히)'의 가차자이다. ≪師
䆒鼎≫ "淮尸(夷)絲(舊)我貟晦臣"156) 중의 '絲'도 '舊'의 의미이다. **🔲**
(貟)'은 '帛'의 이체자로 '방직물'이나 여기에서는 동사의 의미로 사용
되고 있다. '**🔲**(晦)'자는 '賄'는 '바치다'의 의미이며, "貟晦(賄)人"은 '賦
貢하는 사람'의 뜻이다. 이외에도 감탄사나 발어사의 의미로 쓰인
다.157) ≪彔伯戓簋≫의 '**🔲**(絲)'자를 ≪金文編≫은 '發語辭'라고 설명
하고 있다.158) ≪兮甲盤≫의 "舊我貟晦(賄)人"159)의 유사한 내용을
≪師䆒簋≫는 "淮尸(夷)絲(舊)我貟晦臣"160)으로 쓴다.

🔲(乃)'는 이인칭대사이다. '乃'는 金文에서 代詞, 副詞, 連詞의 용
법으로 쓰인다.161)

🔲(先)'자를 ≪毛公鼎≫은 '**🔲**'으로 쓰고,162) ≪牆盤≫은 '聖'자를
'**🔲**'으로 쓴다.163)

㉔ '龏(恪)董(勤)大令(命)'

이 구절은 ≪毛公鼎≫에도 보인다. **🔲**(龏)'자를 ≪毛公鼎≫은 '**🔲**
(**🔲**)'으로 쓴다.164) '龏'자는 음성부분인 '爵'으로 '恪(삼갈 각; kè)'과 통

---

156) "淮夷는 원래 나에게 세금과 재화를 바쳤던 신하였다."
157) 陳初生 編著, ≪金文常用字典≫, 1067쪽.
158) ≪金文編≫, '2093 **🔲**(絲)', 856쪽.
159) "淮夷는 옛날부터 나에게 조세를 朝貢하는 사람이다."
160) "淮夷는 옛날부터 나에게 조세를 朝貢하는 신하이다."
161) ≪金文常用字典≫, 497쪽.
162) ≪金文編≫ '1441 先', 617쪽 참고.
163) ≪金文編≫ '1932 聖', 771쪽 참고.
164) ≪金文編≫ ≪附錄下≫ '124', 1188쪽 참고.

한다. ≪彔伯戎簋≫ "自乃且(祖)考又(有)爵(恪)于周邦"165) 중 '(爵)'
도 '恪(삼갈 각; kè)'자의 의미이다. 아래 구절『爵于周邦』중의 '爵'도
같은 의미이다.166)

그러나 ≪金文編≫은 ≪彔伯戎簋≫의 , ≪毛公鼎≫의 "爵董大
命" 중의 (爵)', ≪史克鼎≫의 "有爵于周邦" 중의 (爵)', ≪何尊≫
의 "有爵于天" 중의 (爵)'자를 모두 인식하지 못하는 자인 〈附錄下〉
에 수록하고 있다.167) 이 자를 '勞'자로 보는 경우도 있으나,168) 자형
과 문장의 내용으로 보아 '爵'으로 보는 것이 옳겠다.

≪毛公鼎≫은 '董'자를 ''으로 쓴다.169)

㉕ '今余唯巠厥乃聖且(祖)考'

'乃'는 代詞, '巠'은 '經'자와 같은 자로 부사 '이전처럼 계속해서'이
다. 전체적으로 '나는 너의 조상들이 해왔던 일을 계속해서 임명한다'
이다.

㉖ '䲙(繩)臱乃令=(命命)女(汝)疋(胥)榮兌戴(兼)𤔲(司)三(四)方吳
(虞)·䔼(林)'

(䲙臱)'에 관한 내용으로, ≪大克鼎≫ "今余佳(唯)䲙(繩)臱乃
令"170), ≪毛公鼎≫ "䲙𤔲大命" 등이 있다. '䲙'자는 음성부가 '東'이고
'繩'자의 의미로 '계속하여', '臱'은 '京'이나 '景'과 통하며 '밝히다',

___
165) "너의 선조 때부터 공경한 마음으로 주 왕실을 섬겼다."
166) ≪金文編≫, '0832 爵', 356쪽 참고.
167) ≪金文編≫〈附錄下〉, '124' · '125', 1188쪽 참고.
168) ≪金文詁林附錄≫, 1456-1471쪽 참고.
169) ≪金文編≫, '2189 (董)', 888쪽 참고.
170) "지금 나는 그대에게 계속해서 다시 명령을 내린다."

'圂'자는 '周'로 가차자이며 '견지하다'·'옹호하다'의 의미이다. ≪金文編≫은 ≪毛公鼎≫의 (圂)'·(圂)'자를 ≪부록하≫ '277'에 수록하고 있다.171) ≪牆盤≫은 '繡(繩)寧'으로 쓴다. '繩寧'은 '復寧'으로 '지속적으로 편안하다'의 뜻이다. '繡(繩)'자를 ≪牆盤≫은 ''으로 ≪毛公鼎≫은 ''으로 쓰고,172) ≪師克鼎≫은 '京'자는 ''으로 쓴다.173)

(疋)'는 '胥'자와 통하며, '보좌하다'·'돕다'의 뜻이다. ≪元年史兌簋≫의 "疋(胥)師龢父衛(司)𠂇(左)右走馬"174)와 유사하다.

'榮兌'은 인명이다. '榮'자를 ≪榮子鼎≫은 ''으로 쓴다.175)

(釆嗣)에 관하여 ≪毛公鼎≫은 "命女(汝)釆嗣(司)公"176)으로 쓴다. '釆'자는 일반적으로 '拼'이나 '攝'으로 해석하나, 형태로 보아 '拼'자의 초문으로 추정되며, 의미는 부사 '더불어(兼)'이다. ≪毛公鼎≫의 '釆(釆)'자를 ≪金文編≫은 ≪附錄下≫ '144'에 수록하고 있다.177) '嗣(司)'는 '관리하다'·'통솔하다'의 의미이다.

'吳(虞)'와 '嗇(廩)'은 관직명이다.178) 이 관직명은 ≪免簋≫에도 보인다.179) '吳'는 '虞人'으로 ≪孟子·滕文公下≫"招虞人以旌"180)의 문장에 대하여 趙岐는 "虞人은 사냥터나 정원을 지키는 관리이다"181)라

---

171) ≪金文編≫, 1215쪽 참고.
172) ≪金文編≫, '2113 繩', 861쪽 참고.
173) ≪金文編≫, '0880 京', 376쪽 참고.
174) "너는 師龢父의 직책을 보좌하여 左右走馬와 五邑走馬의 관직을 수행하도록 하라."
175) ≪金文編≫, '0922 京' 392쪽 참고.
176) "너의 종족들을 거느리고 나를 보호하도록 명령한다."
177) ≪金文編≫, 1191-1192쪽 참고.
178) ≪金文常用字典≫, 634쪽 참고.
179) ≪商周靑銅器銘文選三≫, 179쪽 참고.
180) "우인을 깃발로 신호하여 부르다."
181) "虞人, 守苑囿之吏也."

고 설명하고 있다. '蠶'은 '林'과 통하며, '산림을 관장하는 관리'이다.

㉗ '用宮御

'用宮御'의 구절은 ≪頌鼎≫ 등에도 보인다. '用'은 '以'의 용법으로 쓰이고, █(御)'는 '헌납하다'·'바치다'의 의미이며, '宮御'는 '궁중에 바치다'의 뜻이다. '御'를 '到'의 의미로 풀이하기도 한다. ≪頌鼎≫은 '御'자를 '御'로 쓴다.[182]

㉘ '賜(易)女(汝)赤市幽黃攸(鋚)勒:

≪頌鼎≫은 '赤蒂과 '幽黃을 각각 '赤市'와 '朱黃'로 쓴다. '市'은 '韍' 자와 같은 자로 蔽膝이다. '朱黃'은 적색의 玉佩를 말하며, '黃'은 '珩'이 나 '衡'으로 쓰기도 한다. '市'의 음은 'fú(슬갑 불)'로 朝服을 입을 때 가슴에 내려 무릎을 가리는 蔽膝이다. ≪說文≫은 "市, 韠(bì; 필) 也. 上古衣蔽前而已, 市以象之"[183]라고 설명하고, 일반적으로 '韍'로 쓴다.

'攸勒'은 '말고삐'로 ≪毛公鼎≫에도 있다. '攸'는 '鋚'의 통가자로 '고 삐'이고 '勒'은 '재갈'이다. '攸(鋚)勒(革)'은 '가죽 끈과 구리로 만들어진 고삐'이다. ≪曶鼎≫에도 '攸勒'이란 단어가 보인다. ≪金文編≫은 '攸' 자에 대하여 "'攸'자는 '鋚'의 의미로도 쓰인다. ≪說文解字≫는 '鋚는 鐵이라는 의미이다. 또한 동으로 만든 말의 재갈이나 고삐라는 의미 도 있다'라 하였다. ≪小雅·采芑≫'鉤膺鞗革'[184]이라는 구절은 '鞗'자 로 쓰고 있다. ≪毛氏傳≫은 '鞗革은 장식달린 말 고삐'라 설명하였 다"[185]라 하였다.[186]

---

182) ≪金文編≫, '0275 御', 114쪽 참고.
183) "市은 폐슬의 의미. 옛날 앞을 가리는 의복 중의 하나이다. '市'자는 그 형상 을 본 떠 만든 자이다."
184) "말 띠엔 고리 달렸고, 말고삐엔 장식 달렸네."

㉙ '逨敢對天子不(丕)顯魯休⿰扌陽(揚)'

'不(丕)顯'은 '大明'으로 '위대한'·'뛰어난'·'영명하신' 등의 상대방을 찬양하는 의미이다. '魯休' 중의 '魯'는 '嘉'자와 통하며 '旅'자로 쓰기도 한다. '休'는 '하사하다' 혹은 '찬양하다'의 뜻인 '下賜를 내린 美德'의 의미이다. ≪詩經·大雅·江漢≫의 "虎拜稽首, 對揚王休"[187]라는 구절 중의 '王休'는 '왕의 賞賜'라는 의미이다. ≪令鼎≫에도 "令對⿰目丮(揚)王休"[188]라는 구절이 보인다. '休'자는 금문에서 '受休'·'易(賜)休'·'休易(賜)'나 '好賜'의 형태로 쓰이는 경우가 많다.[189] ≪虘鐘≫의 '對⿰丮昜(揚)'과 같이 함께 쓰여 '對'는 '揚'자와 함께 쓰여 '하사품을 내린 자를 찬양하다'로 쓰인다. ≪康鼎≫은 "拜䭫首敢對揚"으로 쓴다. '拜䭫首'를 금문에서는 혹은 '拜首(手)䭫首'로 쓰며, '拜手'와 '䭫首'는 모두 상대방에게 최고의 예의를 갖추는 행위다. '拜'는 머리를 두 손을 모은 곳까지 숙여 예의를 표시하는 것이고, '䭫首' 무릎을 꿇고 땅에 머리를 조아리는 것으로 상대방에게 예의를 갖추는 행위다. '對'는 '천자가 하시는 일에 대응하여'라는 의미이고, '揚'은 '발양하다'의 의미이다. ≪康鼎≫은 '揚'자를 '()'으로, ≪牆盤≫은 ''으로 쓴다.[190]

㉚ '用追亯孝于歬(前)文人歬(前)文人嚴才(在)上廙(翼)才(在)'

≪逨鼎42年·乙≫은 "用亯孝于前文人其嚴在上, 趩在下"로 쓴다. '亯孝'는 '제사를 모시다'의 의미이고, '前文人'은 '훌륭한 문덕을 갖춘 조

185) "孳乳爲鋚, 說文鋚鐵也. 一曰轡首銅. 詩采芑鉤膺鞗革. 作鞗, 傳鞗革轡垂也."
186) ≪金文編≫, 218쪽 참고.
187) "호는 엎드려 머리 조아리고, 임금이 하사한 은덕에 찬양하네."
188) "令은 또한 왕의 은덕에 감사 찬양하였다."
189) ≪金文常用字典≫, 624쪽.
190) ≪金文編≫ '1941 (揚)', 778쪽 참고.

상'의 뜻이다. '官'자는 '亨'·'享'자와 같은 자이다. 楊樹達은 "'官'자는 '亨'·'享'과 '烹'자와 같은 자이다. 鼎은 원래 '烹(삶을 팽, pēng)'을 하는 기물이기 때문에, '官'자는 '烹'자와 같은 자이다"라고 설명하고[191], 高亨은 "亨은 제사를 지낸다는 뜻의 享이다.……亨과 享과 사실상 한 글자인 것이다"라 하였다.[192]

≪師鄂父鼎≫은 '官'자를 '㯱'으로 쓰고, ≪令簋≫는 '㯱'으로 쓴다.[193] '㪔(嚴)'은 '위엄이 있다'의 의미이고, '㪥(趩)'는 '廙(공경할 이; yì)'이나 '翼'의 의미로 '공경하다'의 의미이다. '其嚴在上'은 하늘에 계신 위엄있는 조상님들을 가리키고, '趩在下'는 이들을 공경하는 현재의 자신을 가리킨다.

③1 '敷(豐)=㮰=降迷魯多福釁(眉)耆壽綽綰'

'豐=㮰='을 ≪鈇鐘≫은 '㮰=㮰=(㮰=敷=)'으로 쓴다. ≪鼓狄鐘≫은 '㮰'자를 '㮰'으로 ≪師西簋≫는 '㮰'으로 쓴다.[194] '敷'자는 '㪔'으로 쓴다.[195] '㮰'자에 대하여 ≪金文編≫은 "唐蘭은 이 자를 '泉'과 소리부 '㲋'로 이루어진 형성자로, ≪說文≫은 '木'과 소리부 '㲋'로 이루어진 '槀'자와 같은 자이며 음성은 '薄'과 같다고 설명하였다고 말하였다"[196]라 하였다.[197] '豐=㮰='은 경전에서 일반적으로 쓰는 '蓬蓬勃勃'의 의미로 '매우 풍성한 상태'를 가리킨다.

---

191) "官在後世爲亨享烹三字. 鼎本烹者之器, 此官蓋烹字也." ≪積微居金文說≫增訂本, 213쪽.

192) 高亨 註解, 김상섭 옮김. ≪高亨의 周易≫, 84쪽.

193) ≪金文編≫ '0882 㯱(官)', 377쪽

194) ≪金文編≫ '1621 㮰', 682쪽 참고.

195) ≪金文編≫, '0557 敷', 224쪽 참고.

196) "唐蘭云字乃從泉㲋聲, 音當如說文木㲋聲之槀讀若薄."

197) ≪金文編≫, 682쪽 참고.

'𡪝𦣄'는 '眉壽'로 '長壽'의 뜻이다. ≪頌鼎≫은 '𧊟𦣄(眉壽)'로 쓴다. 楊樹達은 ≪積微居金文說≫에서 ≪毳盤≫의 '𦣄(𧊟)'자를 '眉'자로 예정하고 있다.198) ≪毳簋≫의 '𦣄'자는 '𦣄'자의 변형으로 보인다. '𦣄'자는 음성 부분이 '須'이고 의미 부분이 '皿'인 형성자이다. '𥃲'자는 원래 食器이나, 본 명문에서는 '眉'의 가차자로 쓰이고 있다. '眉壽'는 '長壽'의 뜻이다. ≪頌鼎≫은 "頌其萬年𡪝(眉)𦣄(壽)無疆"199)으로 쓴다. ≪金文編≫은 '𡪝'·'𡪝'자를 '眉'자로 예정하고 있다.200) '壽'자를 ≪魯伯匜≫는 '𦣄'로, ≪薛侯盤≫은 '𦣄'로 쓴다.201)

'𦥑𥾒(綽綰)'은 ≪尙書·無逸≫"不永念厥辟, 不寬綽厥心"202) 중의 '寬綽'의 의미와 같다. '綽綰'은 매우 풍요로움을 뜻한다.203) ≪金文編≫은 ≪蔡姞簋≫의 '𥾒'자에서 "≪蔡姞簋≫의 '用祈匄𡪝壽綽綰' 중 '綽綰'은 ≪說文≫에서 설명하는 '綽綰'이고, ≪爾雅≫는 '綽=爰='으로 쓰며, ≪詩經≫은 '寬兮綽兮'로 쓴다"라 했다.204) ≪蔡姞簋≫는 '綽(綽)綰'을 '𥾒𥾒'으로 쓴다.

㉜ '康龠(樂)屯(純)又(祐)通彔(祿)永令(命)'

'康龠(樂)'을 ≪逨鼎≫은 '𥄫𦣄'으로 쓰고 있다. '康龠'은 '康樂'과 같은 의미로 '편안함과 화평함'의 뜻이다.

---

198) 楊樹達 ≪積微居金文說≫, 92쪽 참고.
199) "頌은 또한 자신이 만년동안 장수하여 끝이 없기를 바라다."
200) '𦣄'자는 ≪金文編≫ '0584 𧊟(眉)'(237쪽), '𡪝'·'𡪝'자는 ≪金文編≫ '0584 𧊟(眉)'(237쪽), '𥃲'자의 자형은 ≪金文編≫, '0791 𥃲(𥃲)'(241쪽) 참고.
201) ≪金文編≫, '1405 𦣄(壽)', 590쪽.
202) "임금이 행해야 할 일을 언제나 생각지 않고, 마음이 너그럽지 못하다."
203) 馬承源, ≪商周靑銅器銘文選三≫, ≪瘨鐘≫ 설명부분(192쪽) 참고.
204) "用祈匄𡪝壽綽綰. 綽綰卽說文之綽綰. 爾雅之綽=爰=, 詩之寬兮綽兮也." ≪金文編≫ '2108 綽(綰)', 860쪽, '2126 綽', 872쪽 참고.

이 구절은 ≪頌鼎≫의 "用追孝旛(祈)匃康𧞤屯(純)右(祐), 通彔(祿)永令. 頌其(其)萬年釁(眉)壽(壽)無疆, 畯(畯)臣天子, 霝(令)冬(終), 子子孫孫永寶用"205)의 내용과 유사하다. '康𧞤' 중 '康'은 '안락'이나 '安康'의 의미이다. '𧞤'자에 대해서는 의견이 분분하다. ≪頌鼎≫은 이 자를 '(𧞤)'으로 쓴다. '(𧞤)'자를 ≪金文編≫은 ≪附錄≫'225'(1206쪽)에 수록하고 있다. ≪膳夫克鼎≫의 "用匃康勵屯右" 내용과 유사하다. '勵'자는 '龠'자와 같은 '樂'과 통한다. 따라서 '𧞤'자는 '勵'자의 의미로 추정된다. "屯(純)又(祐)" 중 '屯'은 '純'과 통하여 '大'의 의미로 쓰이며, '純祐'는 '큰 도움'의 뜻이다. '通彔' 중 '通'은 '永久'의 의미이고, '永令'은 '長命'의 뜻이다.206) '(追孝)'는 '효도(효행)하다'의 뜻이다.207) '旛(祈)匃' 중 '(匃)'자는 '匃(빌 개; gài)'의 이체자로 '丐'의 의미로 쓰인다. ≪金文編≫은 '匃'자에 대하여 "經典에서는 '介'자로 가차되어 사용된다. ≪詩經·七月≫은 '장수를 기원하다'(以介眉壽)로 쓴다""라 하였다.208) ≪曶鼎≫에는 '用匃'라는 구절이 있는데, '用匃'는 '기원하다'의 의미이다. '匃(개)'자에 대하여 ≪說文解字≫는 '气也'라 하였다.209) '气'는 '乞'과 통하여 '기원하다'나 '바라다'라는 의미로 쓰인다.210) '()旛(祈)'자의 자형은 ≪金文編≫ '1117 旛'에서 "'旛'자는

205) "이로서 부모를 추모하고, 안강함과 큰 도움이 있기를 기원하며, 장구한 福祿과 장수를 바란다. 頌은 또한 자신이 만년동안 장수하여 끝이 없기를 바라며, 또한 오랫동안 천자의 신하가 되기를 원하며, 좋은 명성이 오랫동안 지속되기를 기원한다."

206) 馬承源, ≪商周青銅器銘文選三≫, ≪𤼈鐘≫ 설명부분(192쪽) 참고.

207) ''자는 ≪金文編≫ '0236 (追)'(102쪽) 참고. ''자는 ≪金文編≫'1407 (孝)'(600쪽) 참고.

208) "經典皆作介爲之. 詩七月以介眉壽." ≪金文編≫, '2061 匃', 840쪽.

209) ≪說文解字今釋≫, 1814쪽.

210) ''자는 ≪金文編≫ '2061 (匃)'(840쪽) 참고.

의미부가 '۶犬'이고 음성부가 '靳'인 형성자이며, '祈'의 의미로 쓰인다"
라 하였다.211) '康龘'을 ≪膳夫克鼎≫에서 "用匃康勴屯右'로 쓴다. '勴'
자는 음성부분이 '力'으로 '樂'과 통한다. 따라서 '龘'자는 역시 '勴'의
의미가 아닌가 한다.212) '屯(純)右(祐)' 중 'ᘓ(屯)'은 '純'과 통하여 '大'
의 의미로 쓰이며, 'ᘓ訊純祐)'는 '큰 도움'의 뜻이다.213) '通彔
(祿)永令' 중 'ᘓ(通)'은 '永久'의 의미이고, '彔(彔)'은 '祿(복 록(녹), lù)'
이며, '永令'은 '長命'의 뜻이다.214)

③③ '畯(畯)臣天子'

'畯(畯)'은 '영원' · '長久'의 뜻으로, "畯(畯)臣天子"는 '영원토록 천하
의 훌륭한 신하가 되다'의 뜻이다.215) ≪金文編≫은 ≪盂鼎≫의 'ᘓ'자
에 대하여 "字符 '允'을 쓴다. '駿'자와 통한다. ≪爾雅 · 釋詁≫는 '駿은
훌륭하다(長)의 뜻'이라 했다. 또한 '俊'자와 통한다'라 했다.216)

---

211) "從۶犬從靳聲讀作祈." ≪金文編≫, 472쪽.
212) 'ᘓ'자는 ≪金文編≫ '2369 康(971쪽) 참고. ᘓᘓ자는 ≪金文編≫ '附錄下225'
　　(1206쪽) 참고.
213) 'ᘓ'자는 ≪金文編≫ '0060 ᘓ(屯)'(31쪽), 'ᘓ'자는 ≪金文編≫ '0142 ᘓ(右)'(66쪽)
　　참고.
214) 'ᘓ'자는 ≪金文編≫ '1156 彔(彔)'(498쪽), 'ᘓ'자는 ≪金文編≫ '0221 ᘓ(通)'(98
　　쪽) 참고.
215) ≪金文常用字典≫, 1102쪽 참고.
216) "從允. 通駿. 爾雅釋詁駿長也. 又通俊." ≪金文編≫, '2198 畯', 892쪽 참고.

二 ≪逨鼎≫(≪42年逨鼎·乙≫)

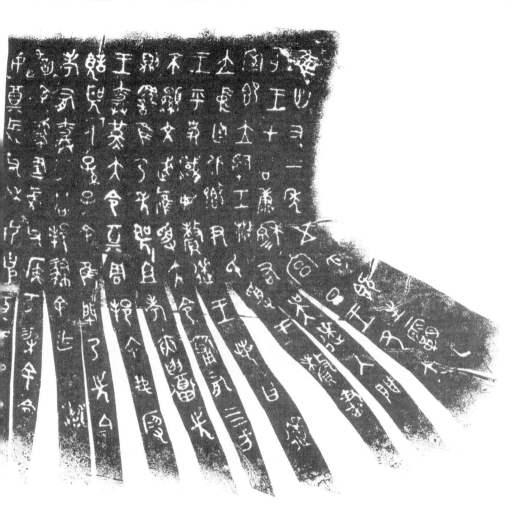

一) 釋文과 내용 해석

1) 釋文(42年逨鼎乙)

唯卅又二年五月旣生霸乙卯, 王在周康穆宮①, 旦, 王各②大(太)

室, 卽立(位). 嗣(司)工散右吳逨③入門立中廷, 北鄉, 尹氏受王㛣贄④書,

王乎(呼)史減冊㛣贄逨. 王若曰: "逨, 不(丕)顯文武, 膺受大令(命)⑤,

匍有四方, 卽緐⑥, 唯乃先聖且(祖)考, 夾盭⑦先王, 霝(恪)堇⑧大令(命),

奠周邦⑨, 余弗叚(遐)諅(忘)⑩聖人孫子. 余唯閘(狎)⑪乃先且(祖)考有霝(恪)

于周邦, 鍏(肆)余乍(作)胢沙⑫. 訇(詢)⑬, 余肇建長父侯于楊⑭, 余令(命)女

(汝)奠長父休, 女(汝)克奠于厥師⑮, 女(汝)唯克弗(刑)乃先且(祖)考, 闢

厰(玁)[狁⑯, 出截(捷)于井阿, 于曆廠⑰, 女(汝)不戮戎⑱. 汝[﹖﹖]長父以

追博戎⑲, 乃卽宕伐于弓谷⑳, 汝執訊獲馘, 俘器 · 車馬㉑, 女(汝)敏于戎

工㉒, 弗逆. 朕親令㛣贄女(汝)㽞㽞一卣, 田于墅卅田, 于㣇卅田.㉓" 逨拜

稽首, 受冊㛣贄以出, 逨敢對天子丕顯魯休揚㉔, 用作蠶彝㉕用言孝于前文

人㉖, 其嚴在上, 趩在下㉗, 穆秉明德㉘, 豐豐彔彔㉙降余康㺼(樂)屯又

(佑)通彔(祿) 永令㉚, 釁(眉)耆(壽)綽綰㉛. 畯(畯)臣天子㉜ 逨其萬年無

疆子子孫永寶用言(亨)

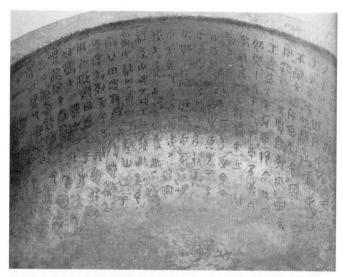

2) 내용해석

42년 5月 旣生覇 乙卯 일, 王은 周나라 王城 康穆宮의 太室에 머물렀다. 그 다음날 날이 밝을 무렵 왕은 太廟에 입실하여 제 자리에 위치하였다. 司空 散은 右側에서 吳逨를 인도하여 가운데 문으로 들어와 북쪽을 향하고 궁실의 중앙에 섰다. 內史尹은 왕명을 기록한 簡冊 令書를 왕에게 전달하자, 왕은 史官 減으로 하여금 簡冊을 읽어 逨에게 명령을 하달하도록 하였다. 왕은 말하였다: "逨여! 위대하고 영명하신 文王과 武王은 진심으로 하늘의 대명을 잘 받들어서 조견하지 않는 주변 국가들을 회유하였다. 이전에 너의 조상들은 先王을 잘 보필하였고, 하늘의 大命을 공경하여 성실하게 받들었으며, 周나라를 안정시켰다. 따라서 나는 그대의 훌륭한 선인들의 공로를 잊을 수 없고, 그대의 선조들이 주나라를 진실로 섬긴 공로를 잊지 않기 위하여 兵器 戈를 만들어 그대에게 하사하고 아래와 같이 너에게 고하노라.

나는 長父를 楊 지방에 封侯하니, 너는 또한 훌륭한 너의 長父를 잘 받들어 모시고, 그의 군대가 잘 다스려 지도록 노력하여라. 너의 선조들을 본받아 玁狁族을 공격하고, 병사를 출동하여 井阿와 曆厰 지역을 정벌하는 등, 적을 정벌하는 일에 게을리 하지 않도록 하라. 너는 長父를 보필하여 戎族들을 추격하여 물리치고 정벌하도록 하며, 너는 또한 弓谷에서 적을 완전히 소탕하여 포로를 잡도록 하고, 적의 목을 베도록 하고, 器物과 車馬 등을 노획하도록 하라. 너는 정벌하는 일을 민첩하게 처리하고 왕의 명령을 거역하는 일이 없도록 하라. 나는 오는 친히 너에게 검은 기장으로 빚은 술 한 주전자와 霋에서 경작하는 30塊, 徧에서 경작하는 20괴의 토지를 상으로 하사한다.

逨는 무릎을 꿇고 머리를 조아려 예를 행하고 천자의 책명을 받고 밖으로 나왔다. 逨는 周王의 하사에 감사하고, 진심으로 周王의 은덕

을 찬양하며, 이 정을 만들어서 큰 은혜와 큰 덕을 베풀어주신 선조
들을 기념하고자 했다. 하늘에 계신 大恩大德하신 선조들의 영령을
迷는 공경하게 모시고 존경하며, 조상이 보여주신 고귀하신 덕행을
이어받고자 한다. 또한 선조들께서 행복과 康樂을 주시기를 기원하
고, 만만년 대대로 장수하고 충성스러운 마음을 다해 周 天子를 신하
로서 영원히 섬길 수 있도록 돌보아 주시기를 기원한다.

　　또한 이 鼎을 자자손손 영원히 보존하게 하여 선조들에게 제사드
릴 때 존귀하게 사용하기를 바란다.

　　二) 銘文 考釋

　　2003년 1월에 陝西省 眉縣 馬家鎭 楊家村에서 鼎12個, 鬲9個, 壺2
個, 盤盉盃匜 各 1個 등 모두 27개의 西周靑銅器가 발견되었다.

　　楊家村 27개의 청동기 중 ≪迷鼎≫과 ≪迷盤≫의 내용이 비교적
길다. ≪迷鼎≫ 중 42年 ≪迷鼎·甲≫과 ≪迷鼎·乙≫의 내용이 거
의 같고, 10개의 43년 ≪迷鼎≫의 내용이 또한 기본적으로 같기 때문
에, 본문에서는 ≪42年迷鼎乙≫·≪43年迷鼎辛≫과 ≪迷盤≫의 명
문을 살펴보도록 한다.(拓本은 ≪文物≫2003年 第6期 참고.)

　　康穆宮에서 책명을 행하는 의례의 순서는 ≪頌鼎≫과 유사하다.
≪頌鼎≫은 '康昭宮'에서 거행했다. 玁狁族을 정벌하는 내용은 ≪師
袁簋≫나 ≪不娶簋≫ 등에도 보인다.

　　① '康穆宮'
　　康王의 아들이 昭王이고, 昭王의 아들이 穆王이다. "康穆宮"은 康王
과 '穆王'을 모신 宮廟이다. ≪頌鼎≫은 '康昭宮'에서 책명을 행했다.

② '各'

'各'은 '格'의 의미로 '도착하다'·'이르다'의 뜻이다.

③ '吳逨'

'逨(逨)'자는 의미부가 '辵'이고, 음성부가 '來'이다. '吳'는 관직명이고, '逨'는 人名이다. 李學勤 등은 逨자를 '逨'자로 예정하고, 음은 '佐'라고 설명하고 있다.[217] '逨'자로 일반적으로 예정하나, 음과 의미에 대해서는 아직도 의견이 분분하다.[218] ≪小雅·正月≫ "執我仇仇"[219] 중의 '仇仇'를 ≪郭店楚簡·緇衣≫의 제18간은 '逨'로 ≪上博楚簡·紂衣≫는 '敕(敕)'로 쓴다. ≪郭店楚簡·緇衣≫의 '逨'자를 '敕'나 혹은 '敕'로 예정한다. 李零은 이 자를 '仇'로 예정하고 "'仇'자는 '戈'와 '來'로 이루어진 자이다. 편방 '來'를 '求'로 혼동하여 쓴 것이다. 예를 들어, ≪郭店楚簡·老子乙≫ 제13간의 '終身不來'[220]를 王弼本은 '終身不救'로 쓴다"라 했다.[221] ≪郭店楚簡≫ '逨(逨)'자를 ≪帛書·乙≫은 '棘'자로 쓰고, 王弼本 은 '救'로 쓴다. '救'는 '述'의 가차자이다. ≪說文解字≫는 '逨(述)'자에 대하여 "聚斂也"[222]라 하였다. 白於藍은 ≪郭店楚簡〈老子〉孟·賽·峑校釋≫에서 "'棘'·'救'와 '來'자는 음이 통하고 의미가 같다는 것을 확실하게 알 수 있다. '다하다(窮盡)'·'끝나다(終止)'의 의미이다. 따라서 '終身不救(혹은 '棘'나 '來'로 쓴다)'는 '평생

---

217) ≪眉縣楊家村新出靑銅器硏究≫, ≪文物≫, 2003年 第6期, 66쪽.
218) 李潤乾 著, ≪楊家村五大考古發現考釋≫(陝西人民出版社, 2006年), 74쪽.
219) "나를 원수 대하듯 하다."
220) "평생이 순조롭지 않다."
221) "仇, 原從戈從來, 乃混來爲求. ≪老子乙組≫簡13'終身不來', 王弼本作終身不救', 爲類似的例字." 李零 著, ≪郭店楚簡三篇校讀記≫(中國人民大學出版社, 2007年), 81쪽.
222) "'거두어 모으다'의 의미."

동안 다하지 않다'나 '일생 동안 그치지 않다'의 의미)"라 하였
다.223) 따라서 ▨자는 '逨'로 예정할 수 있고, 음은 '仇'·'來'나 '棘' 등
으로 읽을 수 있기 때문에 본문에서는 음성부분 '來'를 고려하여 '來'
의 음으로 읽도록 한다.

≪散氏盤≫은 '▨'·'▨'로 쓴다. 容庚은 ≪商周彝器通考≫에서는
'逨'로 예정하나, ≪金文編≫에서는 '0260 遳'에 수록하고 있다.224) ≪金
文編≫은 또한 ≪逨斝≫ '▨'자 아래서 "≪三字石經·僖公≫은 '來'자
의 고문을 '▨'로 쓴다"라 하며 '來'의 이체자로 보고 있다.225) '逨'자를
≪淸華簡≫ 중 ≪尹至≫는 '▨(遳)'로 ≪耆夜≫는 '▨'로, ≪祭公≫은
'▨'로 쓴다.226)

④ '尹氏受王贅書'

'尹氏'는 관리 '內史尹'을 가리킨다. '贅'자는 '賚'자의 고문자로 '하사
하다'의 의미이다. ≪頌鼎≫ "尹氏受(授)王令書, 王乎(呼)史虢生冊令
頌"227) 구절과 유사하다.

⑤ '䧹受大令(命)'

'▨'자는 '䧹'자로 예정할 수 있고, '膺(받을 응; yīng)'의 의미로 쓰인

---

223) "確知棘·救·來三字音通義同, 都包含有窮盡, 終止之意. 故本段最後一句
'終身不救(或棘·或來)'. 意卽終身不會窮盡·不會終止." ≪古籍整理硏究學刊≫,
2000年, 60-61쪽 참고.
224) ≪金文編≫, '0260 遳', 109쪽 참고. 최남규, ≪중국 고대 금문의 이해(Ⅱ)≫,
529쪽 참고.
225) "三字石經僖公來字古文作▨." ≪金文編≫, '0893 來', 383쪽 참고.
226) ≪淸華大學藏戰國竹簡(一)≫, 208쪽.
227) "內史尹은 王命을 기록한 簡冊 令書를 왕에게 전달하자, 王은 史官 虢生으로
하여금 簡冊을 읽어 頌에게 명령을 하달하도록 하였다."

다. ≪毛公鼎≫은 ‘█(庹)’으로 쓴다.228)

⑥ ‘繇’

█(繇)’는 ‘舊의 가차자이다. ≪師袁鼎≫ “淮尸(夷)繇(舊)我員晦臣”229) 중의 ‘繇’도 ‘舊의 의미이다. 이외에도 감탄사나 발어사의 의미로 쓰인다.230) ≪彔伯弍簋≫의 ‘█(繇)’자를 ≪金文編≫은 ‘發語辭’의 의미로 설명하였다.231)

⑦ ‘夾鹽’

‘█(召)’와 ‘夾’은 동의어이다. ‘召’와 ‘夾’이 모두 ‘補佐’의 의미이다. ≪大盂鼎≫은 ‘夾鹽’를 ‘█(召)夾’로 쓴다.232) ‘█’자를 ≪大史友甗≫은 ‘█·█’로 쓰고, ≪伯公父匿≫는 생략 형태인 ‘█’로 쓴다.233) ‘█’자는 중간 부분에 자건 ‘口’를 생략하여 쓰고 있다.

⑧ ‘爵堇’

█(爵)’자는 ‘공경하다’·‘삼가다’의 의미이다. ≪彔伯弍簋≫“自乃且(祖)考又(有)爵(恪)于周邦”234) 중 ‘█(爵)’도 ‘恪(삼갈 각; kè)’자의 의미이다. 아래 구절 “爵于周邦” 중의 ‘爵’도 같은 의미이다. ‘爵’자는 ≪金文編≫ ‘0832 爵(356쪽) 참고.

---

228) ≪金文編≫, ‘0671 █’, 282쪽 참고.
229) “淮夷는 원래 나에게 세금과 재화를 바쳤던 신하였다.”
230) 陳初生 編著, ≪金文常用字典≫, 1067쪽.
231) ≪金文編≫, ‘2093 █(繇)’, 856쪽.
232) 陳初生, ≪金文常用字典≫, 103-105쪽 참고.
233) ≪金文編≫ ‘0135 █(召)’, 61-62쪽, 참고.
234) “너의 선조 때부터 공경한 마음으로 주 왕실을 섬겼다.”

   그러나 ≪金文編≫은 ≪彔伯𢐗簋≫의 '壽', ≪毛公鼎≫의 "爵堇大命" 중의 '壽(爵)', ≪史克鼎≫의 "有爵于周邦" 중의 '壽(爵)', ≪何尊≫의 "有爵于天" 중의 '壽(爵)'자를 모두 인식하지 못하는 자인 〈附錄下〉에 수록하고 있다.235) 이 자를 '勞'자로 보는 경우도 있으나,236) 자형과 문장의 내용으로 보아 '爵'으로 보는 것이 옳겠다.

   ⑨ '奠周邦'

   '𡪄(奠)'은 '안정시키다'의 의미이다. ≪書經·禹貢≫ "奠高山大川"237) 중의 '奠'자와 의미가 같다. ≪鄭同媿鼎≫은 '𡪄'으로 쓰고,238) ≪鄭義伯匜≫는 '𡪄(奠)'으로, ≪鄭義伯盨≫는 '𡪄'으로 쓴다. 國名 '鄭'의 통가자로 쓴다. '奠'자에 대하여 ≪說文解字≫는 "'奠'은 술을 바치는 제사. 字符 '酉'는 '酒'이다. 아래 부분은 받침대 '丌'이다. ≪禮經≫중에 '尊'으로 지내는 제사가 있다"239)라 하였다. 갑골문은 '奠'자를 '𡪄'으로 쓰고, 금문은 '水'를 추가하여 '𡪄'으로 쓰기도 한다.

   ⑩ '叚(遐)諆(忘)'

   '𡪄(叚)'자는 '遐(멀 하; xiá)'의 의미이다.
   '𡪄'자는 '言'과 음성부가 '㞷'인 '諆'으로 예정할 수 있다. ≪說文解字≫는 '𡪄(㞷)'자에 대하여 "고문 '㞷'은 '望'자를 생략하여 쓴 형태다"240)라 하였다. '𡪄(諆)'은 '望(㞷)'의 이체자이다. 본문에서는 '忘'의

---

235) ≪金文編≫〈附錄下〉, '124'·'125', 1188쪽 참고.
236) ≪金文詁林附錄≫, 1456-1471쪽 참고.
237) "높은 산과 큰 강을 안정시키다."
238) ≪金文編≫, '0727 𡪄', 309쪽 참고.
239) "奠, 置祭也. 從酉. 酉, 酒也. 下其丌也. 禮有尊祭者."
240) "𡪄(㞷), 古文㞷省."

가차자이다. ≪縣奴篤(縣妃篤)≫ "母(毋)敢塱(忘)白(伯)休"²⁴¹⁾ 중의 '塱'
도 '忘'의 의미이다. ≪召卣≫는 '塱'자를 '🖼'으로 쓴다.²⁴²⁾

⑪ '聞(狎)'

🖼(聞)'자는 '狎(익숙할 압; xiá)'의 가차자이다. ≪爾雅·釋詁≫는
"狎, 習也"²⁴³⁾이라 하였다. '잃지 않고 마음 속 깊이 간직하다'의 뜻이다.

⑫ '緋(肆)余作 [彤] 沙'

🖼(緋)'자는 '肆'자와 통한다. 금문에서는 人名, 동사의 용법인 '放
縱', 連詞의 용법인 '故'·'因', 語氣詞 등의 용법으로 쓰인다. 본문에서
는 連詞의 용법인 '그런 까닭에'의 의미로 쓰이고 있다. '(緋)'의 자형
은 ≪金文編≫에서는 ≪毛公鼎≫ '🖼'자에 대하여 "經典은 '肆'로 쓴
다"라 했다.²⁴⁴⁾ 劉懷君 등은 〈四十二年四十三年逨鼎銘文試釋〉에서
'作'자 다음에 '彤沙' 두 자를 보충하고 郭沫若의 견해에 따라 "'沙'자는
綏자와 통한다"²⁴⁵⁾라 하였다.²⁴⁶⁾ '彤沙'는 '彤綏'로 '깃대 끝에 붉은 색
깃을 단 창'을 가리킨다.

⑬ '訇(詢)'

🖼(訇)'은 銘文에서 '詢'이나 '訊'의 의미로 '고하다'·'알리다'의 뜻이
다. ≪金文編≫은 ≪數家篤≫의 '🖼'자에 대하여 "錢大昕은 '訇'자다"

241) "미덕을 감히 영원히 잊지 않고 찬양하노라."
242) ≪金文編≫, '0364 🖼(塱)', 147쪽 참고.
243) "狎자는 '익숙하다'의 뜻."
244) "經典譌作肆." ≪金文編≫, '0474 🖼(緋)', 200쪽.
245) "沙通綏."
246) ≪文物≫, 2003年 第6期, 86쪽 참고.

라 설명하였다.247)

⑭ '余肇建長父侯于楊'

'(肇)'는 금문에서 종종 어기사 용법으로 사용된다. ≪訣鐘≫의
"王肇遹眚(省)文武菫(勤)疆土"248) 구절 중 '肇'자도 어기사로 쓰이고
있다. ≪金文編≫은 ≪犀尊≫의 '肁'자를 '肁'로 예정하고 "이 자는
'肇'나 '肇'의 의미로 쓰인다"라 하였다.249) '肁'자는 '肇' · '肇'자는 이체
자이다.250) ≪逨鼎≫의 '자는 '肇'로 예정할 수 있다. ≪毛公鼎≫은
'로 쓴다. ≪說文解字≫는 '(肇)'자에 대하여 "'치다(擊)'의 의미.
의미부분이 '攴'이고, '肇'자의 일부가 생략된 자가 소리부분이다"251)
라 하였다.

'(建)'자는 '건립하다'나 '封하다'의 의미로 쓰인다. ≪建鼎≫은 편
방 '辵'과 '聿'을 써서 '으로 쓴다.252)

⑮ '女(汝)克奠于厥師'

'(克)'자는 銘文에서 '정복하다'나 '능히(能)'의 의미로 쓰인다. 본
문은 '能'의 의미로 쓰인다. ≪利簋≫는 '으로 쓴다.253)

'厥'자는 代詞이다. ≪訣鐘≫ "戟(撲)伐乒都"254) 중의 '(戟伐)'은

---

247) "錢大昕謂卽旬." ≪金文編≫, '0356 ', 145쪽 참고.
248) "왕인 나는 문왕과 무왕의 덕망을 잘 본받아 강토를 성실하게 다스렸다."
249) "孽乳爲肇爲肇." ≪金文編≫은 '1904 肁', 767쪽 참고.
250) ≪金文編≫, '2030 肇', 822-823쪽. '0506 肇', 210 -211쪽 참고.
251) "擊也, 從攴, 肇省聲."
252) ≪金文編≫, '0288 建', 119쪽 참고.
253) ≪金文編≫, '1155 克', 497쪽 참고.
254) "服國의 수도를 공격하여 점령토록 하였다."

'撲伐'로 '토벌하여 점령하다'의 의미이고, '𢎿都'는 '服國의 수도'이다.

'𢎿'자는 代詞 '厥(그 궐, jué)'과 '其'자의 통가자로 쓰인다. ≪說文解字≫는 '𣎲(𢎿)'자에 대하여 "木本. 從氏, 大於末. 讀若厥"²⁵⁵⁾라 했다. ≪金文編≫은 'ᢦ'(≪盂鼎≫)자 아래에서 "≪說文≫이 '𥝫'자를 '𢎿'로 쓰는 것으로 보아 '𢎿'자는 '𥝫'과 '厥'의 古文이라는 것을 알 수 있다. 古文을 예정하여 쓴 敦煌本 ≪尙書≫는 '厥'자를 모두 '𢎿'로 쓰며, ≪史記≫는 ≪尙書≫를 인용한 문장에서 모두 '其'자로 쓴다"라 했다.²⁵⁶⁾

⑯ '闢厰(玁)[狁]'

'□'자를 '兵'자로 예정하기도 하나, 형태로 보아 '闢'자이다.²⁵⁷⁾ 동사로 '정벌하다'의 뜻이다. ≪盂鼎≫은 '闢'자를 '□'으로 쓴다.²⁵⁸⁾

'□(厰)'자는 '玁狁' 중의 '玁'에 해당되고, 그 다음 자는 잘 보이지 않으나 문맥으로 보아 '狁'자이다. '玁狁'은 ≪詩經·采芑≫의 "蠢爾蠻荊, 大邦爲讎！方叔元老, 克壯其猶. 方叔率止, 執訊獲醜. 戎車嘽嘽, 嘽嘽焞焞, 如霆如雷. 顯允方叔, 征伐玁狁, 蠻荊來威"²⁵⁹⁾, ≪不娶簋≫의 "馭(馭)方厰(玁)奊(狁)廣伐西兪(兪)"²⁶⁰⁾ 등에도 보인다. ≪不娶簋≫은 '厰(玁)奊(狁)'을 '□'으로 쓰고 있다. ≪金文編≫은 ≪虢季子白盤≫

255) "나무의 뿌리. '氏'와 '十'으로 이루어진 회의자. 뿌리가 나무의 끝부분보다 큰 모습이다. '厥'의 음과 같다."
256) "𥝫說文作𢎿, 是知𢎿爲𥝫之古文, 亦厥之古文. 敦煌本隸古定尙書厥皆作𢎿, 史記引尙書多改作其." ≪金文編≫, '2027, 𢎿', 817쪽 참고.
257) 李學勤, ≪文物≫, 2003年, 第6期, 68쪽.
258) ≪金文編≫, '1909 闢', 768쪽 참고.
259) "어리석은 荊 땅의 오랑캐가 대국을 원수로 삼네. 방숙께선 많이 늙었으나 그의 지모 뛰어나네. 방숙께서 부하를 거느리고 많은 적을 사로잡고 목을 잘랐네. 兵車 소리 덜컹덜컹 천둥치고 벼락 치는 듯하네. 현명하시고 빼어나신 방숙께서 玁狁 오랑캐 정벌하시더니 荊 땅 오랑캐도 굴복시키셨네."
260) "馭方 玁狁族이 본국 서쪽 넓은 변방지역을 침략하고 있다."

의 '🔲'자 아래에서 "漢書匈奴傳作獫允"이라 했다.261)

⑰ '出蔵(捷)于井阿于曆厰'

'出'은 '군대를 출동시키다'의 의미. '🔲(蔵)'자는 '捷(이길 첩; jié)'의 의미로 쓰인다. '井阿'와 '曆厰'은 지명이다.

⑱ '斁戎'

'🔲(斁)'자를 '㫃'로 예정하기도 하나, 문자 형태상 '斁(싫어할 역; yì)'으로 예정하기로 한다. '게으르다'의 의미이다. ≪靜簋≫는 '斁(싫어할 역; yì)'자를 '🔲(卅)'로 쓰며, ≪金文編≫은 ≪牆盤≫의 '🔲'자 아래에서 "싫어하다(厭)"로 설명하였다.262) '🔲(戎)'은 '兵器'·'戰爭'·'征伐' 혹은 '戎族' 등의 의미로 쓰인다. 본문은 '정벌하다'의 뜻이다.263)

⑲ '汝🔲長父以追博戎'

'🔲'자는 알 수 없는 자이나, 문맥으로 보아 '보필하다'의 의미가 아닌가 한다. 李學勤은 음성부분이 '甫'이기 때문에 '蔽'의 의미라고 하였다.264) "追博戎"은 '추격하고, 물리치고, 정벌하다'의 의미이다.

⑳ '宕伐于弓谷'

'宕伐'은 ≪不嬰簋≫ "女(汝)㠯(以)我車宕伐厰(獫)𤞷(狁)于高陵"265)

---

261) "≪漢書·匈奴傳≫은 獫允로 쓴다." ≪金文編≫, '1559 厰', 1559쪽 참고.

262) ≪金文編≫, '0527 斁' 217쪽 참고.

263) ≪金文編≫, '2031 戎', 823쪽 참고.

264) ≪文物≫, 2003年 第6期, 68쪽.

265) "나의 거마를 거느리고 高陵에 까지 나아가서 그들을 완전히 정벌하도록 명령하였다."

구절 중에도 보인다. '宕伐'은 '蕩伐'의 의미로 '적을 소탕하다'의 뜻이다. '弓谷'은 지명이다.

㉑ '汝執訊獲馘俘器車馬'

'執訊'은 '적을 포로로 잡다'의 뜻이다. ≪不娶簋≫는 '執訊'을 🔲🔲으로 쓰고 있다. '🔲'자는 '馘'으로 예정할 수 있다. '馘(벨 괵; guó, guō)'은 '적의 목을 베는 것'이고 '俘'는 '노획하다'의 의미이다.

㉒ '敏于戎工'

'🔲(誨)'자는 '敏'자와 통하여 '일을 민첩하게 잘 처리하다'의 의미이다. '戎'은 '大'의 뜻이며, '工'은 '功'과 통하여 '事'의 의미로 쓰인다. '戎'을 '兵戎'으로 해석하여 '戎工'을 '정벌의 큰 일'로 해석하기도 한다. ≪不娶簋≫는 '敏'자를 🔲으로 쓴다.

㉓ '田于霆卅田, 于編卅田'

'田于霆卅田' 중의 앞 '田'은 동사의 용법으로 '경작하다'이고, 뒤의 '田'은 양사로 쓰이고 있다. 🔲(霆)'와 🔲(編)'은 현재의 어느 지역인지 확실히 알 수 없으나, 문맥으로 보아 지명이 확실하다.

㉔ '魯休揚'

'魯休'는 금문에서 습관적으로 쓰이는 단어로 '嘉美'와 '完善'의 뜻이다. '魯'자는 '嘉'자나 혹은 '嘏'와 통하여 '善'이나 '福'의 뜻으로 쓰인다. '揚'은 일반적으로 '對'자와 함께 쓰여 '찬양하다'의 의미로 쓰인다.

㉕ '𣄰彝'

《史頌鼎》에도 '𣄰彝'라는 단어가 보인다. '彝器'의 총칭이다.

㉖ '用言孝于前文人'

'言孝'는 '제사를 모시다'의 의미이고, '前文人'은 '훌륭한 문덕을 갖춘 조상'의 뜻이다.

㉗ '其嚴在上, 趩在下'

🈁(嚴)'은 '위엄이 있다'의 의미이고, 🈁(趩)'는 '廙(공경할 이; yì)'나 '翼'의 의미로 '공경하다'의 뜻이다. '其嚴在上'은 하늘에 계신 위엄 있는 조상님들을 가리키고, '趩在下'는 이들을 공경하는 현재의 자신을 가리킨다.

㉘ '穆秉明德'

'穆'은 '공경하다', '秉'은 '유지하다'·'섬기다', '明德'은 '훌륭하신 덕'으로, '조상님들의 훌륭하신 덕을 잘 섬기다'의 의미이다.

㉙ '豐=彙='

'豐=彙='을 《訣鐘》은 🈁(彙=數=)'으로 쓰고 있다. 《敔狄鐘》은 '彙'자를 '🈁'으로 쓰고,[266) '數'자는 '🈁'으로 쓴다.[267) '彙'자에 대하여 《금문편》은 "唐蘭은 이 자를 '泉'과 소리부 '皀'로 이루어진 형성자라 하였고, 《說文》은 '木'과 소리부 '皀'로 이루어진 '樂'자와 같은 자이며 음성은 '薄과 같다라 하였다"라 하였다.[268) '豐=彙='은 경전에

---

266) 《金文編》 '1621 彙', 682쪽 참고.
267) 《金文編》 '0557 數', 224쪽 참고.

서 일반적으로 쓰는 '蓬蓬勃勃'의 의미로 '매우 풍성한 상태'를 가리킨다.

⑳ '康䵼(樂)屯又(祐)通泉(祿)永令'

🔲(康䵼)'은 '康樂'과 같은 의미로 '편안함과 화평함'의 뜻이다. 이 구절은 ≪頌鼎≫의 "用追孝旂(祈)匄康䵼屯(純)右(祐), 通泉(祿)永令. 頌㘝(其)萬年釁(眉)耆(壽)無疆, 畍(畯)臣天子, 霝(令)冬(終), 子子孫孫 永寶用"과 유사하다. '康䵼'에서 '康'은 '안락'이나 '安康'의 의미이다. '䵼'자에 대해서는 의견이 분분하다. ≪頌鼎≫은 이 자를 🔲(㸩)'으로 쓴다. 🔲(㸩)'자를 ≪금문편≫은 ≪附錄≫'225'(1206쪽)에 수록하고 있다. ≪膳夫克鼎≫의 "用匄康勯屯右" 내용과 유사하다. '勯'자는 '龠'자 와 같은 '樂'과 통한다. 따라서 '䵼'자는 '勯'자의 의미로 추정된다. '屯 (純)又(祐)' 중 '屯'은 '純'과 통하여 '大'의 의미로 쓰이며, '純祐'는 '큰 도움'의 뜻이다. '通泉' 중 '通'은 '永久'의 의미이고, '永令'은 '長命'의 뜻이다.[269]

㉛ '釁(眉)耆壽)綽綰'

'釁耆'는 '眉壽'로 '長壽'의 뜻이다. '🔲🔲'은 '綽綰'으로 '매우 풍요로 움'을 뜻한다.[270]

㉜ '畍(畯)臣天子'

'畍(畯)'은 '영원'·'長久', '畍(畯)臣天子'는 '영원토록 천하의 훌륭한 신하가 되다'의 뜻이다.

---

268) "唐蘭云字乃從泉㲋聲, 音當如說文木㲋聲之㒸讀若薄." ≪金文編≫, 682쪽 참고.
269) 馬承源, ≪商周靑銅器銘文選三≫, ≪癲鐘≫ 설명부분(192쪽) 참고.
270) 馬承源, ≪商周靑銅器銘文選三≫, ≪癲鐘≫ 설명부분(192쪽) 참고.

三 ≪逨鼎≫(≪43年逨鼎·辛≫)

一) 釋文과 내용 해석

1) 釋文(≪43年逨鼎辛≫)

唯卅又二年六月既生霸丁亥, 王在周康穆宮, 旦, 王各周廟, 卽立(位).
𤔲(司)馬壽右吳逨入門立中廷, 北鄉, 史淢受王令(命)書, 王乎(呼)尹氏
冊令(命)逨[①]. 王若曰: "逨, 不(丕)顯文武, 膺受大令(命), 匍有四方, 卽

緐, 唯乃先聖且(祖)考, 火龘先王, 夒董大令(命), 奠周邦, 肆余弗叚(遐)望(忘)聖人孫子. 昔余旣令(命)女(汝)疋(胥)榮兌邦䀣](司)[2]四方吳(虞)·嗇(林)[3], 用宮御[4]. 今余唯至乃先且(祖)考, 又夒于周邦, 龘(繩)纛乃令(命)[5], 令(命)女(汝)官䀣(司)歷人[6]. 母敢妄(荒)寧虔 凤夕[7], 車(惠)雔(雝)我邦小大猷[8], 雩乃[9]專[10]政事. 母敢不妻不井(刑)[11], 雩乃嗉(訊)庶又咎(𠴶)[12], 母敢不中不井(刑)[13].

母冀=橐=, 唯又宥從, 迺孜(㥛)鰥寡[14]. 用作余我一人咎, 不雀(肖)死(尸)[15]." 王曰: "逨, 易女(汝)秬鬯一卣·玄袞衣·赤舄·駒車·賁(賁)較·朱虢𩨁斳(靳)·虎冟(幎)·熏(纁)裏·畫轉·畫輅(輅)·金甬·馬四匹·攸勒[16], 敬凤昔母灋(廢)朕令(命)." 逨拜稽首, 受冊佩, 以出, 反入堇圭[17]. 逨敢對天子不(丕)顯魯休揚, 用作朕皇考龔叔䵼彝, 皇考其嚴在上, 廙(翼), 在下, 穆秉明德, 豐豐橐橐降康飍(樂)屯又通彔永令, 綽綰. 畯臣天子. 逨萬無疆子子孫孫永寶用亯(亨)

2) 내용해석

43년 6월 旣生覇 丁亥 날, 周王은 周康穆宮에 머물렀다. 그 다음 날 아침, 왕이 太廟에 입실하여 제 자리에 서자, 司馬 壽가 우측에서 逨를 인도하여 문으로 들어와 북쪽을 향해 궁정의 가운데에 서서 周王의 책명을 받들었다. 史官 減이 왕명을 기록한 簡冊 令書를 왕에게 전달하자, 왕은 內史 尹으로 하여금 簡冊을 읽어 逨에게 명령을 하달하도록 하였다. 周王이 말하였다: "逨야, 내 위대한 선조 文王, 武王은 하늘로부터 큰 사명을 부여받아, 사방의 제후국을 돌보았다. 하늘의 大命을 공경하고 부지런히 받들었으며, 周나라를 안정시켰다. 이에, 나는 그대의 훌륭한 선인들의 공로를 잊을 수 없어, 지난 날 일찍이 너에게 榮兌를 보좌하여 사방의 정원과 산림을 관리하여서 왕궁에 공급하여 쓰도록 하는 일을 맡겼었다. 오늘, 나는 네 선조들의 조정에 대한 공헌을 고려하여, 다시금 너의 관직 爵序를 높여, 너에게 歷人을 관리하는 관직을 책할 것을 명하노라. 네가 나의 중대한 부탁을 헛되게 하지 않기를 바라며, 밤낮으로 태만하지 말고 공경하며, 전력을 다하여 맡은 크고 작은 일을 잘 처리하도록 하라. 너는 일을 처리함에 있어 반드시 감히 법규와 형법에 어긋남이 없이, 혐의가 있는 백성을 법률로 다스릴 때 백성에게 법률을 공평하고 공정하게 적용하라. 욕심을 부려서는 안 될 것이고, 중간에서 네 사욕을 채워서는 안 될 것이다. 만약에 네가 사적인 횡령을 한다면, 그것은 곧 네 스스로를 너그럽게 용서하는 방종함에서 비롯된 것이며, 이는 또한 의지할 곳 없는 백성들을 업신여기고 모욕하는 것이다. 만약 네가 내가 경고한대로 행하지 않는다면, 그것은 나 자신이 잘못한 것이나 마찬가지이고, 이는 내가 관원을 제대로 관리하지 못한 까닭일 것이다."

주왕이 말하였다: "逨여! 오늘 나는 그대에게 울창주 술 한 주전자와 꽃문양이 수놓아진 황색 예복과 붉은 색 신, 장식 달린 마차용 고리, 덮개용 짐승 가죽으로 만든 마차 앞 가로막 턱 장식, 호랑이 무늬 그림이 그려진 마차 덮개, 채색된 수레 장식품, 4두 마차 및 동 장신구로 장식된 가죽 말 재갈 등을 하사하고자 한다. 너는 밤낮으로 나의 명령을 어기지 말고 공경하고 성실히 이행토록 하라."

逨는 배알하고 머리를 조아리는 예를 행하고, 슈書를 받은 다음, 이를 몸에 간직한 채 밖으로 나왔다가 다시 안으로 들어가 朝覲할 때 사용한 玉章을 바쳤다. 逨는 주왕의 큰 은혜와 큰 덕을 찬미하며 기리기 위해, 부친 龔叔을 제사지내는 彛器를 만든다.

逨는 周王의 하사에 감사하고, 진심으로 周王의 은덕을 찬양하며, 이 정을 만들어서 큰 은혜와 큰 덕을 베풀어주신 선조들을 기념하고

자 했다. 하늘에 계신 大恩大德하신 선조들의 영령을 逨는 공경하게
모시고 존경하며, 조상이 보여주신 고귀하신 덕행을 이어받고자 한
다. 또한 선조들께서 행복과 康樂을 주시기를 기원하고, 만만년 대대
로 장수하고 충성스러운 마음을 다해 周 天子를 신하로서 영원히 섬
길 수 있도록 돌보아 주시기를 기원한다. 나는 또한 이 鼎을 자자손
손 영원히 보존하게 하여 선조들에게 제사드릴 때 존귀하게 사용하
기를 바란다.

二) 銘文 考釋

① '尹氏冊令(命)逨'
42年 鼎과 43年 鼎의 逨를 인도하는 사람은 '司馬'와 '內史'로 서로
다르다.

② '疋榮兌艵𧛙(司)'
'（疋)'는 '胥'자와 통하며, '보좌하다'·'돕다'의 뜻이다. ≪元年史兌
簋≫의 "疋(胥)師龢父艵𧛙(司)广(左)右走馬"271)와 유사하다. '榮兌'는 인
명이다.
 '艵𧛙(司)'를 ≪毛公鼎≫은 "命女(汝)艵𧛙(司)公"272)으로 쓴다. '艵'
자는 일반적으로 '拼'이나 '攝'으로 해석하나, 형태로 보아 '拼'자의 초
문으로 추정되며, 의미는 부사 '더불어(兼)'이다. ≪毛公鼎≫의 '𧛙
(艵)'자를 ≪금문편≫은 ≪부록하≫ '144'에 수록하고 있다.273) '𧛙

---

271) "너는 師龢父의 직책을 보좌하여 左右走馬와 五邑走馬의 관직을 수행하도록
　　하라."
272) "너의 종족들을 거느리고 나를 보호하도록 명령한다."

(司)'는 '관리하다'·'통솔하다'의 의미이다.

③ '吳(虞)·嗇(林)'

'吳(虞)'와 '嗇(廩)'은 관직명이다.274) 이 관직명은 ≪免簋≫에도 보인다.275) '吳'는 '虞人'으로 ≪孟子·滕文公下≫"招虞人以旌"276)의 문장에 대하여 趙岐는 "虞人은 사냥터나 정원을 지키는 관리이다"277)라하였다. '嗇'은 '林'과 통하며, '산림을 관장하는 관리'이다.

④ '用宮御'

(御)'는 본 명문에서 '사용하다'의 의미이다. "用宮御"는 '궁중에 공급하여 쓰다'의 뜻이다. '用'자는 銘文에서 '사용하다'는 동사용법 이외에, 虛詞인 連詞와 介詞의 용법으로 쓰인다. 본 구절은 連詞의 용법이다.

⑤ '龘(繩)臩乃令(命)'

'龘(繩)臩'을 ≪大克鼎≫은 "今余佳(唯)龘(繩)臩乃令"278)으로 쓰고, ≪毛公鼎≫은 "龘圖大命"으로 쓴다. '龘'자는 음성부분이 '東'이고 '繩'자의 의미로 '계속하여', '臩'은 '景'과 통하며 '밝히다', '圖'자는 '周'로 가차자이며 '견지하다'·'옹호하다'의 의미이다. ≪金文編≫은 ≪毛公鼎≫의 (臩)'·(圖)자를 ≪부록하≫ '277'에 수록하고 있다.279) ≪牆

---

273) ≪金文編≫, 1191-1192쪽 참고.
274) ≪金文常用字典≫ 634쪽 참고.
275) ≪商周靑銅器銘文選三≫, 179쪽 참고.
276) "우인을 깃발로 신호하여 부르다."
277) "虞人, 守苑囿之吏也."
278) "지금 나는 그대에게 다시 명령을 내린다."

盤≫은 "矑(緟)寧"으로 쓴다. "緟寧"은 '復寧'으로 '지속적으로 편안하다'의 뜻이다.

⑥ '官司歷人'
"官司歷人"은 관직명으로, 官史를 관찰 관리하는 직업으로 추정된다.

⑦ '毋敢妄(荒)寧虔夙夕'
🔲(妄)'은 '荒'의 의미이며, '荒寧'은 '안일하고 편안하며 태만하다'의 뜻이다. ≪中山王𧊒鼎≫의 "嚴敬不敢慝(㤅)荒" 중 '嚴'은 '恭敬'의 뜻으로 '嚴敬'은 동의어의 결합구조로 '공경하다'의 의미이다. '慝'자는 '㤅'자와 같은 자이다. ≪尙書·無逸≫"嚴恭寅畏, 天命自度, 治民祗懼, 不敢荒寧"[280] 구절 중의 '荒寧'의 의미와 같다. '虔'은 '공경하다'의 의미이다. ≪史望簋≫의 "虔夙夜出納王命"[281] 중 '虔'의 의미와 같다. 이 구절과 아래 구절은 ≪毛公鼎≫의 "女(汝)毋(毋)敢妄(荒)寧, 虔夙(夙)夕, 惠我一人, 雝(雍)我邦小大猷"[282] 내용과 유사하다. ≪금문편≫은 ≪毛公鼎≫의 '𡧛'자 아래에서 孫詒讓의 말을 인용하여 "妄寧'은 '荒寧'의 의미이다. ≪書經·無逸≫의 '不敢荒寧', ≪文侯之命≫의 '毋荒寧 중의 '荒寧'의 의미와 같다"라 하였다.[283]

---

279) ≪金文編≫, 1215쪽 참고.
280) "엄숙하고 삼가고 공경하며 두려워하며, 하늘의 명을 스스로 헤아렸으며, 백성을 다스림에 공경하고 두려워하여 감히 편히 노는 일에 빠지지 않다."
281) "항상 왕의 명령은 공경하게 이행하라."
282) "너는 감히 경거망동하거나 안일함을 추구하지 말고, 언제나 밤낮으로 경건한 마음으로 임하며, 나에게 은혜로움을 주어서 우리나라의 모든 일들의 계획을 옹호하라."
283) "孫詒讓曰, 妄寧當讀作荒寧. 書無逸不敢荒寧, 文侯之命毋荒寧." ≪金文編≫, '1983 妄', 805쪽 참고.

⑧ '叀(惠)雔(雍)我邦小大猷'

이 구절은 ≪毛公鼎≫의 "惠我一人, 雔(雍)我邦小大猷"284)와 같은 내용이다. (叀雔)'은 즉 '나라의 일에 부응하고 옹호하다'의 의미이다. '小大猷'는 '크고 작은 모든 계획이나 준칙'이라는 의미이다. '(猷)'는 금문에서 '計劃'·'計策'·'準則' 혹은 부사나 인명으로 쓰인다. '雔'자를 ≪毛公鼎≫은 ''으로 쓴다.285)

⑨ '雩乃'

자는 금문에서 주로 허사의 용법인 '于'·'與'나 혹은 문두어기사로 사용된다. '雩乃'는 현대중국어의 '于是'로, "그래서 곧 ~하다"의 뜻이다.

⑩ '尃'

'(尃)'는 '敷(펼 부; fū)'의 의미이다. 〈四十二年四十三年逨鼎銘文試釋〉은 이 자를 '尃'자로 잘못 예정하고 있다.286) '尃'자에 대하여 ≪說文解字≫는 "尃'는 '펴다'의 의미. '寸'과 소리부 '甫'로 이루어진 형성자"287)라 설명하였다. ≪毛公鼎≫은 "尃(敷)命尃(敷)政"으로 쓴다. '尃'는 '敷', '실행하다'·'공포하다'의 의미이다. 전체적으로 '왕명을 공포하고 정책을 실행하다'의 뜻이다. ≪毛公鼎≫은 '尃'자를 '()'로 쓴다.288) 은 의 형태가 와전된 것으로 보인다.

---

284) "나에게 은혜로움을 주어서 우리나라의 모든 일들의 준칙을 옹호하다."
285) ≪金文編≫ '0602 雍, 257-258쪽 참고.
286) 劉懷君 等人, ≪文物≫2003年, 第6期, 87-88쪽.
287) "尃, 布也. 從寸甫聲."
288) ≪金文編≫ '0502 尃, 209쪽 참고.

⑪ '不夆不井(刑)'

'▨(夆)'는 의미부가 '聿'이고 음성부가 '父'로, '規(법 규; guī)'의 의미로 쓰이고 있다. '不夆(規)不井(刑)'은 '원칙과 법률에 어긋나다'의 뜻이다. ≪師望鼎≫ "不遂不夆"[289] 중의 '夆'의 의미와 같다.[290] '▨(井)'은 '刑'의 의미이다. '夆'자의 자형은 ≪金文編≫ '0478 夆', 209쪽 참고.[291]

⑫ '訊庶又咨(舜)'

'▨(訊)'자는 '심문하다', '▨(庶)'는 '백성', '▨(咨)'은 '舜'자로 '賸'과 통하여 '헤아리다'의 의미이다. '訊'자를 ≪虢季子白盤≫ 등은 '▨(緐)'으로 쓰고 '포로로 잡다'의 의미로 쓰이나, 본 명문에서는 '訊問하다'의 의미로 쓰이고 있다. ≪金文編≫은 '0342 訊(訊)'에서 ≪虢季子白盤≫의 '▨'자에 대하여 "陳介祺는 '訊'자로 해석하였다"라 하였다.[292] ≪牆盤≫에서는 '咨'자가 '舜'자와 같은 자로 '令'이나 '靈'과 통하여, '舜明'·'令明'과 '靈明'은 '賢明'의 뜻으로 쓰인다. 만약에 이 의미로 해석한다면 '訊庶又咨(舜)'은 '현명하게 심문을 처리하다'의 뜻이다. 그러나 李學勤 등은 '咨'자는 음성부분이 '炎'으로 '嫌'자의 가차자로 '혐의가 있는 백성을 심문하다'의 의미로 보고 있다.[293] 이 구절 다음에 "不中不井(刑)"[294]의 내용과 연결되기 때문에 李學勤의 주장을 따르기로 한다.

---

289) "따르지 않고, 순응하지 않다."
290) ≪商周靑銅器銘文選三≫, 146쪽 참고.
291) ≪金文編≫ '0478 夆', "義與父同.('父'뜻과 같다)", 209쪽.
292) "陳介祺釋訊." ≪金文編≫, 141쪽 참고.
293) ≪文物≫2003年, 第6期, 70쪽 참고.
294) "공평하고 법률적으로 정직하게 처리하다."

⑬ '不中不井(刑)'

'中'은 '공평하다'의 의미이다. ≪尙書·呂刑≫"永畏惟罰, 非天不中, 惟人在命. 天罰不極庶民, 罔有令政在于天下"[295]나 "穆穆在上, 明明在下, 灼于四方, 罔不惟德之勤. 故乃明于刑之中, 率乂于民棐彝"[296]의 내용과 유사하다.

⑭ '龏=橐=唯又宥從迺孜(侮)鰥寡'

≪毛公鼎≫은 "母(毋)敢龏=橐=迺孜(務)鰥寡" 중 '龏'자는 '𦫶'으로, '橐'자는 '𡆥'으로 쓴다.[297] 𡙛(龏)'자는 '拱'의 통가자로 사용되며, 𡇯(橐)'은 '苞'의 가차자로, '龏橐'은 즉 '中飽'이다. '中飽'는 '賄賂'로 '착복하다'의 뜻이다. ≪韓非子·外儲說右下≫는 '中飽'에 대하여 "薄疑謂直簡主曰: '君之國中飽.' 簡主欣然而喜曰: '何如焉?' 對曰: '府庫空虛于上, 百姓貧餓于下, 然而奸吏富矣.'"[298]라 설명하였다. '中飽'란 관리들이 착복하여 배불리 먹는 것을 말한다.

'宥'은 '관용을 베풀다'이고, '從(縱)'은 '방종하다'이다. 𤕷(孜)'는 '侮'자의 가차자로 '모욕하다'·'기만하다'의 의미이다. ≪爾雅·釋詁≫는 "孜, 侮也"[299]라 하였다.

---

295) "항상 두려워하며 형벌을 써야한다. 하늘을 공정하지 않은 일이 없으니, 사람들은 하늘의 명을 잘 살펴야만 한다. 하늘의 벌이 백성들에게 미치지 못하면 세상에는 훌륭한 정치가 이루어지지 않게 된다."

296) "임금이 공경히 삼가 다스리니, 아래 백성들은 자기들 일에 힘쓰게 되고, 온 세상에 업적이 밝게 드러나, 모두가 덕을 부지런히 힘쓰게 된다. 그러므로 형벌을 공정하기에 힘써, 법을 어기는 백성들을 다스리게 되는 것이다."

297) ≪金文編≫ '0405 龏', 160-162쪽 참고. ≪金文編≫ '0987 橐, 425쪽 참고.

298) "박의가 조 간주에게 말하기를 '군주의 나라 안이 배부릅니다'라 하였다. 간주가 홀연히 좋아하여 말하기를 '어떻다는 것인가?'라 물었다. 대답하기를 '위로는 창고가 텅 비어 있고, 아래로는 백성들이 가난에 굶주리고 있는데도 간악한 세리들은 배부릅니다'라 말하였다."

[이미지](鰥寡)'는 '홀아비와 과부'를 가리킨다. ≪尙書·康誥≫에 '侮鰥寡'에 관한 내용으로 "惟乃丕顯考文王, 克明德愼罰, 不敢侮鰥寡, 庸庸·祇祇·威威·顯民"300)이 있다.

⑮ '咎, 不雀(肖)死(尸)'

[이미지](咎)'는 '과오'·'잘못'의 의미이다. [이미지](雀)'자를 어기사 '唯'나 '爵'의 의미로 해석하나, 문맥으로 보아 '肖'의 의미이다. '不肖'는 '좋지 않다'라는 의미이다. [이미지](死)'는 '尸'·'屍'와 통하여 '主管'의 의미이다. ≪說文解字≫는 [이미지](屍)'자에 대하여 "終主"301)라고, 段玉裁는 "死者, 終也. 尸者, 主也. 故曰終主"302)라 하였다. ≪大盂鼎≫은 "死(尸)𤔲(司)"로 쓴다. "不雀(肖)死(尸)"는 '관리를 잘 하지 못하다'의 뜻이다.

⑯ '易女(汝)矩鬯一卣·玄袞衣·赤舃·駒車·桒(賁)較·朱虢𤩺靳(靳)·虎冟(幎)·熏(纁)裏·畵轉·畵輲(轎)·金甬·馬四匹·攸勒'

하사품은 ≪毛公鼎≫에서 언급하고 있는 "易(賜)女(汝)𤔲鬯一卣, 𤩺(祼)圭(珪)瓚(瓚)寶·朱市·悤黃·玉環·玉瑹·金車·桒緟較·朱𩏑·𤩺靳虎冟(幎)·熏(纁)裏·右厄(軛)·畵轉·畵輲(轎)·金甬·造(錯)衡金𦥮(踵)·金豙·[이미지]·金簟(簟)弻(笰)·魚甬·馬四匹·攸勒·金噩·金𧕇(膺)朱旂二鈴(鈴)"303)의 내용과 비슷하다.

---

299) "孜는 '侮(업신여길 모)'의 뜻이다."

300) "너의 훌륭하신 아버지 문왕께서는 덕을 밝히고 형벌을 삼가셨고, 감히 홀아비, 과부들도 업신여기지 않으셨으며, 수고하고 공경하며 위엄이 있으셨고, 백성들을 존중하였다."

301) "屍는 '죽은 자를 신주로 삼다'의 의미."

302) "死는 '죽다', '尸'는 '神主'의 의미이기 때문에 '終主'라 한다."

303) "너에게 향주 한 항아리, 강신제용 寶器 珪瓚, 붉은 색의 폐슬, 청색의 橫帶, 노리개 옥환, 옥홀을 하사한다. 청동의 수레, 양측이 장식된 수레 횡목 덮개,

⑰ '迷拜稽首, 受冊佩, 以出, 反入菫圭'

이 구절의 내용은 ≪頌壺≫나 ≪頌鼎≫의 "頌秦(拜)頴首, 受令冊, 佩㠯(以)出, 反(返)入(納)菫(瑾)章(璋)"과 같다.[304]

이 다음 구절부터는 ≪42年迷鼎辛≫과 같기 때문에 설명을 생략하기로 한다.

붉은 가죽으로 된 수레 장식 덮개, 붉고 고운 가죽, 끌채에 쓰는 손잡이와 말 앞을 장식할 가죽, 오랑이 무늬의 수레 덮개 천와 붉은 색의 안감, 멍에, 장식이 있는 차 아래 끈, 탑승 칸과 차축을 연결하는 장식된 가죽 끈, 동으로 된 수레 굴대빗장, 격자 무늬의 가름대, 동으로 만든 차상 뒷부분의 막대, 동으로 만든 바퀴 고정 대, 衡을 묶는 가죽 끈, 마차의 깔개와 뒷 덮개, 물고기 가죽으로 만든 화살 통, 말 네 필, 장식이 달린 고삐와 재갈, 금으로 된 깃털 마관, 금으로 된 말의 이마 장식물, 방울이 둘 달린 붉은 색 지휘 깃발 등을 그대에게 하사하여 보낸다." 최남규, ≪금문의 이해(Ⅱ)≫, 403-408쪽.
304) 최남규, ≪금문의 이해(Ⅱ)≫, 501-503쪽. "頌은 배알하고 머리를 조아리는 예를 행하고, 令書를 받은 다음, 이를 몸에 간직한 채 밖으로 나왔다가 다시 안으로 들어가 朝覲할 때 사용한 玉章을 바쳤다."

III ≪克盉≫·≪克罍≫의 考釋

克罍蓋銘

克罍器銘

克罍

克盉蓋銘

克盉腹銘

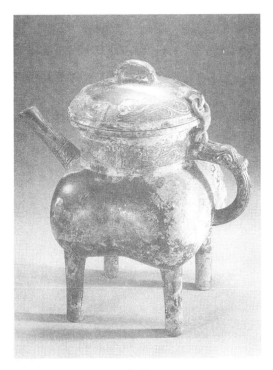

克盉

一 釋文과 해석

1) 釋文

王曰: 大係(保)①, 隹(唯)乃明(盟)乃鬱啻(亭)于乃辟②. 余大對乃啻(亭)③. 令克侯于匽(燕)④, 旃(事)羌狸馭雩馭(御)眥(微)⑤. 克萑(宅)匽(燕)入土眔氒訇(司)⑥. 用作寶隣尊彝.

2) 내용 해석

왕이 말하였다. "太保 奭아! 너는 너의 군주를 위하여 盟祭와 鬱酒祭를 성실히 거행하고, 나에게 정성껏 봉사하니, 나는 너의 이러한 행위를 크게 찬양하고 보답코자한다. 그래서 나는 너의 아들 克이 燕國의 제후가 되고, 羌·狸·馭·雩·馭·微의 지역을 다스리도록 명령한다." 그래서 克은 燕國에 속하는 지역과 有司들을 관리하였다. 克은 이를 기념하기 위하여 보배로운 彝器를 만들다.

二 문헌적 가치와 器主

一) 문헌학적 가치

≪克罍≫는 또한 ≪太保罍≫·≪燕侯克罍≫나 혹은 ≪余罍≫[1]라고 불리기도 한다. 일반적인 통칭은 ≪克罍≫·≪克盉≫이다.

≪克罍≫와 ≪克盉≫는 1986年 北京市 琉璃河 1193號 墓에서 출토되었다. ≪克罍≫의 높이는 32.7cm이고, 주둥이의 지름은 14cm이며,

---

1) '余大對乃享命' 중의 '余'자를 '周王'이나 혹은 '太保'를 가리키는 代詞로 해석하여 ≪余罍≫·≪余盉≫라고 부르기도 한다.

≪克盉≫는 높이가 26.8㎝이고 주둥이의 지름은 14㎝이다. 이 묘는 이미 도굴꾼에 의하여 도굴 당한 적이 있어 대부분의 수장품은 없어졌으나, 槨室에서 銅戈·銅罍와 銅盉가 각각 하나씩 발견되었다.[2] 銅罍와 銅盉의 몸체와 뚜껑 안쪽 벽에 각각 43자의 명문이 새겨져 있는데, 이는 이 묘의 주인과 시대를 알 수 있는 중요한 자료이다.

일반적으로 명문이 비교적 긴 西周시기의 명문은, 예를 들어 '唯十又六年七月旣生覇(≪伯克壺≫)와 같이 왕의 在位년도와 月曆을 쓰는데, 본 명문은 '王曰大保'라고 하여 왕이 '太保'를 부르는 형식으로 시작하였다.

≪北京琉璃河出土西周有銘銅器座談紀要≫에서 李學勤과 張亞初는 ≪克罍≫와 ≪克盉≫의 문헌학적 가치에 대하여 아래와 같이 설명하고 있다.

　　這篇銘文的重大意義, 我以爲至少有這樣三點. 首先是確證了召公與燕的關系. ≪史記·燕世家≫: '周武王之滅紂, 封召公于北燕.' ≪索隱≫: '亦以元子就封, 以次子留周室, 代爲召公.' 小臣𧻚鼎有召公建(從裘錫圭同志釋)燕語. 此銘所說召公明心, 當卽明其留朝輔王之心, 故王命克卽其元子就封于燕. 其次, 是進一步證明燕國初封就在今北京. 琉璃河以及過去在盧溝橋, 已經出了不少有燕侯'字樣的靑銅器, 而燕侯自作之器尙以此爲首見. 克是代召公就封的第一代燕君, 器出北京, 是燕都開始卽在當地的有力證據. 最後這篇銘文又說明了出該兩件器物的大墓的性質. 該墓雖已盜殘, 所余盉罍仍同銘成組, 看來應卽燕侯克的墓葬. 這是第一次無疑地確定了一座周初的諸侯墓, 在考古學上有重要的意義.
　　내가 생각하기에 본 명문은 적어도 세 가지 중요한 의미를 지니고 있다. 먼저, 이 명문은 召公과 燕의 관계를 확실히 알 수 있는 자료이다. ≪史

---

2) 北京市文物研究所琉璃河考古隊, ≪北京琉璃河1193號大墓發掘簡報≫, ≪考古≫, 1990年.

記·燕世家≫는 '周나라 武王은 紂王을 멸망시키고 召公을 北燕에 봉하였다'라 했는데, ≪索隱≫은 이에 대하여 '또한 큰 아들을 봉하고, 둘째 아들은 周나라 왕실에 머물게 하여 召公을 보좌하도록 하였다'라 했다. ≪小臣澶鼎≫은 '召公이 燕나라를 세웠다'라 했고('建'자의 해석은 裘錫圭의 주장을 따른 것이다), 이 명문에서 '召公은 明心'하였다했는데, 이는 조정에 남아 왕을 보필하겠다는 마음을 밝혔다는 뜻이다. 그래서 왕은 큰 아들 克을 燕에 봉하게 되었다.

둘째, 북경은 燕國이 처음으로 봉해진 곳이라는 것을 증명하였다. 琉璃河와 盧溝橋에서 이전에 '燕侯'가 쓰여 진 靑銅器가 적지 않게 발견되었다. 하지만 燕侯 자신이 제작한 기물은 이번이 처음이다. 克이 召公을 대신해서 燕나라에 봉해진 第一代 燕君이고, 북경에서 기물이 출토된 것은 燕나라의 수도가 이곳에서 시작되었다는 증거이다.

셋째, 이들 명문은 묘의 특징을 잘 설명해 주고 있다. 묘지는 이미 도굴꾼에 의하여 도굴을 당했지만 남아있는 盉와 罍는 같은 내용으로 세트를 이루고 있는 것으로 보아, 燕侯 克의 墓葬임이 틀림없으며, 주나라 초기 諸侯 墓가 처음으로 발견되었다는 것은 고고학상 매우 중요한 의의를 지니고 있다.(李學勤)

對這兩件太保器的歷史價値, 主要可以從以下二個方面來看. (一) 這兩件銅器銘文, 充分證實了 ≪史記·燕世家≫'周武王之滅紂, 封召公于北燕'的歷史記載是很正確的. ≪索隱≫曾指出, '以元子就封以次子留周室, 代爲召公.'……他的元子是誰呢? 從M1193出土擁有燕侯冊封立國之寶的重器推測, 召公所留在燕國的元子, 應該就是這個墓的墓主人, 這座墓具有級別規格高的四條墓道, 正與燕侯的身分相吻合. 在對該墓出土的太保器銘文的斷句時, 有的同志讀爲'余大對乃亨, 令克侯于燕'. 這樣句讀的結果, 很自然就以爲克是人名, 是第一代燕侯的名字……我們認爲, '余大對, 乃亨令, 克侯于燕', 卽太保在冊封之後對揚王休, 受命而得以稱侯于燕. (二) 這兩件銅器是考古學硏究中的新收穫, 比較穩妥一點講, 這兩件器可以看作是武成間的標準器. 就四足方盉講, 恐怕是目前所知最早的一件……更加重要的, 這兩件封建燕國諸侯銘文重器的出土, 爲琉璃河墓地確定爲燕國諸侯墓地, 提供了剛有力的實物佐證, 這對西周考古學硏究來說, 是十分有意義的.

이 두 개의 '太保'器는 아래 두 가지의 역사적 가치를 지니고 있다.

첫째, 이 두 개의 青銅器 銘文은 《史記·燕世家》의 '周나라 武王이 紂王을 멸하고 召公을 北燕에 봉하였다'라는 내용을 증명할 수 있는 중요한 자료이다. 《史記索隱》은 '큰 아들은 封하고, 둘째 아들은 周나라 왕실에 머물러 있게 하여 召公을 보좌하도록 하였다'라 했다. ……그렇다면 큰 아들은 누구인가? M1193의 묘에서 燕侯를 책봉하여 나라를 세우도록 한 중요한 자료가 출토되었는데, 召公이 燕國에 남도록 한 큰 아들이 바로 이 묘의 주인임이 틀림없다. 이 묘는 매우 큰 규격을 갖춘 네 개의 통로가 있는데, 이는 燕侯의 신분과 걸맞는 규모이다. 이 묘에서 출토된 '太保'器의 銘文을 「余大對乃亨, 令克侯于燕(나는 너의 祼祭禮에 크게 보답코자 하며, 克을 燕國의 제후로 봉한다)」로 읽는 경우가 있는데, 이는 '克'을 第一代 燕侯의 이름으로 이해한 것이다. 그러나 우리는 이 문장을 '余大對, 乃亨令, 克侯于燕(나는 왕의 공덕을 찬양하고 왕의 명령을 잘 받들어 능히 연나라의 제후가 되었다)'로 이해한다. 즉 太保가 책봉된 후 왕의 공덕을 찬양하고, 명을 받들어 燕나라의 제후가 된 것이다.

둘째, 이 두 개의 銅器는 考古學上 매우 중요한 발견이다. 이 두 청동기는 武王·成王 시기를 가름하는 標準이 된다. 네 개의 다리를 가진 네모난 형태의 盉는 지금까지 발견된 적이 없었던 것이다. ……더욱 중요한 것은, 제후가 燕國에 봉해진 명문의 내용은 琉璃河의 묘지가 燕國 諸侯 墓地라는 것을 확실히 증명해 주고 있다는 것이다. 이는 西周 考古學 연구에 매우 중요한 의미를 지니고 있다.(張亞初)

召公은 昭公 · 召康公 · 太保召公이라고도 부르며, 성은 姬이고 이름은 奭이다. 주나라 문왕의 아들이며 무왕의 동생으로 무왕을 도와 상나라를 멸하였다.

본 銘文을 통하여 西周 초기에 燕나라의 건국을 이해할 수 있다. 물론 銘文의 이해와 第一代 燕侯가 '召公'인가 혹은 '克'인가 등의 문제에 대하여 아직도 학계의 의견이 분분하지만, 燕國에 봉해진 제후를 이해하는 매우 중요한 자료이다.

二) 器主

≪克罍≫는 또한 ≪太保罍≫·≪燕侯克罍≫나 혹은 ≪余罍≫라고 부르기도 한다. 이는 "余大對乃言(亯), 令克侯于匽(燕)令克侯于匽(燕)"의 문장을 어떻게 이해하느냐와 밀접한 관계가 있다. 이 구절 중 '克'이 燕國의 第一代의 제후라고 이해하면 器名에 '克'을 추가하고, '克'을 副詞의 용법으로 이해하면 '太保'의 명칭을 사용하며, '余'자를 중요한 기물의 저작자로 이해하면 '余'자를 추가하여 기물의 명칭을 정한다. ≪余罍≫ 혹은 ≪余盉≫라는 명칭을 주장하는 학자는 상대적으로 적으며 代詞가 '王'을 가리키는 것인가 아니면 '太保'를 가리키는 것인가 이외에는 본 명문을 이해하는데 큰 문제가 되지 않기 때문에 銘文을 해석하는 곳에서 '余'자에 대하여 살펴보기로 하고, 여기에서는 燕國의 第一代 제후가 누구인가에 대하여 살펴보기로 한다.

殷瑋璋은 ≪新出土的太保銅器及其相關問題≫에서 기물의 주인은 太保 즉 召公奭으로, 第一代 燕國의 諸侯이며 '克'은 燕侯가 아니고 또한 '旨' 역시 묘의 주인이 아니라고 하였다.

> 罍盉銘文中'令克侯于燕'中的克不是燕侯, 也不可能是該墓的墓主人……因爲克若是一代燕侯, 則墓中還應出土名克者的其他器物. 但是, 卽使是這兩件罍和盉的銘文中也不見有'克作寶障彝'這樣的字樣.
> 罍와 盉의 銘文 '令克侯于燕' 중 '克'자는 燕侯가 아니며 또한 이 묘의 주인이 아니다. ……왜냐하면 '克'이 만약에 第一代 燕侯라고 한다면 이 墓에서 출토된 또 다른 기물에서 '克'의 이름이 새겨진 기물이 발견되어야 한다. 또한 罍와 盉 銘文 중에도 '克作寶障彝.(「克」은 소중한 예기를 만들다)'라는 구절이 보이지 않는다.

殷瑋璋은 이 묘에서 출토된 戟과 銅泡에 새겨진 "燕侯舞戈"와 "燕

侯舞易" 구절 중 '舞'자는 太保를 가리키거나 혹은 아들이나 손자 중
의 한 명일 것인데, '舞'자는 '奭'자의 이체자일 가능성이 높기 때문에
'舞'가 곧 召公을 가리키고, 이 무덤의 주인은 燕 召公이라고 하였다.[3]

考慮到墓中的其他出土物缺乏支持前一種解析的必要證據, 而從銘文的
前後句看, 褒揚的是大保, 受封者當也以大保此人爲合理. 鑒于銘首周王直
呼'大保', 說明召公奭當時已經擔任'大保'這一職官. 再封地爲燕侯, 這在召
公是兼而領受此爵, 那麽克字作助詞使用也是合適的. 作此解釋, 正與《史
記·周本紀》所述'封召公奭于燕'相合. 所以受封者應是大保奭.

'克'자를 人名으로 해석할 경우 다른 증거물들이 필요하지만, 어쨌든
명문의 전후 맥락으로 보아 칭송을 받는 자도 大保이고 封地를 받는 자
도 大保로 보는 것이 합리적이다. 문장 앞에 周나라 王이 직접 '大保'라
고 부르는 것은 '大保'라는 직책이 있는 召公 奭을 다시 燕侯로 봉한다는
것을 설명하고 있다. 이는 召公이 겸직으로 이 작위를 받기 때문에 '克'
자를 助詞로 해석하는 것이 더 합리적이라 하겠다. 이렇게 해석하여야
《史記·周本紀》의 '封召公奭于燕(召公 奭을 燕나라에 봉하다)'라는 내
용과 맞다. 따라서 封을 받는 자는 大保 奭이다.[4]

그러나 李學勤 등은 "令克侯于燕" 중의 '克'자를 人名으로 해석하였다.

《史記·燕世家》: '周武王之滅紂, 封召公于北燕.'《索隱》: '亦以元
子就封, 以次子留周室, 代爲召公.' ……此銘所說召公明心, 當卽明其留朝
輔王之心, 故王命克卽其元子就封于燕.

《史記·燕世家》은 '周나라 武王은 紂王을 멸망시키고 召公을 北燕
에 봉하였다'라 했는데, 《索隱》은 이에 대하여 '또한 큰 아들을 봉하고,
둘째 아들은 周나라 왕실에 머물게 하여 召公을 보좌하도록 하였다'라
했다. ……이 銘文은 召公이 주나라 왕실에 남아 왕을 보필하겠다는 마음

3) 殷瑋璋, 〈新出土的太保銅器及其相關問題〉, 《考古》, 1990年 1期.
4) 李學勤, 〈北京琉璃河出土西周有銘銅器座談紀要〉, 《考古》, 1989年 10期.

을 밝혔기 때문에 왕은 또 다시 (召公) 큰 아들 '克'을 燕나라에 봉한 것이다.[5]

그러나 銘文 중에는 時間과 地域 혹은 器物을 만든 자 등이 보이지 않기 때문에 '克'자의 해석에 대하여 아직도 의견이 분분하다. 助動詞 즉 '可' 혹은 '能够'라는 의미로 해석하는 학자는 殷瑋璋[6]·張亞初[7]·劉起釪[8]·劉桓[9]·尹盛平[10]·方述鑫[11]·楊靜剛[12] 등이 있고, 인명 즉 第一代 燕侯가 '克'이라고 주장하는 학자는 張長壽[13]·陳公柔[14]·王世民[15]·劉雨[16]·杜迺松[17]·李學勤[18]·陳平[19]·朱鳳瀚[20]·李仲操[21]·孫華[22]·陳潔[23]·任偉[24] 등이 있다. 李學勤은 ≪匽侯旨作父辛鼎≫의 "匽侯旨作父辛尊"의 명문을 참고하여 '克'이 第一代 燕侯이고 '旨'가 第二代 燕侯로 그 世系는 아래와 같다고 하였다.

---

5) 〈北京琉璃河出土西周有銘銅器座談紀要〉(1989).
6) 〈新出土的太保銅器及其相關問題〉, 〈北京琉璃河出土西周有銘銅器座談紀要〉, 〈周初太保器綜合硏究〉.
7) 〈北京琉璃河出土西周有銘銅器座談紀要〉, 〈大保罍盉銘文的再探討〉, 〈燕國靑銅器銘文硏究〉.
8) 〈北京琉璃河出土西周有銘銅器座談紀要〉.
9) 〈關于琉璃河新出土太保二器的考釋〉.
10) 〈新出太保銅器銘文及周初分封諸侯授民問題〉.
11) 〈太保罍盉銘文考釋〉.
12) 〈璃河出土太保罍太保盉考釋〉.
13) 〈北京琉璃河出土西周有銘銅器座談紀要〉.
14) 〈北京琉璃河出土西周有銘銅器座談紀要〉.
15) 〈北京琉璃河出土西周有銘銅器座談紀要〉.
16) 〈北京琉璃河出土西周有銘銅器座談紀要〉.
17) 〈北京琉璃河出土西周有銘銅器座談紀要〉, 〈克罍克盉銘文新釋〉.
18) 〈北京琉璃河出土西周有銘銅器座談紀要〉, 〈克罍克盉的幾個問題〉.
19) 〈克罍克盉銘文及其有關問題〉, 〈再論克罍克盉銘文及其有關問題〉.
20) 〈房山琉璃河出土之克器與西周早期的召公家族〉.
21) 〈燕侯克罍克盉銘文簡釋〉.
22) 〈匽侯克器銘文淺見-兼談建燕及相關問題〉.
23) 〈燕召諸器銘文與燕召宗族早期歷史中的兩個問題〉.
24) 〈西周封國考疑〉.

召公(召伯 · 大保)-克(父辛)-旨
　　　　　　　　　　 -憲
　　　　　　　　　　 -龢

　克是第一代燕侯，旨是第二代燕侯. 梁山七器中的憲鼎 · 憲盉的憲和見於龢爵的龢, 都是燕的的支子.('克'은 첫 번째 燕나라 제후이고, '旨'는 두 번째 燕나라 제후이다. 梁山에서 출토 된 일곱 가지 기물 중 ≪憲鼎≫과 ≪憲盉≫ 중의 '憲'과 ≪龢爵≫ 중의 '龢'는 모두 燕나라의 맏아들 이외의 아들들이다.)[25]

≪匽侯旨作父辛鼎≫ (≪殷周金文集成≫, 2269)

　'克'이라는 이름이 다른 고문헌에 안 보이기 때문에 '大保'가 第一代 燕侯인가, '克'이 第一代 燕侯인가에 대한 의견이 분분하다. 唐 司馬貞 ≪史記 · 魯世家 · 索隱≫과 ≪燕召公世家 · 索隱≫은 각각 "周公의 큰 아들은 魯나라에 봉하고, 둘째 아들은 왕실에 남아 周公을 돕도록 하였다"[26]와 "武王은 北燕에 봉하였다. ……또한 큰 아들은 봉하고, 둘째 아들은 왕실에 남아 召公을 보좌하도록 하였다"[27]라는 내용으

25) 李學勤, ≪走出疑古時代≫(遼寧大學出版社, 1997年), 161쪽.
26) "周公元子就封于魯, 次子留相王室, 代爲周公."
27) "武王封之北燕……亦元子就封, 而次子留相王室, 代爲召公."

로 보아, 周公과 召公은 확실하게 처음으로 각각의 나라에 冊封을 받았고, 처음엔 그 지방에 이르러 실질적으로 다스렸다가 후에는 그의 아들이 제후로 다시 封해진 것으로 보인다.

《尙書·君奭序》의 "召公爲保, 周公爲師, 相成王左右"[28]와 《史記·燕召公世家》의 "周武王之滅紂, 封召公於北燕"[29]라는 내용으로 보아 '召公'은 周나라 武王 때 太保라는 대부의 관직을 지냈고, 연나라에 제후로 봉해졌음이 확실하다. 《匽侯旨作父辛鼎》의 "匽侯旨作父辛尊"[30] 중의 '父辛'은 大保 召公의 아들이고 旨의 부친인 '克'을 가리키는 것으로 보인다. 《詩經·召南·甘棠》에서 "召伯所茇"[31]·"召伯所憩"[32]·"召伯所說"[33]와 같이 '召伯'으로만 쓰고, '召伯父辛'으로 쓰지 않고 있으며, 관직명 다음에 日名을 쓰지 않는 것으로 보아, '召伯'과 '父辛'은 두 사람 즉 太保 召公과 父辛 克을 가리키는 것으로 보인다. 《詩經·召南·甘棠》은 召伯의 공로를 치하한 작품으로 내용 중 召伯 역시 소공을 가리키는 것이 아닌가 한다.

金學主 譯註의 《詩經》은 《詩經·召南·甘棠》의 '召伯'에 대하여 《詩經釋義》을 인용하여 "소백을 옛날에는 召公 奭이라고 보았으나 앞의 召南을 해설할 때 언급한 것처럼 召穆公 虎로 봄이 좋다. 옛날 경적에서 召伯 虎는 가끔 공이라 부르기도 하였으나, 召公 奭은 '伯'이라고 부른 일이 없다. 召伯은 또 小雅 黍苗편과 大雅 崧高에도 보이는데 모두가 召虎를 가리킨다. 그리고 大雅 江漢편을 보면 虎에 대하여는

---

28) "召公은 太保와 周公은 太師라는 大夫의 관직으로 成王을 左右에서 보필하였다."
29) "周나라 武王은 紂를 멸한 후 召公을 北燕에 봉하였다."
30) "연나라 제후 旨는 父辛에게 제사 드릴 때 사용할 尊器를 만들다."
31) "소백이 멈춘 곳이네."
32) "소백이 쉰 곳이네."
33) "소백이 머문 곳이네."

召虎, 奭에 대해여는 召公이라 하여 분명히 구별을 하고 있다. 옛날에
는 이 시를 召公 奭을 기린 것이라 보았으나 옳지 않다"라 하였다.[34]
지하에서 출토된 ≪上海博物館藏戰國楚竹書(一)≫의 ≪孔子詩論≫
(제10, 13-15, 24간)은 ≪甘棠≫의 '召伯'을 '召公'으로 쓰고 있다.

  ≪甘棠≫之襃(10), ≪甘□≫(13), 及其人, 敬愛其樹, 其保厚矣. ≪甘棠≫
  之愛, 以邵公(15), 吾以 ≪甘棠≫得宗廟之敬. 民性固然, 甚貴其人, 必敬
  其位, 悅其人, 必好其所爲. 惡其人者亦然.(24)
  (≪甘棠≫은 稱頌에 관한 내용이고, ≪甘棠≫은 그 사람을 생각하여
  그 사람과 관계가 있는 나무를 경애하는데, 어찌 그 보답이 도탑지 않겠
  는가! 甘棠에게 애정을 가지는 것은 召公을 사모하고 있기 때문이다.)[35]

  ≪孔子詩論≫의 제15간은 ≪詩經≫의 '召伯'을 「(邵公)」으
로 쓴다. '邵公'은 즉 '召公'이다.[36] ≪上博楚簡≫의 ≪孔子詩論≫은
≪詩經≫에 관한 현재까지 발견된 자료 중 가장 이른 시기의 詩經學
자료이다. 이 ≪孔子詩論≫을 통하여 ≪詩經≫의 가장 초기적인 상
태의 文句·篇名이나 순서 등을 연구할 수 있다. 따라서 ≪詩經≫의
'召伯'은 '召公'으로 '召公 奭을 가리킨다고 할 수 있다.

  召公은 太保, 周公은 太師로 周 武王이 죽은 후에 長老者의 신분으
로 周나라 成王을 보필하였다. 周公은 지금의 河南 陝縣의 동쪽 지방
을 다스렸고, 召公은 陝縣의 서쪽 지방을 다스렸다.

  따라서 본 기물을 ≪克罍≫·≪克盉≫라고 부르는 것이 적절하겠다.

---

34) 金學主 譯註, ≪詩經≫, 明文堂(增補重版), 1997年, 56쪽.
35) 馬承源 主編, 崔南圭 譯註, ≪상해박물관장전국초죽서·공자시론≫, 소명출
   판사(2012), 134, 163, 213쪽 참고.
36) 李零, ≪上博楚簡三篇校讀記≫, 中國人民出版社, 2007年, 18쪽 참고.

三 銘文 考釋

≪克罍≫와 ≪克盉≫의 銘文 탁본과 器物은 ≪近出西周金文集釋≫ (周寶宏, 天津古籍出版社, 2005年10月)을 참고하기로 한다. 본 명문에 대한 예정과 해석에 대하여 매우 다양한 의견이 제시되고 있었다. 주요 참고 자료는 아래와 같다.

李仲操, 〈燕侯克罍盉銘文簡釋〉, ≪考古與文物≫, 1997年01期
殷瑋璋, 〈新出土的太保銅器及其相關問題〉, ≪考古≫, 1990年01期
陳平, 〈克罍克盉銘文及其有關問題〉, ≪考古≫, 1991年09期
方述鑫, 〈太保罍盉銘文考釋〉, ≪考古與文物≫, 1992年06期
張亞初, 〈太保罍盉銘文的再探討〉, ≪考古≫, 1993年01期
陳平, 〈再論克罍克盉銘文及其有關問題-兼答張亞初同志〉, ≪考古與文
    物≫, 1995年01期
中國社科院考古所 · 北京市文物研究所琉璃河考古隊, 〈北京琉璃河1193
    號大墓發掘簡報〉, ≪考古≫, 1990年01期
王輝, ≪商周金文≫, 文物出版社, 2006年.
金文今譯類檢編寫組, ≪金文今譯類檢≫, 廣西敎育出版社, 2003年.
李學勤, ≪走出疑古時代≫, 〈第三篇 新近考古發現, 四 克罍克盉的幾
    個問題〉, 遼寧大學出版社, 1997年.

銘文은 罍의 器와 蓋, 盉의 器와 蓋에 각각 43字 동일한 내용의 명문이 있다. 銘文은 동일한 자이나 형태는 약간씩 다르다. 문장의 行款(글자의 배열과 행간의 형식)은 ≪克罍≫의 蓋銘을 기본 자료로 하였다.

① '王曰大僳(保)'

'大保'는 관명이고, 召公 奭이라고 일반적으로 주장하나, '王'은 武王인지 아니면 成王인지에 대해서는 아직도 의견이 분분하다.

召公奭은 武王에서 康王때까지 살았다. '王'을 張亞初·方述鑫과 劉啓益[37]은 武王이라고 주장하고, 殷瑋璋과 曹淑琴[38]은 武王과 成王 시기를 가리킨다하고, 陳公柔·孫華·任偉[39]·周鳳瀚은 成王이라고 주장하고 있다. 그러나 《尙書·君奭·序》의 "召公爲保, 周公爲師, 相成王爲左右"·《史記·燕召公世家》의 "周武王之滅紂, 封召公于北燕, 其在成王時, 召公爲三公"와[40] 武王이 상나라를 멸한 후 얼마 되지 않아 죽었기 때문에, 召公이 武王 때 燕國에 봉해졌지만, 大保라는 官職 수행은 成王 때로 보는 것이 옳다. 따라서 '王'은 成王을 가리킨다.

'大保'는 '太保'라는 관명이며, 成王 시기의 召公 奭을 가리킨다. 《史記·周本紀》에 "成王은 召公을 保로 임명하고, 周公을 師로 임명하여 동쪽으로 淮夷를 토벌하고 奄國을 殲滅시키고, 이 국왕들을 薄姑로 이동시켰다"[41]라는 내용이 있다. 《叔簋》에도 '大保'의 관직명이 보인다.

'〔圖〕'자는 편방 '王'과 '保'로 이루어진 자이다. 혹은 편방 '人'과 '呆'를 써서 '〔圖〕'(《大保簋》)로 쓰거나, '王' 대신에 '爪'를 추가하여 '〔圖〕'(《中山王䚦鼎》)로 쓴다.[42]

---

37) 劉啓益, 《琉璃河新出太保二器瑣記》. 周寶宏, 《近出西周金文集釋》(2005), 17쪽 재 인용.

38) 曹淑琴, 《周初太保器綜合硏究》. 周寶宏, 《近出西周金文集釋》(2005), 18쪽 재 인용.

39) 任偉, 《西周封國考疑》(2004年)

40) "周 武王이 紂를 멸하고 召公을 北燕에 봉했으며, 成王 때에 召公은 三公이라는 관직을 지냈다."'三公'은 '三司'라고 한다. 《尙書·周官》은 "立太師·太傅·太保. 玆惟三公, 論道經邦, 燮理陰陽, 官不必備, 惟其人.(太師·太傅와 太保를 세웠는데, 이가 곧 三公이다. 이들은 도에 따라 나라를 다스려야 하고, 음양을 조화시켜 다스려야 한다. 관직은 반드시 갖추지 않아도 되나 그 일을 할 사람은 반드시 있어야 한다"라 했다.

41) "召公爲保, 周公爲師, 東伐淮夷, 殘奄, 遷其君薄姑."

大保 召公奭은 周 武王 때 燕國에 봉해졌고, 成王 때 大保를 지냈
으나, 召公이 第一代 燕侯인지에 대해서는 의견이 분분하다.

殷瑋璋·張亞初·方述鑫 등은 ≪太保篹≫43)와 ≪小臣攎鼎≫44) 등
의 명문을 참고하여, 召公은 燕侯에 봉해진 후 燕나라에 가서 직접
연나라를 다스렸다고 하였다. 裴錫圭는 ≪小臣攎鼎≫의 세 번째 글
자 '(建)'자를 '建'으로 해석하고 "周나라 때, 北燕으로 처음 봉해질
때, 실질적으로 큰 아들이 燕侯가 되지만, 초기에는 召公이 직접 왕림
하여 국가의 건국 대사를 세웠다"45)라 했고, 方述鑫은 '封'자로 해석
하였다.46) 그러나 唐蘭은 '(敵)'자를 '饋(餽)'의 의미로 해석하고, '饋燕'
을 즉 소공이 연나라에게 하사품을 내리는 것으로 이해하였다.47)

陳平·任偉 등은 周 成王이 召公을 책봉하였지만, 주나라가 건국된
지 얼마 되지 않아 老年의 武王과 어린 成王을 도와야 했기 때문에

---

42) ≪金文篇≫, '1309 ', 556쪽 참고.
43) 山東省 梁山縣 馬營鄉 吳垓村 梁山에서 발견된 梁山 七器 중의 하나. 기물은
Freer Gallery of Art and Arthur M. Sackler Gallery, Washington, D.C, USA에 소장
되어 있다. 명문은 "王伐彔子聖, 馭厥反. 王 / 降征令于大保, 大保克 / 敬亡譴.
王(侃)大保, 賜休 / 余土, 用茲彝對令"(왕이 彔子聖을 정벌하다가 돌아왔다.
다시 大保에게 군대를 소집하여 정벌하도록 명령하자 大保는 기꺼이 어김없
이 임무를 훌륭하게 완수하였다. 周王은 大保의 공로를 대로로 치하하고 余
地의 좋은 땅을 大保에게 하사하였다. 이에 大保는 이 궤를 만들어 왕의 은덕
을 기념하고자 한다)이다.(≪三代吉文存≫ 8.40.1)(≪殷周金文集成≫, 4140)
釋文은 ≪殷周金文集成≫ 第3卷 292쪽 참고. '馭'자를 혹은 '方國'으로 해석하
기도 한다. 唐蘭은 ≪西周靑銅器銘文分代史徵≫에서 이 기물을 ≪余篹≫라
칭하고, '余地'는 '나의 땅'으로 해석하였다.(80쪽)
44) "召公建匽, 休 / 于小臣攎貝五朋, / 用作寶尊彝."(2556A, 22556은 ≪斷代≫의
摹本) 석문은 ≪殷周金文集成釋文≫(267쪽)을 참고.
45) "周代初封北燕時, 雖然實際上由召公的元子當燕侯, 但是初封之際, 召公確曾親
自蒞燕, 按排建國大事."
46) 裴錫圭, ≪釋建≫, ≪近出西周金文集釋≫(周寶宏), 19쪽 재인용.
47) 唐蘭, ≪西周靑銅器銘文分代史徵≫, 94쪽 참고.

사실상 第一代 燕國의 제후는 소공의 아들라고 하였다.

召公奭雖曾在武王時名義上受封作了北燕侯, 但武王時他及其子可能均
實際就封, 實際就封可能在成王初期. ……那麼, 銘中太保一語本身就帶有
極爲鮮明的時代特徵, 他表明該器銘中之時王只能是成王, 燕國君侯的實
際初封早不過成王時期.

召公奭은 비록 武王 때 명의상으로는 北燕侯로 책봉되었지만, 武王
때는 사실상 그나 그의 아들이 燕國에 봉해지지 않고, 실질적으로 成王
때나 봉해졌을 것이다. ……그렇다면 명문 중의 '太保'라는 관직 명칭이
시대적 특징을 말해 주고 있기 때문에, 이 기물 중의 '王'은 成王이라는
것을 확실하게 설명해주고 있다. 따라서 燕國의 諸侯는 실질적으로 빨라
야 成王 때에 봉해졌다.(陳平)

召公在武王之世還不爲太保, 至成王卽位後方得稱太保. 故把克之銘文
中'王曰大保'之王定爲成王, 方合于成王之世開始拓殿北土的歷史事實.

召公은 武王 때는 아직 太保가 아니었고, 成王이 직위하고 나서야 太
保가 되었다. 그래서 '克'의 銘文 '王曰大保' 중 王은 확실히 成王이다. 그
래야 成王 때 북벌한 사실과 맞다.(任偉)

武王과 成王 시기의 역사적 사실로 보아 '王'은 成王이고, '太保'는
成王 때 召公의 관직이며, 武王 때 燕國에 책봉되었으나 召公이 직접
가서 燕지방을 다스리지 않고, 그의 아들 중의 한 명이 부친을 대신
하여 燕國을 다스린 것으로 보인다. 李學勤은 '召公'은 "召公은 장수
한 사람으로 알려져 있다. 현행본≪紀年≫는 康王 24年에 세상을 떴
다 했다"고 하였다.[48]

---

48) "召公以老壽著稱. 今本 ≪紀年≫說他卒于康王二十四年." 李學勤, ≪克罍克盉
的幾個問題≫.

② '隹乃明乃鬯𪔂于乃辟'

'隹'자는 금문에서 일반적으로 '惟'와 '唯'와 통하며 발어사로 쓰인다. ≪克罍≫의 器銘은 ' '로 蓋銘은 ' '로, ≪克盉≫의 蓋銘文은 ' '로 腹銘文은 ' '로 쓴다. 형태상 약간의 차이가 있다.

"隹乃明乃鬯𪔂于乃辟"의 내용에 대한 명문의 해석은 학자마다 의견이 분분하다. 王輝·杜迺松과 李學勤[49] 등은 "隹乃明乃鬯, 𪔂于乃辟"으로 읽으나, 劉雨[50]·殷瑋璋 등은 "隹乃明, 乃鬯𪔂于乃辟"으로 이해한다. 이외에도 '乃'를 代詞로 보거나, '明'자는 '盟祭'로 보거나, '鬯'을 '心'자로 해석하는 등 차이를 보이고 있다.

먼저, "隹乃明乃鬯"의 구절 중 일반적으로 '鬯'으로 예정하는 ' '(≪克罍≫蓋銘)· ' '(≪克罍≫器銘)· ' '(≪克盉≫蓋銘)· ' '(≪克盉≫腹銘)자를 李學勤은 '心'자로 해석하고, 첫 번째 '乃'자가 主語 '你'이고, 두 번째 '乃'자는 定語의 '你的'로 해석하였다. 劉桓·周鳳瀚·李仲操·任偉·裘錫圭 등도 이와 같이 해석하였다. 李仲操는 "隹乃明乃心"을 "오직 너만이 나의 마음을 헤아리다"[51]의 뜻이라 하였다. 그러나 ≪克罍盉≫의 이 銘文 자형은 '鬯'자에 가깝지 '心'자와는 거리가 멀다. ≪金文篇≫ 중의 금문 '鬯'자와 '心'자는 아래와 같다.[52]

---

49) 王輝의 ≪商周金文≫. 杜迺松의 ≪克罍克盉銘文新釋≫, 李學勤의 ≪克罍克盉的幾個問題≫ 등 참고.
50) 劉雨의 ≪燕侯克罍盉銘考≫, 殷瑋璋의 ≪新出土的太保銅器及其相關問題≫ 참고.
51) "是唯獨你心明審."
52) ≪金文篇≫, '0830 ', 355쪽, '1710 ', 712쪽 참고.

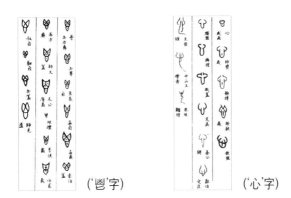

('巤'字)   ('心'字)

　《金文篇》에서 나열한 금문의 '巤'자와 '心'자는 형태상 윗부분이 다르다. 李學勤 등은 《克罍盉》의 형태가 '心'자의 변형이라고 주장하고 있지만, 모두 '巤'의 기본적인 형태를 갖추고 있어 '心'자로 이해하기는 어렵다. 따라서 본 구절은 '隹乃明乃巤'으로 이해하여야 옳다.

　'乃'자를 代詞, 語助詞, '始初'53) 등으로 해석한다. 王輝는 "《爾雅·釋詁》에 따르면 '乃'는 '너(汝)'의 의미이다. 첫 번째 '乃'는 主語로 쓰이고, 두 번째 '乃'자는 定語의 용법인 '너의'라고 해석하여야 한다"라하고,54) 陳平은 "과거를 암시하는 실질적 의미가 없는 語頭 助詞이다"라 했다.55) '乃巤'이 앞 구절에 해당되는지 혹은 뒤 '享于乃辟'의 구절과 연결하여 이해해야 하는지의 문제와 관계가 있지만, 두 개의 '乃'자를 연속해서 쓰고 있고, '明(盟)'과 '巤'자의 품사가 유사하기 때문에 '乃x'의 형식으로 된 병렬적 구조가 아닌가 한다. 그래서 張亞初

---

53) 趙光賢은 《關于琉璃河1193號周墓的幾個問題》에서 첫 번째 '乃'는 '始初'의 의미이고, 두 번째는 定語 '你'의 용법이라 하였다.

54) "乃, 《爾雅·釋詁》: '汝也.' 第一個乃字作主語, 第二個乃字作定語, 當你的講." 王輝, 《商周金文》, 48쪽.

55) "作沒有實際意義而隱含表示對過時態的語首助詞." 陳平, 《克罍克盉銘文及其有關問題》.

는 "'惟乃明乃鬯' 중 '明'과 '鬯'자는 동일하거나 비슷한 의미를 지닌 낱말일 것이다. '鬯'은 향기가 신까지 미쳐 降神토록 하는 제사에 사용하는 향기 나는 술이다. 본 명문에서는 '鬯酒'로 조상께 제사 드리는 것으로 '明'자와 같은 개념으로 쓰이고 있다. ……따라서 '盟'으로 해석하는 것이 가장 합리적일 것이다"라 했다.[56] '明'자를 '盟'으로 해석하는 것 이외에 동사인 '敬明'으로 해석하고, '鬯'자를 '鬯祭' 이외에 '暢'의 의미로 해석하기도 한다.[57]

王引之 ≪經典釋詞≫는 "'乃는 '是'의 의미이다"[58]라 했다. ≪左傳·宣公四年≫에서 "是乃狼也, 其可畜乎?"[59] 중 '乃'자는 '이다'의 의미로 쓰인다. 본 명문 중의 '乃'는 뒤의 명사가 동사적 역할을 할 수 있도록 도와주는 助詞가 아닌가 한다.

따라서 '乃'는 조사, '明'은 '盟'의 가차자로 '盟祭', '鬯'은 '鬯祭'로 해석할 수 있다. 張亞初는 '盟祭'에 대하여 "盟祭는 生者가 선조에게 일을 알리거나 효도하는 마음을 가지고 조상께 올리는 제사"[60]라 했다. ≪易·萃≫의 "王假有廟"[61]에 대하여 ≪象傳≫은 "王假有廟, 致孝享也"[62]라 하고, ≪詩經·小雅·天保≫의 "吉蠲爲饎, 是用孝享"[63] 구절에 대하여 孔穎達은 "'享'은 '바치다'의 의미이며, 모든 것을 갖추고 난 다음 廟堂에 가서 차려놓고 효도하는 마음을 바치는 제사이다"[64]라

---

56) "'惟乃明乃鬯'之明和鬯, 必定是字意相近或相對的, 鬯是芳香條暢上達用以降神的香酒. 在這兩器銘文中, 它是指使用鬯酒祭祀祖先的祭祀. 與之相對的明字…… 比較合適的選擇只有盟字." 張亞初, ≪太保罍盉銘文的再探討≫
57) 殷瑋璋, ≪新出土的太保銅器及其相關問題≫.
58) "乃, 猶是也."
59) "이것은 이리인데, 기를 수 있을까?"
60) "盟祭應是生者對祖先告事和表明孝享之心的一種祭祀.."
61) "왕이 종묘에 가다."
62) "왕이 종묘에 가는 것은 정성을 다하여 제사를 지내다의 뜻이다."
63) "맛있고 청결한 음식을 마련하여 조상께 정성껏 제사지내네."

했다.

'盲于乃辟' 중의 '盲'자는 금문에서 宗廟를 형상화한 것으로 '奉獻 (받들어 모시다)'이나 혹은 '祭祀'의 의미로 쓰인다.[65] '乃辟'은 '乃'가 대사 '你'이며 '너의 군주' 즉 '왕인 나'로 풀이하여 '너의 군주인 나를 잘 받들어 모시다(보필하다)'로 이해하거나, '辟'을 조상으로 풀이하여 '너의 조상께 제사를 모시다'로 해석할 수 있다. 그러나 '辟'이 代詞로 쓰이는 경우 '天子諸侯君主'의 통칭으로 쓰이기 때문에[66] 전자의 해석이 옳다. 陳平은 ≪再論克罍克盉銘文及其有關問題≫에서 "克器 '享 于乃辟' 구절 중의 '乃辟'은 절대로 이미 고인이 된 先王을 가리키지 않는다. 명문 중에서 언급된 당시의 周王을 가리킨다. '乃辟' 중의 '享 (정성을 다하여 모시는 대상)' 역시 당시의 왕이라는 것이 확실하 다"[67]라 했다.

張亞初는 "惟乃明乃鬯盲于乃辟" 구절을 상하가 연결되는 내용으로 보고, "周王은 말했다. 太保야 너는 너의 군주를 도와 정성껏 盟祭와 鬯祭를 지내라"[68]라 해석하였다. 그러나 張亞初는 "乃辟"을 "已故祖 先"으로 보았고, "余大對, 乃盲(享)令(命)" 중의 '余'를 '太保'를 가리키 는 代詞로 보고, '乃盲(享)令(命)'을 "연국에 봉해지는 직무를 받들다" 라 했다.[69] 그러나 ≪書經·說命下≫의 "其爾克紹乃辟于先王, 永綏 民"[70] 구절 중에 '乃辟'은 '先王'과 서로 대응적인 개념으로 쓰여 '그대

---

64) "享, 獻也. 聚道旣全, 可以至於有廟設祭祀而致孝享也."
65) 陳初生, ≪金文常用字典≫, 593쪽 참고.
66) 陳初生, ≪金文常用字典≫, 867쪽 참고.
67) "克器銘中'享于乃辟'之'乃辟'絶非甚麼已故先王, 而只能是銘中的時王周王, 而 '乃辟'前的那個'享'其施用對象自然也就是生人時王無疑了."
68) "周王說: 太保, 你應該用盟祭和鬯祭來孝享你的君辟."
69) "接受就封燕國的職事." 張亞初, ≪太保罍盉銘文的再探討≫
70) "그대는 그대의 임금으로 하여금 선왕들의 뒤를 잇게 하여 영원토록 백성들

의 임금'의 뜻이기 때문에 '已故先祖'라는 주장은 옳지 않다.

③ '余大對乃盲(亨)'

'余'자를 張亞初는 '太保'를 가리키는 代詞로 보았으나, 대부분의 학자들은 당시의 '王'으로 보고 있다. 문맥의 전후로 볼 때, '亨'자가 이미 앞에서 출현하였고, 앞에서 언급한 大保가 행한 일련의 제사와 관련된 일들을 가리키기 때문에 '王'으로 해석하는 것이 옳다.

'對'자를 (≪克罍≫蓋銘)·(≪克罍≫器銘)·(≪克盉≫蓋銘)·(≪克盉≫腹銘)로 쓴다. ≪太保簋≫(≪集成≫4140)은 로 쓴다. ≪金文常用字典≫은 ≪大保簋≫의 이 글자에 대하여 "字符 '犬'은 자건 '又'와 형태가 비슷하기 때문에 변형된 것으로 보인다"71)라 하고, 금문에서는 '報答(보답하다)'·'稱頌(찬양하다)'의 의미로 쓰인다고 했다.72) ≪說文解字≫는 "字符 '丵'·'口'·'寸'으로 이루어진 회의자이다"73)라 하였다. 금문에서는 편방 '寸'을 '又'·'叉'·'邗'·'廾' 등으로 쓰는데,74) ≪克罍≫·≪克盉≫ 중 편방 '寸'에 해당되는 부분은 모두 '又(手)'의 변형으로 보인다.

≪廣雅·釋詁≫는 "'對'는 '對揚'하다의 의미"75)라 했다. '對揚'은 '對敭'으로도 쓰며, 金文에서 자주 보인다. ≪書經·說命下≫"敢對揚天子之休命"76)에 대하여 ≪孔傳≫은 "'對'는 '맞추어 보답하다'의 의미. 훌륭하신 명령에 맞추어 보답하고 발양하다"77)라 하였고, ≪大雅·

을 편안하게 하라."
71) "從犬, 疑犬與又形近而訛."
72) 陳初生, ≪金文常用字典≫, 272쪽 참고.
73) "從丵從口從寸."
74) ≪金文篇≫, '0396 𢔟', 155쪽 참고.
75) "對, 揚也."
76) "삼가 천자의 아름다운 명을 발양하도록 하다."

江漢≫ "虎拜稽首, 對揚王休, 作召公考, 天子萬壽"[78]에 대하여 朱熹≪集傳≫은 "穆公이 하사를 받고, 훌륭하신 天子의 명에 보답하고 칭송하고자 召康公의 宗廟에서 사용할 禮器를 만들었다. 이 禮器에 왕이 책명한 내용을 새겨 이를 실천에 옮기고자 바랐고 천자가 만수하기를 기원하였다"[79]라 했다. 여기에서 '休'는 훌륭한 '恩德'을 뜻한다.

'大'는 부사의 용법으로 '對'를 수식하고, �(對)'는 '揚'의 의미로 '찬양하다'의 뜻이다. '乃'는 본 구절에서 二人稱代詞로 太保 奭을 가리킨다.

따라서 陳平은 "'享于乃辟' 다음 바로 이어서 '余大對乃享'의 구절이 있다. 앞 '乃辟'은 뒤 '余'자와 서로 연계가 된다. ……'余大對乃享' 중의 '余'는 앞에서 언급된 周王 스스로를 말하고, '乃辟'과 같은 사람이다. 따라서 '享于乃辟'은 太保가 당시의 周王을 받들어 모신 것이다"라 했다.[80]

④ '令克侯于匽(燕)'

'克'자를 인명으로 해석하는 문제에 대해서는 器名에 관한 내용에서 이미 대략적으로 살펴보았다. '克'자를 인명이나 조동사 '能'의 의미로 풀이하지만 문장의 語序와 문장 형식으로 보아 조동사로 사용될 가능성은 적다. '克'은 '太保'의 아들로 추정된다. 비록 '克'이 제후

---

77) "對, 答也. 答受美命而称揚之."
78) "소호는 엎드려 머리 조아리고, 훌륭하신 천자를 찬양하였네. 召公을 추모하고 섬기며 天子의 만수를 비네."
79) "言穆公旣受賜, 遂答稱天子之美命, 作康公之廟器, 而勒策王命之辭以考其成, 且祝天子以萬壽也."
80) "'享于乃辟'緊接'余大對乃享'爲句, 前句之'乃辟'與後句的'余'首尾相銜, 理當是同一人……我認爲, 克器銘中'余大對乃享'之'余', 應是銘首周王的自稱之辭. 而與'余'本爲同一人的前之'乃辟', 自當亦是銘首之周王, '享于乃辟', 自當是太保享于時王." 陳平, ≪克罍克盉銘文及其有關問題≫

로 책봉된 기록이 보이지 않지만, ≪史記·燕世家≫"周나라 武王은 紂의 나라를 멸하고, 召公을 北燕에 봉하였다"81)의 내용으로 보아, '召公'은 武王 때 책봉되었으나, 직접 燕國에 가지 않고 왕실에 남아 周公과 함께 武王과 成王을 보필했고, 成王 때에 그의 아들 '克'이 책 봉된 것으로 보인다.

　杜迺松은 "만약에 '克'자를 人名으로 해석하지 않고 助動詞로 해석 한다면, 금문에서 이와 같거나 유사한 형식의 실례를 찾아보기 힘들 다. 만약에 '克'자를 조동사로 해석한다면 그 앞에 있는 '令'자를 앞 문 장의 일부로 보아야 한다. 즉 張亞初가 주장한 것처럼 '乃享令(命), 克 侯于燕'으로 읽어야 한다. 그렇지 않다면 語法的으로 통하지 않는다" 라 하고,82) 趙光賢은 "殷瑋璋은 '한 銘文 중에 포상을 받는 사람(太保) 과 封을 받는 사람(克)이 동시에 출현하는 금문의 실례를 아직 찾지 못했다. 또한 文獻 중에 太保의 아들 克이 燕侯로 봉해졌다는 내용도 보이지 않는다'라 했다. 그러나 이러한 주장을 설득력이 없다. 古文獻 중에 그 이름이 보이지 않지만 金文 중에는 보이는 경우가 종종 있 다. 예를 들어 周公의 아들 '明保'는 ≪令簋≫와 ≪作冊䚢卣≫에 보이 지만 다른 고문헌에 보이지 않는다. 그렇다고 해서 이를 부정할 수는 없을 것이다. 또한 '우리는 금문의 많은 증거들을 통하여 西周 초기의 克器 중의 克이 이 청동기를 제작한 사람이라는 직접적인 증거를 찾 을 수 없다'라고 했는데, 만약에 이러한 주장이 옳다면 ≪大·小盂鼎≫ 중의 '盂'는 부정되어야 한다. 왜냐하면 康王 시기의 문헌이나 기타

81) "周武王之滅紂, 封召公于北燕."
82) "假如克不作人名而作助動詞, 在金文中很難尋出與此類相同或相近的文例. 如 果將這個克字看作助動詞, 除非將克字前的'令'字歸入上句, 讀作乃享令(命), 克侯于燕(如張亞初先生斷句), 否則在語法上是說不通的." 杜迺松, ≪克罍克盉 銘文新釋≫.

다른 문헌 중에서 '盉'를 증명할 수 있는 증거를 찾을 수 없기 때문이다'라 하고,83) 任偉는 "'令'과 '侯'는 모두 動詞이다. 두 동사 사이의 '克'은 名詞임에 틀림없다. ……克器 중에 두 개의 '克'자가 있는데, 만약에 '令(命)克侯于燕' 중의 '克'자를 助動詞로 이해한다면 두 번째 '克'자를 해석하기가 쉽지 않다'라 했다.84)

李學勤은 두 번째 '克'자를 "'克宅匽' 중의 '克'자는 主語의 용법으로 쓰였다는 것을 확실히 알 수 있다'라 했다.85)

⑤ '旃羌狸馭雪馭微'

'旃'자를 '□'(≪克罍≫蓋銘)·'□'(≪克盉≫蓋銘)·'□'(≪克盉≫腹銘)로 쓴다. ≪克罍≫器銘은 잘 보이지 않는다. '旃'자를 ≪矢令方尊≫과 ≪矢令方彝≫에서는 '□'로 쓰고 있다. 이 자를 ≪兩周金文辭大系圖錄考釋≫(郭沫若)은 '旃'로 예정하고 '事'의 의미로 풀이하고 있다. 唐蘭도 ≪西周靑銅器銘文分代史徵≫에서 '事'로 예정하고 있다. '□'자는 '□'자 중의 아래 부분을 생략하여 쓴 형태다. ≪金文篇≫은 '事

---

83) "殷(殷瑋璋)文說'作爲一篇銘文來說, 受襃獎的是一個(太保), 受封的是另一個人(克), 這在金文中尙未見到過. 另外, 在文獻中從未見到太保之子中有名克者就封燕侯之事.' 這個論點恐難成立. 古文獻中無其名, 而金文中發現, 這是常事, 例如明保是人名, 是周公之子, 見于 ≪令簋≫≪作冊□卣≫, 不能因其未見于古書中卽否認其人的存在. 又說'我們從大量有銘文銅器中尋找這方面的傍證, 可以定在周初的克器, 沒有直接證據可以證明它們的作器者就是這篇銘文的克.' 如果這種考證方法可以成立的話, 那麼大小盂鼎的盂也可以被否認了, 因爲在康王時的文獻或其他金文中找不到'直接證據'來證明盂的人." 趙光賢, ≪關于琉璃河1193號周墓的幾個問題≫.
84) "'令'和'侯'都應是動詞, 而介于兩個動詞之間的'克'卽必是名詞……克器銘文中有兩個克字, 如果令(命)克侯于燕之'克'理解爲助動詞的話, 卽第二個克字就不容易解釋通." 任偉, ≪西周封國考疑≫.
85) "'克宅匽'句, '克'是主語, 是很淸楚的." 李學勤, ≪克罍克盉的幾個問題≫.

('使‧'史')'자와[86] '㫃'를 구별하여 '1112 㫃'에 ≪元年師㫃簋≫의 '🔶'‧
'🔶'‧'🔶'와 ≪五年師㫃簋≫의 '🔶'를 나열하고 있다.[87]

孫華는 ≪匽侯克器銘文淺見≫에서 '🔶'자는 편방 '㫃'과 '中'('中'亦
聲)으로 이루어진 '中'의 繁體字로 보고 '소집하다(招集)'‧'통솔하다
(統領)'의 의미이며 전체적으로 "召集統領姜等方國部落"이라 하였다.
그러나 西周 金文 중에서 편방 '㫃'으로 이루어진 자들은 자건이 각각
독립적으로 분리된 형태로 되어 있다. 예를 들어, '旅'자를 '🔶'(≪易鼎≫)
로,[88] '旋'자를 '🔶'(≪召卣≫)으로[89], '族'은 '🔶'(≪明公簋≫)[90]으로 쓴
다. 그러나 ≪令尊≫의 '🔶'나 ≪克罍≫의 '🔶'는 한 형체로 되어 있고,
편방 '㫃'과 '中'을 분리하여 쓰지 않는다. 그래서 徐中舒의 ≪漢語古
文字字形表≫는 ≪令彝≫의 '🔶'자를 '事'자로 본다. 갑골문은 '🔶'‧'🔶'
로 쓴다.[91] 劉桓은 ≪關于琉璃河新出太保二器的考釋≫에서 ≪克罍
盉≫의 '🔶'자는 '史'자이며 "古文字에서 '史'자를 초기엔 편방 '㫃'을 썼
다.(예를 들어 殷代 ≪小子𤔲簋≫가 있다). 후에 이를 생략하여 '🔶'
(방패의 모양)의 형태로 썼다. 甲骨文에서는 '史'자를 일반적으로 '🔶'
로 쓰고, '🔶'로 쓰기도 한다. 따라서 '㫃'자 즉 '史'자는 초기 고문자
형태에서 편방 '又'를 생략하여 썼다. 본 명문에서는 '使'로 쓰인다"[92]
라 했다. 徐中舒의 ≪漢語古文字字形表≫는 '史'와 '事'자를 구별하여

---

86) ≪金文篇≫, '0472 🔶', 198쪽 참고.
87) ≪金文篇≫, '1112 㫃', 471쪽 참고.
88) ≪金文篇≫, '1108 🔶', 464쪽 참고.
89) ≪金文篇≫, '1105 🔶', 464쪽 참고.
90) ≪金文篇≫, '1109 🔶', 470쪽 참고.
91) 徐中舒 主編, ≪漢語古文字字形表≫, 115쪽 참고.
92) "因爲古文字中'史'字最初從㫃(殷代 ≪小子𤔲簋≫), 後省略作🔶 (象干盾形), 在
甲骨文中'史'字多作🔶, 偶爾省作🔶, 故㫃卽史字較古寫法而省去'又', 此當讀爲
使."

윗부분에 방패의 가지 형태가 없으면 '史'자이고, 방패 모양이 있으면
'事'자로 보고 있다. 즉 갑골문의 '𣎆'와 ≪毛公鼎≫의 '𩰊'자는 '史'자이
고,93) ≪頌鼎≫의 '𩰊'자는 '事'자로 보고 있다. 그러나 금문에서 '史'·
'使'·'事'자는 구별없이 쓰이기 때문에 구별이 쉽지 않다. ≪金文常用
字典≫ 역시 '史'와 '事'를 구별하여 쓰고 있지만,94) 그 용법은 사실상
구별이 없다. 따라서 ≪金文篇≫은 '0472 事'에서 ≪叔卣≫의 '𩰊'자 아
래에서 "與史使爲一字.('事'·'史'·'使'는 금문에서 같은 자이다"라 했
다.95) 이에 ≪克罍盉≫의 '𩰊'자를 '事'자로 예정할 수 있다.

劉雨는 이 자를 '剤'의 의미로 해석하여 "燕侯 克이 부임하기 전에
가축을 잡아 신께 제사드리는 路祭이다"라 했다.96) 그러나 이미 앞에
서 제사에 대한 내용이 언급되었고, 뒤는 방국에 대한 내용이기 때문
에 '祭名'으로 쓰일 가능성이 적으며, 이와 관련된 증거자료가 없다.

殷瑋璋은 '事'를 方國名으로 해석하고 "周나라 왕이 燕侯로 봉한 후
에 백성과 강토를 접수하는 내용이다. 몇몇 방국과 燕을 같이 언급한
것은 이들 나라를 周나라 국토의 일부로 편입하고, 大保 奭이 이들을
管轄하고 다스리도록 한 것이다"라 하고,97) "㫃羌狸馭雩馭微"와 그
뒤의 '克宦(宅)' 역시 '匽(燕)'과 함께 國名이나 氏族名이며, "入土眔厥
罰"는 "이 아홉 국가와 민족은 燕國과 함께 주나라 王國의 일부에 포
함시키며, 이들을 太保가 다스리고 관할하도록 한 것이다"라 했다.98)

<hr>

93) 徐中舒 主編, ≪漢語古文字字形表≫, 114쪽.
94) 陳初生, ≪金文常用字典≫, 337-338쪽.
95) ≪金文篇≫, 198쪽 참고.
96) "燕侯克赴封前殺生神祭道神." 劉雨, ≪燕侯克罍盉銘考≫.
97) "周王封燕侯授民授疆土의 內容. 記述這幾個國族與燕一起, 納入有周的版圖幷
有對大保奭去管轄和治理. 㫃字金文中多見, 有的指人名或國族名." 殷瑋璋, ≪北
京琉璃河出土西周有銘銅器座談紀要≫.
98) "九個國或族, 連同燕國一起均納入周王國的版圖, 幷由太保治理和管轄." 殷瑋

이러한 해석은 앞에 언급된 국명과 족명이 모두 主語이고, '入'을 이들의 謂語로 보는 해석방법이다. 그렇다면 이미 '侯于匽'이라 하여 '燕國'에 봉기에, '匽(燕)'을 다른 方國과 같이 언급할 필요가 있으며, 내용상 燕國에 봉한 후에 周王을 위해 앞으로 해야 할 일을 구체적으로 언급하기 때문에 '事'를 동사의 용법으로 해석하는 것이 문맥상 옳다.

李學勤 · 周鳳瀚 · 杜迺松 · 方迹鑫 등은 모두 '事'를 동사로 해석하여 "事, 使也 · 管理的意思.('事'는 '使'의 뜻이다 · '관리하다'의 뜻")[99]이라 했다.

'🦌(羌)'은 금문에서 人名이나 國名 혹은 族名으로 쓰인다. 본 명문에서는 국명으로 쓰이고 있다. 갑골문은 '姜方'이라 한다.

'🦌(夔)'(≪克罍≫蓋銘) · '🦌'(≪克罍≫器銘) · '🦌'(≪克盉≫蓋銘) · '🦌'(≪克盉≫腹銘)자는 '兎' · '馬' · '貍' · '豸' · '頁' · '佗'로 예정하는 등 의견이 분분하다. 그러나 '方國名이라는 의견은 일치한다. 張亞初는 ≪太保罍 · 盉銘文的再探討≫에서 ≪🦌尊≫의 '🦌'자를 참고하여 "'貍(삵리, lí)'자는 본래 상형자인데 후에 음성이 '里'인 형성자로 변하였다"라 했다.[100] 李孝定은 ≪金文詁林附錄≫에서 丁佛言과 高田忠周가 '貍'자로 해석하는 것을 찬성하며 "두 학자의 '貍'자 주장은 따를 만하다"라 했다.[101] 張亞初는 '貍國'은 지금의 河北省 任丘縣에 위치하며 燕國과 齊國의 이웃나라였고, 본래는 燕國에 속했으나 후에 齊나라에 귀속되었다가 또 다시 趙나라에 귀속되었다고 했다.[102]

璋, ≪新出土的太保銅器及其相關問題≫.

99) 李仲操, ≪燕侯克罍盉銘考≫.

100) "貍字由象形字演變爲從里聲的形聲字." '🦌'자 ≪金文篇≫〈附錄下〉 '555', 1263쪽 참고.

101) "「二家釋貍可從." ≪金文詁林附錄≫, 周法高 等人 編著, 香港中文大學出版, 2385쪽 '3479' 참고.

'叡'字를 (≪克罍≫蓋銘)·(≪克罍≫器銘)·(≪克盉≫蓋銘)·(≪克盉≫腹銘)로 쓴다. 劉雨는 '叡'와 다음 자 '雩'자와 함께 "御와 微나라에 祖廟를 세우다"[103]로 해석하여 동사로 해석하였다.[104] 그러나 대부분의 학자는 方國名으로 보고 있다. 方述鑫은 "'叡'자는 殷나라 康丁과 乙辛 갑골문 중 叡 方國이다. 陳夢家는 姜方과 맞대고 있는 가까운 이웃나라라 했다"고 했다.[105]

'雩'자를 (≪克罍≫蓋銘)·(≪克罍≫器銘)·(≪克盉≫腹銘)·(≪克盉≫蓋銘)로 쓴다. 李學勤은 連詞의 의미로 해석하고,[106] 杜迺松은 '가다'의 의미인 '迌'의 뜻으로 해석하였다.[107] 그러나 王輝·陳平 등 대부분의 학자는 方國名으로 보고 있으나, 어느 지역에 해당되는 지역인지 확실히 알 수 없다.

≪左傳·定公四年≫은 "옛날에 武王은 商나라를 정벌하고 난 다음, 成王이 천하를 안정시켰으며, 밝은 덕이 있는 분을 봉하여 주나라의 울타리로 삼았다. 그래서 周公은 왕실을 도와 천하를 바르게 하였고, 주나라 왕실에서 가장 친한 사람이 되었다"[108]라 하고, 또한 "周公의 아들 魯公에게 큰수레 大路와 용이 그려진 깃발 大旂, 하나라 임금이 가지고 있던 玉璜, 封父(봉보)가 가지고 있던 활 繁弱, 殷나라가 다스렸던 여섯 민족인 條氏·徐氏·蕭氏·索氏·長勺氏와 尾勺氏를 나누

---

102) 張亞初, ≪燕國靑銅器銘文硏究≫.

103) "祖于御微."

104) 劉雨, ≪燕侯克罍盉銘考≫.

105) "叡, 殷康丁和乙辛卜辭有叡方, 陳夢家先生以爲其地望 "與姜方當相隣近." 方述鑫, ≪太保罍·盉銘文考釋≫.

106) 李學勤, ≪克罍克盉的幾個問題≫.

107) 杜迺松, ≪克罍克盉銘文新釋≫.

108) "昔武王克商, 成王定之, 選建明德, 以藩屏周. 故周公相王室以尹天下, 於周爲睦."

어 주었다. ……康叔에게는 大路 수레, 비단으로 만든 작은 깃발 少帛,
붉은 색 깃발 綪茷·깃털로 장식된 깃발 旃旌·악기 鐘 大呂와 殷나라
가 다스렸던 일곱 민족 陶氏·施氏·繁氏·錡氏·樊氏·饑氏·終葵氏를
나누어 주었고, 봉토의 한계를 정하고, ……唐叔에게는 수레 大路와
密須나라의 북, 갑옷 闕鞏, 악기 沽洗, 懷姓의 아홉 씨족, 다섯 관직의
장관을 나누어 주었다"109)라 하였듯이 成王이 여러 민족을 나누어 주
어 다스리도록 한 것으로 보아 ≪克罍≫≪克盉≫에서 나열된 '雺' 역
시 그중에 하나로 보인다. ≪左傳·僖公二十四年≫"邘·晉·應·韓,
武之穆也" 구절에 대하여 杜預는 "河內 野王縣의 서북쪽에 邘城이 있
다"110)라 하고 王國維는 "邘는 갑골문에서 '盂'이다"라 했다.111) 河內
野王縣은 지금의 河南省 沁陽縣 西万鎭 邘邰村 부근이다. '邘·盂·
'雺'는 음성부분이 모두 '于'이다.

'馭'자를 █(≪克罍≫蓋銘)·█(≪克盉≫腹銘)·█(≪克罍≫器銘)
·█(≪克盉≫蓋銘) 등으로 쓴다. '馭'는 '馬'와 '又'로 이루어진 자이
다. ≪說文解字≫는 '御'자의 古文을 '馭'로 쓴다했다. 甲骨文의 '御方'
을 陳夢家는 "험윤족의 하나이다"라 했다.112) ≪盂鼎≫은 █로 쓴
다.113)

'岂(微)'자를 █(≪克罍≫蓋銘)·█(≪克盉≫腹銘)·█(≪克罍≫

---

109) "分魯公以大路大旂, 夏后氏之璜, 封父之繁弱, 殷民六族條氏·徐氏·蕭氏·
　　索氏·長勺氏·尾勺氏. ……分康叔以大路, 少帛·綪茷·旃旌·大呂, 殷民七族
　　陶氏·施氏·繁氏·錡氏·樊氏·饑氏·終葵氏, 封畛土略, ……分唐叔以大路密
　　須之鼓, 闕鞏沽洗, 懷姓九宗, 職官五正."
110) "河內野王縣西北有邘城."
111) "應爲卜辭的盂." 方述鑫, ≪太保罍盉銘文考釋≫.
112) "獫狁族的一支." 方述鑫, ≪新出土的太保銅器及其相關問題≫.
113) ≪金文篇≫, '0275 █', 114쪽 참고.

器銘)·'⬚'(≪克盉≫蓋銘)로 쓴다. 금문 중 편방이 '屮'인 자로는 '㪔'자가 있다. '㪔'자를 ≪散盤≫은 '⬚'로, ≪衛盉≫는 '⬚'로, ≪牆盤≫은 '⬚'로 쓴다.[114] ≪牆盤≫에서 '㪔'자는 國名이고, 지금의 山西省 潞成縣 동북쪽에 해당된다.[115]

'㪔'자는 편방 '女'를 추가하여 '嫩'자로 쓰기도 한다. ≪廣韻≫은 '嫩'가 '美'자와 같은 자라 했고, ≪集韻≫은 "嫩는 '美'와 통한다"[116]라 하였다. '嫩'자는 '美'와 같은 자이고, '女'를 추가하여 '媄'로 쓰기도 한다. ≪周禮·地官≫의 "師氏掌以嫩詔王"[117] 중의 '嫩'자에 대하여 鄭玄은 '嫩'는 '美'자와 같다라 하였다. ≪說文解字≫는 '媄'자에 대하여 "色好也, 從女, 美聲"[118]라 하고, 段玉裁는 "'媄'자를 ≪周禮≫는 '嫩'자로 쓰는데, 이는 고문자이다"[119]라 했다. '美'·'微'·'屮'·'㪔'·'媄'·'嫩'·'媄'는 음과 의미가 같은 同源字이다. ≪郭店楚簡·緇衣≫의 '⬚(媺)'자를 ≪上博楚簡·緇衣≫는 '⬚(頵)'로 쓴다.[120] 음성이 같기 때문에 서로 통한다.

⑥ '克宅(宅)匽(燕)入土眔厥嗣'

'克'자를 조동사로 해석하기도 하나, 앞에서 이미 살펴보았듯이 太保의 子를 가리킨다.

≪克罍盉≫의 '宅(宅)'자를 '⬚'(≪克罍≫蓋銘)·'⬚'(≪克盉≫腹銘)·'⬚'(≪克罍≫器銘)·'⬚'(≪克盉≫蓋銘) 등으로 쓴다. ≪克罍≫蓋

---

114) ≪金文篇≫, '1333 ⬚', 564쪽 참고.
115) 陳初生, ≪金文常用字典≫, 774쪽.
116) "嫩, 通作美."
117) "사씨는 임금에게 좋은 일을 보고하는 일이 담당한다."
118) "'여인이 아름답다'의 의미. 의미부 '女'와 소리부 '美'로 이루어진 형성자."
119) "周禮作嫩, 蓋其古文."
120) ≪禮記本≫은 '賢'으로 쓴다. ≪禮記本≫은 "어진 이(賢)를 좋아함을 ≪緇衣篇≫과 같이 하라"했으나, 楚簡은 모두 '賢'자 대신 '美(좋은 일)'로 쓴다.

銘과 ≪克罍≫器銘은 편방 '止(足)'을 추가하여 쓰고 있다. 이 자에 대해서는 아직도 많은 학자들이 '不識字'121)라 하였다. 🔲'자는 혹은 ≪矢方彝≫의 '宙'자의 변형이 아닌가 한다.122) 唐蘭은 이 자가 '宁(쌓을 저, zhù, chǔ)'와 '除(섬돌 제, chú)'의 本字이며, '阼(층계 조, zuò)'자와 같은 자라 하였다.123) ≪說文解字≫는 '阼'자에 대하여 "중앙의 계단. 의미부 '自'와 소리부 '乍'로 이루어진 형성자"124)라 했다. 🔲'자의 가운데 부분이 계단과 비슷한 형상이다. 만약에 唐蘭의 주장이 틀리지 않다면, 계단이 있는 저택을 의미하며, 편방 '止(足)'을 추가한 것은 해당지역에 가서 거주한다는 의미를 표현한 것이다.

方述鑫은 🔲'자를 '宔'로 예정하고, 편방 '止'와 소리부 '巫(乑)'로 이루어진 자이며,125) '宅'자와 통하여 動詞 '건설하고 다스리다(營建)'의 뜻이라 하였다.126) 또한 '宅'자는 '宁'·'除'·'阼'자와 음이 통한다.

'入'자는 금문에서 '納(거둘 납, nà)'의 의미로 쓰인다. ≪頌鼎≫의 "頌拜(拜)頴首, 受令冊, 佩吕(以)出, 反(返)入(納)堇(瑾)章(璋)"127) 중의 '入'과 같은 의미이다. '入'은 '納'이고, "燕入(納)入土"는 '燕이 포함하고 있는 지방' 즉 왕으로부터 封地한 지역으로 앞에서 언급된 '羌'·'貍'·'敼'·'雩'·'馭'·'微'를 가리킨다.

'眔(tà)'자는 금문에서 連詞 '及'·'與'·'和'의 의미로 쓰인다.≪令方

---

121) "알 수 없는 자."
122) ≪金文篇≫, '1233 宔', 536쪽 참고.
123) 唐蘭, ≪西周靑銅器銘文分代史徵≫, 138쪽 참고.
124) "主階也. 從自乍聲."
125) '巫(乑)'의 음은 '是爲切'로 '垂(chuí)'와 같다.
126) 方述鑫, ≪太保罍盃銘文考釋≫.
127) "頌은 배알하고 머리를 조아리는 예를 행하고, 令書를 받은 다음, 이를 몸에 간직한 채 밖으로 나왔다가 다시 안으로 들어가 朝覲할 때 사용한 玉章을 받았다."

繹(矢令方繹)≫ "隹(唯)十月月吉癸未, 明公朝至于成周, 徣(徇)令舍三事令, 眔卿旅(士)寮(僚), 眔者(諸)尹, 眔里君, 眔百工. 眔者(諸)侯(侯), 庆(侯)田(甸)男, 舍三方令"[128] 중의 '眔'자 역시 連詞의 용법이다. 古文에서는 '暨'자의 의미와 같다. 《爾雅·釋詁》는 "暨, 與也"[129]라 했다.

《克罍》의 '㞢(厥)'자인 '□'·'□'을 쓰고, 《克盉》는 '又(有)'자인 '□'·'□'로 쓴다. 자가 서로 비슷한 형태이기 때문에 혼용하여 쓰게 된 것이다. '厥䚂'는 즉 '有司'로 '일을 전담하는 관리'다.[130] 《書經·立政》"惟有司之牧夫, 是訓用(毋)違"[131]와 《孟子·梁惠王》"吾有司死者三十三人, 而民莫之死也"[132] 중의 '有司'와 같다.

'䚂'자를 '□'·'□'·'□'·'□'자로 쓰며 '啚'와 소리부 '¬(司)'로 이루어진 형성자이다. 《金文篇》은 "《說文》은 '辭'자의 籀文을 편방 '司'를 써서 '嗣'로 쓰고, 經典에서는 일반적으로 '司'로 쓴다"[133]라 했다. 《師虎簋》는 '□'로, 《散盤》은 '□'로, 《兮甲盤》은 '□'로, 《盉鼎》은 '□'로 쓴다. 《金文編》은 '2375 □'에서 "《說文》는 '辭'자의 籀文를 편방 '司'인 '嗣'로 쓰고, 經典은 '司'로 쓴다"라 하였다.[134]

'□'자 등은 '□'자의 변형이다. 그러나 張亞初는 '□'자 등을 '敵'으로 예정하고 '亂'의 가차자로 쓰이며, '다스리다(治)'의 뜻으로 쓰인다하

---

128) "10월 길일인 癸未 날에 明公은 아침 일찍 成周에 도착하여 나아가 三吏의 명을 卿事의 僚員·百尹·里君과 百工 등에게 공포하고, 侯服·甸服과 男服을 포함한 諸侯에게는 四方의 명을 발포하였다."

129) "暨'는 '與'의 의미이다."

130) '有司'는 '官吏'이다. '有'는 '권리를 가지다', '司'는 '관리하다, 주관하다'로, '각각 전문적인 관리의 권리를 가지다'의 뜻에서 유래한 것이다.

131) "일을 전담하는 관리들이 법을 어기는 일이 없다."

132) "이번 전쟁에 나의 관리가 33명이 죽었음에도 백성들은 그를 위하여 목숨을 바치려 하지 않았다."

133) "說文篆文辭從司作嗣, 經典作司."

134) "說文籀文辭從司作嗣, 經典作司." 《金文篇》, '2375 □', 976쪽 참고.

였다. 그리고 또한 '亂'자는 이 기물 이전에는 보이지 않았던 자인데, "지금 이 자의 출현한 시기를 역사적으로 서주 초기로 앞당길 수 있다"라 하였다.[135] 그러나 실질적으로 '亂'자는 서주금문에서 아직 보이는 예가 없고, 형태적으로 일반적인 '辭'와 유사하며, 또한 "又辭(有司)"라는 관직명이 자주 쓰이기 때문에 張亞初의 주장은 믿기 어렵다.

---

135) "現在把它出現的歷史提早到了西周初年." 張亞初, 《太保罍盉銘文的再探討》, 周寶宏, 같은 책, 80쪽.

IV 《虢公盨》의 銘文 考釋

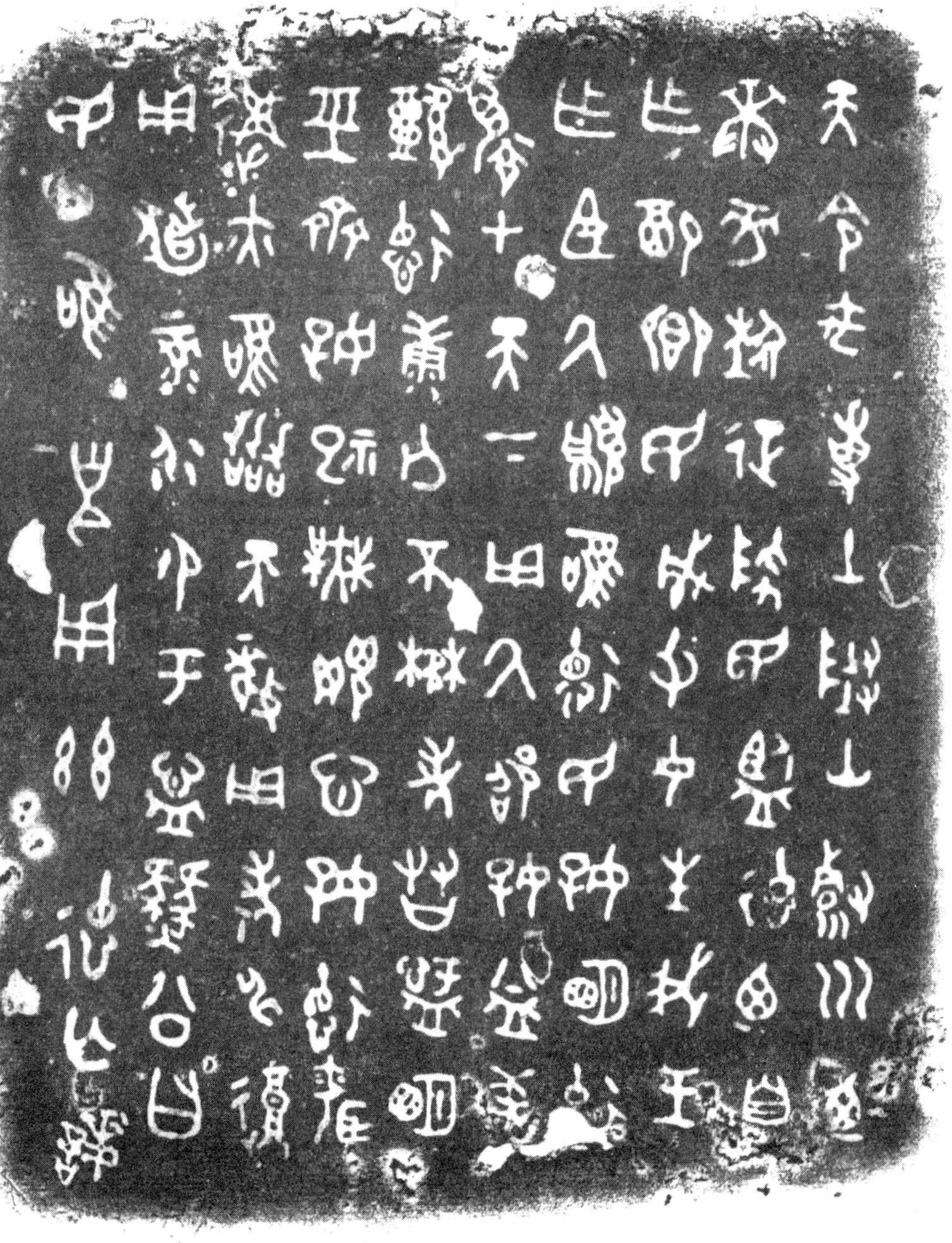

一 釋文과 해석

一) 釋文

天令(命)禹専(敷)土①, 隆(墮)山叡(濬)川②, 迺 (差)彖(地)埶(設)征③, 降民監德④, 迺自乍(作)配郷(饗)民⑤, 成父女(母), 生我王, 乍(作)臣⑥, 氒(厥)頯(沫)唯德⑦, 民好明德, 矗(顧)才(在)天下⑧. 用氒(厥)卲(紹)好⑨, 益 懿德⑩, 康亡不楙(懋)⑪, 考(孝)睿(友)⑫, 恧(訏)明巠(經)齊⑬, 好祀無毄⑭. 心好德, 睯(婚)遘(媾)亦唯協 (協)天⑮, 釐用老(孝)申(神)⑯, 復用猶(祓)彔(祿)⑰, 永服(孚)于甯(寧)⑱. 燹公⑲曰: 民 (又)唯克用茲德, 亡誨⑳.

二) 내용해석

하늘은 禹王으로 하여금 천하의 땅을 정리정돈하여 행정구역을 나누고, 산을 개간하고, 하천을 뚫어 물길이 잘 통하도록 하여, 각 지역의 토지 형편에 따라 각기 다른 賦稅를 거두어 들이도록 하였다. 하느님은 또한 인간이 세상에서 생활할 수 있게 하시고, 禹王으로 하여금 백성들의 덕행을 감독하도록 하였다. 이에 大禹는 스스로 백성과 함께 천명에 부합되는 삶을 향유하고, 큰 공을 끼치어 백성의 부모가 되었으며, 백성의 왕으로 군림하게 되었다. 또한 훌륭한 신하를 만들어 주시어, 그 신하는 백성에게 덕을 베푸는 것을 소중하게 생각하게 하였다. 이에 백성 또한 밝은 덕을 소중하게 여겨 천하에 덕이 충만하게 되었다. 이렇게 덕을 숭상하는 좋은 습성을 계승하고 그 덕을 완벽하게 하여, 온 나라는 안락하고 안정을 되찾지 않은 곳이 없게 되었으며, 근면성실하게 되었다. 이에 백성들은 부모에게는 효도하고, 형제지간에는 우애하고, 생활은 엄정하고 바르게 하고, 제사는 항상 정성을 다하여 지냈다. 마음은 항상 덕을 좋아하고, 하늘이 맺어주신 배필과 결혼하고, 조상께는 재앙을 없애주고 큰 복과 영원한 안녕을 주십사 기원하였다. 豳公은 "백성들이 만약에 앞에서 서술한 덕목을 능히 실천할 수만 있으면 큰 재앙이 없으리라" 하였다.

二 銘文 考釋

《豳公盨》는 禹王의 치수 사업에 관한 유일한 西周 金文 자료이다. 《尙書》 중 《禹貢》·《洪範》·《呂刑》 등이 禹王과 관련된 내용이다. 銘文의 書風은 《散盤》이나 《乖伯簋》에 가깝다.

① '天令(命)禹尃(敷)土'

🔲(天)'은 '天帝' 즉 하느님을 가리킨다. 🔲(令)'은 '命'의 뜻이다.[1]

🔲(禹)'자를 《上博楚簡·紂衣》(제7간)와 《郭店楚簡·緇衣》(제12간)는 모두 '土'를 추가하여 각각 🔲·🔲(塗)로 쓰며, 《上博楚簡·競建內之》는 편방 '土'없이 🔲(제 7간)로 쓴다. '塗(禹)'는 夏나라를 세운 우왕을 가리킨다. 禹王은 河南省 禹縣의 수령으로 있다가 왕이 되었기 때문에 지역을 의미하는 편방 '土'를 추가하여 쓰기도 한다.

🔲(尃)'자는 음성부가 '甫'이고, 의미부가 '寸'으로 '敷'의 의미로 쓰인다. '尃土'를 《尙書·禹貢》의 "禹는 땅을 정리하고, 산을 개간하고, 물길을 통하게 하고, 나무를 베어 개간하여 천하를 안정시켰다"[2]

---

1) 《金文編》, '1500 숙', "令, 孳乳爲命", 641쪽.
2) "禹敷土, 隨山刊木, 奠高山大川."

구절은 '敷土'로 쓴다. ≪毛公鼎≫은 '🔾'로, ≪克鼎≫은 '🔾'로 쓰며, ≪金文編≫은 ≪毛公鼎≫의 "尃命于外"3) 구절에 대하여 "'敷'의 의미로 쓰인다"라 하였다.4)

≪說文解字≫는 '尃'에 대하여 '두루 알리다(布)'의 의미. 의미부 '寸'과 소리부 '甫'로 이루어진 형성자5)라 하였고, ≪正字通·寸部≫은 "'尃'자는 '敷'의 本字이다. ……楷書에서 '敷'로 쓰게 되었다"6)라 하였다. 秦 李斯의 ≪繹山刻石≫ "旣獻泰成, 乃降尃惠"7), ≪史記·司馬相如列傳≫ "旁魄四塞, 雲尃霧散"8) 중의 '尃'는 모두 '敷' 즉 '선포하다'·'퍼지다'의 의미로 쓰인다. ≪集韻≫은 또한 "'佈'는 '두루 퍼지다(徧)'의 의미. 고문에서는 '尃'자로 쓴다"9)라 하였다.

② '隓(墮)山𣵠(濬)川'

'🔾(隓)'자를 ≪不嬰簋≫는 '🔾(🔾)'로 쓴다. '🔾'자를 ≪金文編≫은 '陶'자에 수록하고 있고 "'陶'자를 혹은 '🔾'로 쓴다. 따라서 '陶'자와 '隓'자는 같은 자라는 것을 알 수 있다"라 하였다.10) 王國維·郭沫若 등은 모두 '陵'으로 예정하였다. 그러나 李學勤은 楚簡의 자료를 참고하여 '🔾'자와 '🔾'자는 '隓'라고 설명하였다.11) ≪說文解字≫는 '隓(폐할 휴; duò, huī)'자에 대하여 음성부분이 '𡌋'이고, 篆文은 '墮'로 쓴다

---

3) "대외로 명령을 실행하다."
4) "孳乳爲敷." ≪金文編≫, '0502 🔾', 209쪽.
5) "尃, 布也. 從寸, 甫聲."
6) "尃, 敷本字……楷訛作敷."
7) "헌신적 노력이 이미 크게 이루어졌고, 은덕이 천하에 두루 퍼지게 되었다."
8) "주위의 혼들이 사방을 가로 막고 구름이 널려있고 안개가 흩어져 있다."
9) "佈, 徧也. 古作尃."
10) "𠨋或作𤮽, 故知陶隓爲一字." ≪金文編≫, '2331 🔾', 942쪽.
11) ≪近出西周金文集釋≫, 〈論僙公盨及其重要意義〉, 202쪽.

고 설명하였다. '隓'자는 '隓·墮'자와 같은 자이다. '隓'자를 ≪郭店楚
簡≫은 '�'(≪老子甲≫, 第16簡)·'𡯥'(≪唐虞之道≫, 第26簡)로 쓰고,
≪上海博物館藏戰國楚竹書≫는 '𡐛(隓)'(≪周易≫, 第26簡)·'𡐚(陸)'
(≪周易≫, 第16簡)·'𡐕(陸)'(≪周易≫, 第16簡) 등으로 쓴다. 모두
'隓'의 이체자이다. '墮山'자는 '산을 개간하다'의 의미이다.

'𤃛(濬)'자는 '濬(파내어 물길을 통하게 할 준; jùn)'의 초기형태이
다. '𤃛'자는 왼쪽 가운데 부분 '○(◐)'가 음성부다.[12] '濬川'은 '물길
을 뚫어 통하게 하다.'의 의미이다.

③ '𣂪(差)�(地)𡃰(設)征'

'𣂪�' 두 자에 대하여 의견이 매우 분분하다. 李學勤은 이 두 자를
'差�'으로 풀이하고 있다.[13] 바로 뒤 '토지 형편에 따라 각기 다른 賦
稅를 거두다'의 의미인 '𡃰(設)征'의 내용이 있기 때문에 잠시 이 주장
을 따르기로 한다. 裘錫圭는 '𡧢(疇)方'으로 해석하였다. '𡃰(埶)'자는
'勢'와 같은 자로 '設'자의 통가자로 사용되고 있다. '𡃱(征)'은 '徵(거둬
들일 징; zhēng)'의 의미로 '賦稅'의 뜻이다.

④ '降民監德'

'降民'은 ≪左傳·文公十三年≫의 "상제가 백성을 낳고 군주를 세
움은 백성을 이롭게 하라는 것이다"[14]와 ≪大雅·生民≫의 "처음 백
성을 낳으신 분은 바로 강원이란 분이네. 백성을 어떻게 낳으셨나,
정성스럽게 제사지냈다네"[15]의 개념과 같다.

---

12) 裘錫圭, 〈豳公盨銘文考釋〉, ≪近出西周金文集釋≫(周寶宏), 206쪽 재인용.
13) 李學勤, 〈論豳公盨及其重要意義〉, ≪近出西周金文集釋≫(周寶宏), 236쪽 재인용.
14) "天生民而樹之君, 以利之也."

⑤ '酒自乍(作)配鄉(饗)民'

(鄉)'은 '饗(잔치할 향; xiǎng)'이나 '享·亯'의 의미이다. 이 구절은 ≪書經·呂刑≫의 "惟克天德, 自作元命, 配享在下"[16]나 ≪多方≫의 "今至于爾辟, 弗克以爾多方享天之命"[17]과 같이 '향유하다'의 의미로 쓰이고 있다.

⑥ '成父女(母)生我王乍(作)臣'

이 구절의 내용은 ≪尙書·洪範≫의 "曰天子作民父母, 以爲天下王"[18]과 ≪大雅·泂酌≫의 "豈弟君子, 民之父母"[19]와 유사하다.

⑦ '乎(厥)頮(沬)唯德'

(頮)'자는 '沬'자로 '頮·湏'자와 같다. 본 구절에서는 '貴'의 의미로 쓰인다.

⑧ '冪(顧)才(在)天下'

(冪)'자에 대한 의견이 매우 분분하다. 이 자는 '寡省聲'字가 아닌가 한다. 여기에서는 '顧'의 통가자로 쓰이고 있다. 이 구절은 '덕이 세상에 충만하게 됨'을 의미한다.

---

15) "厥初生民, 時維姜嫄. 生民如何? 克禋克祀."
16) "하늘의 덕과 큰 명을 따라 나라를 다스리게 되면, 백성들은 천명에 배합되는 삶을 향유하게 된다."
17) "최근 그대들의 임금에 이르러서는 여러 나라들이 하느님이 주신 命을 향유할 수 없게 되었다.
18) "천자께서는 백성들의 부모가 되시어 천하를 다스리고 계신다."
19) "점잖으신 군자여, 그대는 백성들의 부모이네."

⑨ ‘用乎(厥)邵(紹)好’

邵’자는 ‘紹(이을 소; shào)’의 통가자로 ‘계승하다’의 뜻으로 사용되고 있다. ‘好’는 ‘美’의 의미이다.

⑩ ‘盆![]懿德’

‘![]’자는 마모되어 잘 보이지 않지만, 윗부분이 음성부분 ‘干’이고 아래 부분이 ‘女’일 가능성이 있다. 본 구절에서는 ‘求’의 가차자로 추정된다.[20] ‘懿德’은 ‘아름다운 덕’이다. 《大雅 · 烝民》은 “天生烝民, 有物有則. 民之秉彝, 好是懿德. 天監有周, 昭假于下. 保茲天子, 生仲山甫”[21] 중의 ‘懿德’과 같은 의미이다. ‘盆求懿德’의 내용은 《頌 · 淸廟之什 · 時邁》의 “我求懿德, 肆于時夏, 允王保之”[22] 구절 등에 보인다.

⑪ ‘康亡不楙(懋)’

‘康’은 ‘평안하다’의 의미이며, ‘亡’자는 일반적으로 ‘![]’으로 쓰는데, 본 구절 중의 ‘![]’자는 ‘亡’의 變形으로 보인다.

‘’는 ‘懋(힘쓸 무; mào)’의 의미로 ‘근면하다’ · ‘노력하다’의 뜻이다.

⑫ ‘考(孝)眚(友)’

‘孝友’는 ‘부모에게 효도하고 형제간에 우애하는 것’을 말한다.

---

20) 李學勤, 〈論夑公盨及其重要意義〉, 《近出西周金文集釋》(周寶宏), 250쪽 재인용.
21) “하늘이 백성들을 낳으시고, 사물에 법칙이 있게 하시네. 백성들 일정한 도를 지녀 아름다운 덕을 좋아하네. 하늘은 주나라를 둘러보시고 세상으로 내려오시니 우리 천자님 보호하시어 중산보를 낳게 하셨네.”
22) “아름다운 덕을 구하여 하나라 땅에 펴니 진실로 임금님은 나라를 보존하셨네.”

⑬ '恅(訏)明巠(經)齊'

'恅'자는 기본 음성부분가 '于'로 '訏(클 우; xū)'자와 통한다. '巠'
은 '經'자로 '법도'·'규칙'의 의미이다.

⑭ '好祀無睍'

'睍'자는 음성부분이 '貝'이며, 본 구절에서는 '廢'의 가차자로
사용되고 있다. '제사를 잘 지내고, 게을리 하지 않다'라는 의미이다.
그러나 裘錫圭는 '![睍]'자를 '賏'로 예정하고 '悖'의 의미로 풀이하고
있다.[23] 본 구절에서 기본적으로 '잘못되다'는 뜻을 말한다.

⑮ '睧(婚)遘(媾)亦唯蟲(協)天'

'睧'은 '聏'으로 예정할 수 있고, '婚'자와 같은 자이다. ≪毛公鼎≫
은 '![民]'으로 쓰고 '聞'의 의미로 쓴다. ≪금문편≫은 '1088 睧'에서 ≪毛
公鼎≫의 '![민]'자를 수록하고, "의미부분이 '日'이고 음성부분이 '民'이
다. 唐代에 피휘하기 위하여 '民'을 '氏'로 바꾸었다, '婚'과 같은 자이
다"[24], '1955 婚'에서는 '![자]'(≪克盨≫)·'![자]'(≪諫簋≫)'![자]'(≪录伯簋≫)
의 자를 수록하고, "'昏'자와 같다. ……經典에서는 일반적으로 '昏'을
'婚'자로 쓴다"[25]라 하였다. '婚媾'는 '배우자와 결혼하다'의 의미이다.

'蟲'자는 음성부가 '劦'으로 '協'의 의미이다. ≪金文編≫은
'2221 蟲'에서 ≪緯簋≫의 '![자]'자를 수록하고, "'劦日'은 祭名이며, 甲骨
에 자주 보인다. 혹은 자건 '口'를 쓰기도 한다"라 하였다.[26]

---

23) ≪近出西周金文集釋≫, 262쪽.
24) "從日民聲, 因唐諱改民爲氏, 又與婚一字." ≪金文編≫ '1088 睧', 457쪽.
25) "與昏爲一字, ……經典多以昏爲婚." ≪金文編≫ '1955 婚', 793쪽.
26) "劦日, 祭名, 甲骨文屢見, 或從口." ≪金文編≫, 903쪽.

'協天'은 '하늘의 뜻에 맞다'의 의미이다. ≪詩經·大雅·大明≫은 "문왕께서는 삼가고 조심하여 하느님을 밝게 섬기고 많은 복을 누리시니, 그분의 덕이 어긋나지 않아 나라를 받으셨네. 하늘은 땅을 살피시어 명을 내리셨네. 문왕께서 일을 시작하심에 하늘이 배필을 마련하셨으니, 흡수의 북쪽 위수 가에 문왕이 아름답게 여긴 큰 나라의 따님이 계셨네"[27]라고 '文王'이 하늘이 정해주신 배필과 결혼했음을 노래하고 있다.

⑯ '叅(釐)用老(孝)申(神)'

'叅'자는 '叅'로 예정할 수 있으며, 이 자는 '敊'·'釐'자와 같은 자이다.[28] ≪說文解字≫는 '叅'자에 대하여 "引也, 從又敊聲"[29]이라 설명하고, '敊'자에 대하여 "坼也. 從支從厂. 厂之性坼, 果孰有味亦坼, 故謂之敊. 從未聲"[30]이라 하였다. ≪說文解字≫는 또한 '釐'자에 대해서는 "家福也. 從里, 敊聲"[31]이라 하였다. 이 자를 아래 부분에 '貝'를 추가하여 ≪大克鼎≫은 '賚(釐)'로 쓰고, ≪膳夫克鼎≫은 '里'를 추가하여 '釐'로 쓰고, ≪牆盤≫은 '子'를 추가하여 '叅'로 쓰기도 한다. 모두가 '釐'의 이체자이다. '釐'자는 금문에서 '하사하다'·'복을 내리다'의 의미로 사용된다. 본 구절에서는 '복을 기원하다'의 의미로 사용되었다. '敊'자를 ≪師袁簋≫는 '敊'나 '賚'로 쓴다.[32]

---

27) "維此文王, 小心翼翼. 昭事上帝, 聿懷多福. 厥德不回, 以受方國. 天監在下, 有命旣集. 文王初載, 天作之合. 在洽之陽, 在渭之涘. 文王嘉止, 大邦有子."

28) ≪金文常用字典≫, 386쪽.

29) "'당기다(引)'의 의미. 의미부 '又'와 소리부 '敊'로 이루어진 형성자이다."

30) "'떨어지다(坼)'의 뜻. 支과 厂으로 이루어진 회의자. 벼랑(厂)으로 떨어지는 의미를 지니고 있다. 과일이 익어 맛이 있으면 나무에서 따기 때문에 '敊'라 한다. '未'가 소리부이다."

31) "'집안의 복'이라는 의미. 里와 소리부 敊로 이루어진 형성자이다."

'老(孝)申(神)'은 ≪此鼎≫ "用盲(亨)孝于文申(神)"33) 구절 중의 '孝于文申(神)'의 의미와 같다.

⑰ '復用猶(祓)彔(祿)'

'猶'자는 '髮'자의 고문자이며, 본 구절에서는 '祓'의 가차자로 '福을 기원하는 제사'의 의미로 쓰였다. ≪牆盤≫은 '髮'자를 '![猶]'로 쓴다. 이 자는 '媚'으로 예정하기도 한다. ≪牆盤≫에 "繁(繁)猶(祓)多孳(釐)"34)라는 구절이 있는데, '猶'자는 '髮'자와 같은 자로 제사의 의미인 '祓'과 통하며, '祓'은 惡을 제거하는 제사의 일종이다. '孳'자는 '釐'의 이체자로 '福'의 의미이다. ≪金文編≫은 ≪牆盤≫의 '![猶]'자를 '1496 髮'에 수록하고, "≪說文≫은 '髮'자를 혹은 '首'를 써서 '猶'로 쓰기도 한다고 설명하고, ≪汗簡≫은 '首'部에서 '猶'자를 '髮'로 설명하고 있다"35)고 하였다.

⑱ '永服(孚)于寍(寧)'

'![服]'자는 '永'자의 변형이다. '![服]'자를 李學勤은 '卿'로 예정하고 '御'의 의미로 풀이하고 있다.36) 그러나 裘錫圭는 楚簡을 참고하여 '孚'로 예정하였다.37) ≪上海博物館藏戰國楚竹書·緇衣≫는 ≪郭店楚墓竹簡≫의 "萬邦乍(作)孚"38)를 "蠆(萬)邦复(作)![服]"로 쓴다. 즉 '孚'자를 ≪郭店楚簡≫은 '![孚]'로 쓰고, ≪上博楚簡≫은 '![服]'로 쓰고 있다. '![服]'자는 본

---

32) ≪金文編≫'0537 孳, 220쪽.
33) "이로써 위대한 조상에게 제사드릴 때 사용하다."
34) "악을 없애는 제사를 자주 지내, 많은 복을 받았다."
35) "說文或從首作猶, 汗簡首部猶釋髮." ≪金文編≫ '1496 髮', 639쪽.
36) ≪近出西周金文集釋≫, 259쪽.
37) ≪近出西周金文集釋≫, 264쪽.
38) "모든 국가가 순복한다."

기물의 ''와 매우 유사하다. ≪上海博物館藏戰國楚竹書 · 緇衣≫는 '𠬝'으로 예정하고 있으나, '包'자나(李零 설) 혹은 '伏'자로 예정하기도 한다(黃錫金 설). 형태로 보아 ''자는 '𠬝'으로 예정할 수 있다. 갑골문과 금문이 '服'자를 '' · '' · '' 등으로 쓰는 것으로 보아, 이 자는 곧 '服'자의 생략으로 보인다. '' · ''은 ''과 유사한 점 등으로 미루어 보아 '𠬝(服)'자일 가능성이 있다. '孚'자를 갑골문과 금문은 '' · '' 등으로 '포로를 잡는 모양'을 형상화하고 있다. 이는 '굴복시킨다'라는 의미와 통한다. '服'과 '孚'는 음과 의미가 유사하기 때문에 통가하여 쓸 수 있다. '孚'자는 '굴복하다' · '섬기다'의 의미에서 확대되어 '信(믿고 따르다)'나 '符合(부합되다)'의 뜻으로 쓰인다.

⑲ '燹公'

''자는 인명으로 쓰인다. 이 자를 ≪衛盉≫는 ''로, ≪五祀衛鼎≫은 ''로 쓴다.[39] ≪說文解字≫에 '㣇'자를 설명하면서 인용한 ≪堯典≫의 "㣇類于上帝"[40] 중의 '㣇'자에 대하여 段玉裁는 ≪史記 · 五帝本紀≫는 '遂'자로 현행본은 '肆'자로 쓴다고 설명하였다.[41]

'肆'자는 '㣇(짐승의 몸에 긴 털 많을 사; si)'자의 이체자이다. ≪毛公鼎≫의 '(㣇)'자를 ≪금문편≫ '0474 肆(㣇)'에 수록하고 "經典에서는 이자를 '肆'로 바꾸어 쓴다"라고 설명하였다.[42] 따라서 李學勤은 ''자는 '遂'자로 읽어야 하고, '遂國'은 지금의 山東省 寧陽 서북쪽 지방이라고 주장하는데 裘錫圭는 '豳'자로 해석하고 있다.[43] ≪金文編≫

39) ≪金文編≫ '1645 燹', 688쪽.
40) "상제에게 類祭를 지내다."
41) 湯可敬, ≪說文解字今釋≫, 1302쪽.
42) "經典譌作肆." ≪金文編≫ '0474 肆(㣇)', 200-201쪽.

은 ≪牆盤≫의 '![글자]'·'![글자]'자를 '0110 豙'에 수록하고 "'遂'의 의미로 확대되어 쓰인다"라 하였다.[44] ≪毛公鼎≫"豙才(在)乃服"[45] 중의 ''자는 '墜'자의 가차자로 쓰이고 있다. '爕'나 '肆(貄)'나 '遂'자의 기본 聲符는 '豙'임을 알 수 있기 때문에, '遂'자로 풀이하는 주장을 따르기로 한다.

≪金文編≫에는 '0162 ![글자]'(76쪽)·'0474 貄(肆)'(200-201쪽)·'1587 ![글자]' (669쪽) 등으로 나누어 수록하고 있다. 그러나 의미와 형태가 유사하기 때문에 같은 자로 보는 것이 옳겠다.

(≪金文編≫'162 ![글자]', 76쪽)　　　('0474 貄(肆)', 200-201쪽)　　　('1587 ![글자]', 669쪽)

---

43) ≪近出西周金文集釋≫, 289-290쪽.

44) "孳乳爲遂." ≪金文編≫ '0110 豙', 49쪽.

45) "복무에 태만하다."

⑳ ‘民◆(又)唯克用玆德亡誨’

‘民’자 다음 ‘◆’자는 문자의 간격으로 보아 문자인 것으로 보인다. 마모가 심하여 알 수 없으나, 형태로 보아 ‘又’자와 가깝기 때문에 잠시 ‘又’자로 보기로 한다. ‘又唯’는 ‘有唯’로 강조하는 어감을 표시한다.[46]

‘誨’자는 ‘言’과 ‘每’로 이루어진 형성자로, ‘悔(뉘우칠 회; huǐ)’의 의미로 쓰인다. 典籍 중 ‘用德’과 ‘無悔’의 용법은 ≪書經·盤庚≫ “無有遠邇, 用罪伐厥死, 用德彰厥善”[47], ≪書經·多士≫ “予一人惟聽用德, 肆予敢求爾于天邑商”[48], ≪大雅·皇矣≫ “維此王季, 帝度其心, 貊其德音. 其德克明, 克明克類, 克長克君. 王此大邦, 克順克比. 比于文王, 其德靡悔. 旣受帝祉, 施于孫子”[49] 등의 구절에 보인다.

‘每’자를 금문 중 ≪杞伯簋≫는 ‘𤯍’로, ≪杞伯壺≫는 ‘𤯍’로, ≪杞伯鼎≫은 ‘𤯍’로, ≪何尊≫은 ‘𤯍’로 쓴다.[50]

---

46) 裘錫圭, ≪近出西周金文集釋≫, 305쪽 재인용.
47) “멀고 가까움이 없이 죄를 지으면 그를 죽이고, 덕을 행하면 그의 착함을 밝힐 것이다.”
48) “나 한 사람만이 오직 덕망 있는 자를 물어 찾고자 하여, 나는 감히 큰 나라인 상국에 와서 구하고 있는 중이다.”
49) “왕계의 마음을 하느님은 헤아리고, 그의 명성이 크심을 알고 그의 덕이 밝으심을 아셨네. 밝히고 선하게 하시며 어른 노릇 임금 노릇 하실 자질을 지니셨으니, 이 큰 나라의 임금님 되셔서 백성들 뜻 따라 친화하게 되셨네. 문왕에 이르러 그 덕에 흠 없으시니, 이미 받으신 하느님의 복이 자손들에게 미치게 되었네.”
50) ≪金文篇≫, ‘0061 𤯍’, 32쪽 참고.

V ≪史密簋≫의 銘文 考釋과 연구

一 釋文과 해석

一) 釋文

隹(唯)十又二月, 王令(命)師俗·史密曰: 東征. 敌南尸(夷)[①]·盧(盧)虎[②], 會杞尸(夷)·舟尸(夷)[③], 雚不所, 廣伐東或(國). 齊𠂤(師)·族土(徒)[④]·述(遂)人[⑤], 乃執啚(鄙)寬亞(惡). 師俗率齊𠂤(師)·遂人左[周伐長必, 史密父率族人·釐白(伯)·僰[⑥]·眉周伐長必[⑦], 獲百人. 對揚天子休, 用乍(作)朕文考乙伯障簋, 子子孫孫其永寶用.

(摹本)

二) 내용해석과 설명

1) 내용해석

十二月에 왕이 師俗과 史密에게 명령하였다.

동쪽 지역을 평정하고, 南夷를 합병하여라.

盧族과 虎族은 杞夷와 舟夷와 단합하여 군사력을 강화하고 周나라를 받들지 않고 함부로 동쪽 지역을 침범하고 있다.

그래서 齊師·族徒와 遂人은 변방 寬 지역의 武官을 잡아들였다. 또한 師俗은 齊師와 遂人을 인솔하여 좌측으로 長必을 공격하고, 史密父는 우측에서 族人·釐伯·樊와 眉族을 통솔하여 주나라 주력부대를 도와 長必을 공격하여 포로 百人을 사로잡았다.

史密은 존귀한 이 궤를 만들어 천자의 은혜에 감사하고, 문덕을 갖춘 부친 乙伯에게 제사지낼 때 사용하고자 한다. 이 기물을 조상대대로 영원히 간직할 지어다.[1]

2) 설명

銘文字數: 93字

出土: 1986年, 陝西省 安康市에서 동쪽으로 5킬로미터 떨어진 王家壩에서 발견.

크기: 通高(殘)11.65, 口沿外徑20.5, 內徑20, 器深11.4, 最大腹外徑 25.3, 圈足殘高0.6cm.

資料出處: 張懋鎔·趙榮·鄒東濤, 〈安康出土的史密簋及其意義〉, ≪文

---

1) '釋文'은 周寶宏 ≪近出西周金文集釋≫(天津古蹟出版社, 2005年10月, 114쪽) 등을 비롯한 연구자료를 참고한 후 필자가 예정한 것이다.

物≫ 1989年 7期, 64쪽.

二 出土와 斷代 연구

一) 出土

張懋鎔(1989) 등의 〈安康出土的史密簋及其意義〉에서는 ≪史密簋≫는 陝西省 安康市의 王井溝와 老君鄕 사이에 있는 언덕에서 발견되었다고 하며, "1986年에 陝西省 安康縣에서 史密簋가 출토되었다. 출토지점은 安康縣의 동쪽 王井溝와 老鄕觀 사이의 언덕 벼랑이다. 북쪽은 安旬公路에 근접해 있고, 남쪽으로는 漢江에서 약 300미터 떨어진 곳에 위치하며, 강을 사이에 두고 奠安塔이 멀리 바라다 보이는 곳이었다. 이 궤는 발견된 후 민간에 유출되었다"[2]라 하였다.

그러나 施昌成(1990) 등은 〈有關史密簋出土問題〉에서 실질적인 조사를 통해, 張懋鎔(1989)가 ≪史密簋發現始末≫에서 밝힌 "1986年 여름, 安康市 關廟區 老君鄕 金星村에 살고 있던 농민 王金富는 세를 내어 경작을 하던 땅에서 靑銅器 하나를 발견하였다. 王氏는 廢品을 처리하는 곳에서 이 청동기를 처분하려 했으나 못하고, 여러 경로를 거쳐, 후에 이 ≪史密簋≫는 胡巍의 손에 들어가게 되었다. 胡氏는 물건 값을 알아보기 위하여 그 후에 여러 성을 전전하다가 결국에는 西安에서 그 가격을 확인할 수 있게 되었다. 또한 陝西省 문화재관리국(文物局)이 이 물건을 신고하고 정부가 관리할 수 있도록 하자고

---

2) "1986年, 陝西省安康縣出土一件史密簋. 出土地點在縣城而東王井溝·老鄕觀之間的斷崖上, 北靠安旬公路, 南距漢江僅300米, 隔河與奠安塔遙遙相對. 此後, 這件銅器在民間流傳."

胡씨에게 요구하였으나, 이를 거절하고 골동품 밀매업자에게 팔아넘
겼다. 우리 館院 사람들이 시골에 내려가 수차례 자세히 수소문한 끝
에 胡巍와 이 史密簋를 찾아냈고, 이 기물을 건네받을 수 있게 되었
다"3)는 내용에 반박하고, "……우리가 실질적으로 조사한 바에 의하
면 ≪史密簋≫는 安康市에서 동쪽으로 약 5㎞로 떨어진 漢江의 북쪽
강가 王家坝에서 발견되었다. 이 지역은 남쪽으로 漢江이 옆에 있고,
북쪽으로 金星村을 지나 襄渝鐵路를 만날 수 있다. (史密簋가 발견된
곳과 襄渝鐵路까지) 이 두 거리 사이는 약 600미터가 되고, 安旬公路
가 그 중간을 통과한다. 1981年과 1989年, 우리는 두 차례에 걸쳐 문
물 조사를 거쳐 이곳이 상당히 규모가 큰 商周의 유적지라는 것을 확
인할 수 있었다"4)라 하면서, "≪史密簋發現始末≫의 저자는 ≪史密
簋≫의 출토지점을 실질적으로 조사하지도 않았고, 이 安康市의 지
리에 대해서는 잘 알지 못하며, 또한 胡巍가 알려준 잘못된 정보만을
믿었기 때문에 그의 글에는 많은 잘못된 점들이 나타난 것이다"5)라
했다.

施昌成(1990)의 주장에 따르면 ≪史密簋≫는 安康市에서 동쪽으로
5㎞ 떨어진 王家壩에서 발견되었다.

---

3) "1986年夏, 安康市關廟區老君鄕金星村農民王金富耕種承包地時, 挖出一靑銅
器, 王向當時廢品收購店售而未出, 其後幾經波折, 史密簋落入胡巍之手, 爲弄
淸其價値, 胡輾轉數省, 最後西安得以確定其價値, 同時拒絶了陝西省文物局要
其迅速將此器交于文物部門保管的要求, 與外地走私分子挂鉤. 我館人員多次深
入鄕下調査, 終于見到胡巍與史密簋, 終使其將文物交出."

4) "……據我們實地調査史密簋出土于安康市東約5公里的漢江北岸王家坝上, 南瀕
漢江, 北逾金星村與襄渝鐵路爲隣, 二者相距約600米, 安旬公路貫其中. 1981年
和1989年兩次文物調査, 已確定這里系一規模較大的商周遺址."

5) "≪史密簋發現始末≫, 一文作者沒有對史密簋出土地點作過詳實調査, 而且作
者對安康的地理環境陌生, 聽了胡巍的一面之詞以及胡的謬誤信息, 致使文中出
現許多失實之處."

二) 斷代

1) 西周中期

共懿時期: 李啓良 《陝西安康市出土西周史密簋》(1990), 吳鎭烽
         《史密簋銘文考釋》(1989)

"《史密簋》의 안쪽으로 향한 아가리와 둥근 밑받침대(圈足) 아래
네 개의 부착된 다리가 있다. 西周中期 청동기의 형태가 이러한 특징
을 지니고 있다. ……銘文 중에서 언급하고 있는 '師俗'(혹은 師俗父
·伯俗父라고도 함)은 西周의 共王과 懿王 時期의 大臣이다. 이 이름
은 《永盂》·《衛鼎》과 《南季鼎》에도 보인다. 따라서 이 《史密
簋》의 제작 연대가 대략적으로 共懿王 시기라는 것을 추정할 수 있
다"6)(李啓良)

"《史密簋》의 장식무늬 모양으로 보아 西周中期보다 이르다고 할
수 없다. 《史密簋》의 입구쪽에 竊曲紋이 있고,7) 腹部에는 瓦紋이
있다.8) 바깥 아래 부분에는 네모난 형태의 線紋이 있다. 竊曲紋의 형태
는 懿王 시기의 《王臣簋》·《楚簋》와 완전히 같다. 이와 같은 문식
은 西周中期 후반에서 西周 말기에 유행하였다"9)라 했다.(吳鎭烽)

---

6) "史密簋爲弇口, 圈足下有四個附足, 這是西周中期流行的特點. ……銘文中的師
   俗又稱師俗父·伯俗父, 是西周共懿時期的大臣, 見于永盂·衛鼎和南季鼎銘中,
   因此可將史密簋的制作年代初步定爲共懿時期."
7) '竊曲紋'는 中國 古代靑銅器의 장식 무늬 중 하나로, 《呂氏春秋·适威》는
   "周鼎有窃曲(一作窮曲), 狀甚長, 上下皆曲, 以見极之敗也."라 했다. 두 개의
   곡선 고리가 서로 "S"形 모양으로 연결되어 무늬를 이루고, 가운데 부분에는
   일반적으로 '눈(目)'모양의 장식이 있다. 이러한 무늬는 西周 中後期에 유행하
   였다.
8) 옆으로 나란히 기와가 놓여 있는 모양의 장식무늬이다.
9) "從花紋風格來看, 史密簋亦不能早于西周中期. 史密簋口下節竊曲紋, 腹部鑄成

青銅器 중의 竊曲紋(西周中晚期와 春秋시기)

瓦紋, 外底有斜方格的線紋. 竊曲紋的形狀與懿王之世的王臣簋和楚簋完全相
同, 這是西周中期後段和西周晚期流行的花紋."

1925年 沂水縣에서 출토된 ≪瓦紋銅罍≫

2) 宣王時期:

張懋鎔≪安康出土的史密簋及其意義≫, 1989.

"≪史密簋≫가 宣王시기의 기물이라는 이유는 다음과 같다.

(1) 이 기물은 복부 부분이 안쪽으로 내려가 있으며, 받침대 부분에는 네 개의 작은 다리가 있다. 이러한 형태는 ≪師袁簋≫・≪姞小簋≫・≪敔簋≫ 등과 상당히 비슷하다. ≪師袁簋≫는 宣王 시기의 기물이고, ≪敔簋≫는 厲王시기의 기물이다.

(2) 주 장식 무늬는 竊曲紋이고, 특히 무늬 중간에 '눈' 모양의 형태가 있다. 이 '눈' 모양은 주변의 무늬와 분리되어 있다. 이러한 형태는 ≪伯晨鼎≫과 비슷하다. 郭沫若은 '伯晨'은 '師晨'이고, 이 鼎은 厲王시기의 것이라 하였다. 우리는 이보다 늦은 宣王 시기의 것이라고 생각한다.

(3) 銘文의 字體로 보아 ≪師酉簋≫보다 약간 늦고, ≪師㝨簋≫보다는 이르며 ≪師袁簋≫와 비슷한 시기이다.

(4) 명문의 내용과 낱말들이 ≪師寰簋≫와 매우 비슷하다."10)(張懋鎔)

3) 孝王時期:
李學勤≪史密簋銘所記西周重要事實考≫, 1991.

"≪師振鼎≫과 연관이 있는 기물들로 ≪蔡簋≫와 ≪揚簋≫ 등의
청동기가 있다. 이들 명문의 字體는 모두 ≪史密簋≫와 상당히 유사
하다. 따라서 孝王 時期의 것일 가능성이 높다. 또한 기물의 형태는
입구 아래쪽에 竊曲紋 띠가 있고, 腹部에는 瓦紋이 있다. 이러한 風
格은 西周 말기 때까지 매우 유행하였다. ≪史密簋≫가 이러한 풍격
의 선두주자가 되었기 때문에 이 기물을 孝王 시기의 것으로 보는 것
이 가장 적절하다."11)(李學勤)

4) 懿王時期:
張永山≪史密簋銘與周史硏究≫, 1996.

"≪史密簋≫에서 東征을 하는 主將은 師俗이다. 師俗의 이름은 金
文에서 자주 보인다. ≪師晨鼎≫은 '師俗', ≪師永盂≫는 '師俗父', ≪五

---

10) "理由是: (1) 此簋垂腹, 圈足下附四小足, 刑制與師寰簋·姞小簋·敔簋十分接近.
師寰簋爲宣王時器, 敔簋爲厲王時器. (2) 紋飾爲竊曲紋, 特徵是竊曲紋中間有眼,
且與四周紋飾分離, 與伯晨鼎紋飾極爲相近, 郭沫若先生認爲伯晨卽師晨, 鼎爲
厲王時期, 我們認爲應晚至宣王時. (3) 銘文字體比師酉簋晚, 至少也不會在師旂
簋之前, 與師寰簋接近.(4)內容事項以至于用詞譴句都與師寰簋十分相似."
11) "師振鼎相連繫的, 有蔡簋·揚簋等一批靑銅器, 它們的銘文字體都和史密簋相當
近似, 所以後者也可能是孝王時期的. 再看本器的器形, 口沿下飾竊曲紋帶, 腹
部瓦紋, 這種風格到西周晚期十分盛行, 本器已開其先河, 這說明將該器排在孝
王時也最爲合適."

祀衛鼎≫은 '伯俗父', ≪南季鼎≫은 '俗父'라 칭하였다. 뒤 두 개의 기물이 共王시기에 속한다는 의견에 이견이 없다. ≪師永盂≫는 共王이나 懿王시기의 것으로 보고, ≪師晨鼎≫은 懿王이나 孝王 시기의 것으로 본다. ≪太平御覽≫이 ≪史記≫와 ≪帝王世紀≫를 인용한 내용을 따르면, 이 몇몇 周王의 位年 기간은 共王이 20년, 懿王이 25년, 孝王이 15년이다. 이들의 기년을 참고하여, 師俗이 ≪五祀衛鼎≫의 共王 5년에서 ≪師晨鼎≫의 孝王 3년까지 관리를 지냈다면 약 40여 년이 된다. 만약에 그가 20세 때부터 관리를 시작하고, 共王 5년부터 共王 말년까지 관리를 지냈다면 약 35세가 된다. 懿王 말년까지 관리를 지냈다면 약 60세가 되고, 孝王 3년까지라면 이미 회갑을 넘는다. 만약에 孝王 말년까지라면 70세가 넘는다. 이와 같은 내용으로 보아 懿王과 孝王 초기 사이에 출정을 했을 가능성이 높다. 왜냐하면, 共王 때는 史寇의 신분으로 行政事務(≪五年衛鼎≫)를 보았고, 懿王 20년이 되서야 이름 앞에 '師'자를 붙이고 있었기 때문이다(≪師永盂≫). 이 '師'는 금문에서 전쟁에 참여하는 군인이라는 의미를 표시하기 때문이다. 만약에 우리의 분석이 틀리지 않다면, ≪史密簋≫의 시기를 懿王으로 보는 것이 가장 적절하다."[12](張永山)

---

12) "史密簋銘文里東征的主將爲師俗, 此人名字金文里多見, 如在師晨鼎銘文中師俗, 在師永盂銘文中名師俗父, 在五祀衛鼎銘中名伯俗父, 在南季鼎銘中名俗父. 後兩器屬共王時代, 學者無異說. 師永盂有共王懿王兩說, 師晨鼎有懿王和孝王之說. 這幾個周王的在位年數, ≪太平御覽≫引≪史記≫和≪帝王世紀≫說, 共王·懿王·孝王分別在二十年·二十五年和十五年. 參照這些紀年, 師俗從五祀衛鼎的共王五年至師晨鼎的孝王三年在朝爲官, 長達四十餘年. 如果他從二十勢從政幷由共王五年開始的話, 到共王末年師俗約三十五歲, 至懿王末年約六十歲, 孝王三年時已年逾花甲, 若到孝王末年則七十餘歲. 這樣看來他以懿王和孝王初年出征的可能性最大, 因爲共王時他以史寇身分參加處理行政事務(五年衛鼎), 到懿王十二年才在他的名前冠以師字(師永盂), 而師字在金文中往往是加入軍人行列的標志. 如果我們分析不誤的話, 史密簋的時代應定爲懿王時代比較合適."

5) 共懿孝王時期:

王健≪史密簋銘文與齊國的方伯地位≫, 2002.

"학자들은 '師俗'이 활약한 시기를 대략적으로 共王에서 夷王 사이로 보고 있는데, 이는 옳은 주장이다. 최근 夏商周 三代의 斷代工程 연구 결과에 따르면 共王은 23年, 懿王은 8年, 孝王은 6年, 夷王은 8年으로 이상 네 명의 재위 기간은 모두 45年이다. 실질적인 문헌상의 자료로 보아 이 네 왕 때의 것으로 보는 것이 역사적 사실과 부합된다."[13](王健)

'夏商周斷代工程'은 2000年 ≪夏商周年表≫를 정식으로 발표하였다.[14] 그 연대는 아래와 같다.

夏代年表(BC2070——BC1600年)

禹 · 啓 · 太康 · 仲康 · 相 · 少康 · 予 · 槐 · 芒 · 泄 · 不降 · 扃 · 孔甲 · 皐 · 發 · 癸

商代

前期(BC1600——BC1300年)

---

13) "學者們根據對銘文中人物師俗活動時間的考證, 大致確定在共王至夷王的時間範圍內, 這是正確的. 按夏商周斷代工程的最新研究, 共王23年, 懿王8年, 孝王6年, 夷王8年. 以上四王一共是45年, 從文獻所載事實上看, 定在此四王時期也是符合歷史的."

14) 2000年11月9日, "夏商周斷代工程"正式公布的 ≪夏商周年表≫, 把中國的歷史紀年由西周晚期的共和元年, 卽公元前841年向前延伸了1200多年, 彌補了中國古代文明研究的一大缺憾. 根據這份年表, 中國的夏代始年約爲公元前2070年, 夏商分界約爲公元前1600年, 盤庚遷殷約爲公元前1300年, 商周分界爲公元前1046年. 年表還排出了西周10王具體在位年, 排出了商代后期從盤庚到帝辛 (紂)的12王大致在位年.

湯·太丁·外丙·中壬·太甲·沃丁·太庚·小甲·雍己·太戊·中丁·外壬·河甲·祖乙·祖辛·沃甲·祖丁·南庚·陽甲·盤庚（遷殷前）

後期(BC1300年 --BC1046年)

　盤庚（遷殷后）BC1300年

　小辛 在位50年

　小乙 BC1251年

　武丁 BC1250年——BC1192年, 在位59年

　祖庚 BC1191年

　祖甲

　　廩辛 在位44年

　　康丁 BC1148年

　　武乙 BC1147年——BC1113年 在位35年

　　文丁 BC1112年——BC1102年 在位11年

　　帝乙 BC1101年——BC1076年 在位26年

　　帝辛（紂）BC1075年——BC1046年 在位30年

西周年表：

　　武王 BC1046年——BC1043年 在位4年

　　成王 BC1042年——BC1021年 在位22年

　　康王 BC1020年——BC996年 在位25年

　　昭王 BC995年——BC997年 在位19年

　　穆王 BC976年——BC992年 在位55年

　　（共王當年改元）

　　共王 BC922年——BC900年 在位23年

　　懿王 BC899年——BC892年 在位8年

　　孝王 BC892年——BC886年 在位6年

夷王 BC885年──BC878年 在位8年

厲王 BC877年──BC841年 在位37年

(共和當年改元)

共和 BC841年──BC828年 在位14年

宣王 BC827年──BC782年 在位46年

幽王 BC781年──BC771年 在位11年

劉啓益은 ≪西周紀年≫에서 伯俗父와 관련된 기물의 단대를 아래
와 같이 보았다.15)

共王:

　≪五祀衛鼎≫-「伯俗父」

　≪十二年永盂≫-「師俗父」

共懿時期:

　≪南季鼎≫--「伯俗父」

懿王:

　≪三年師晨鼎≫--「師俗𩰬」

劉啓益의 주장에 따르면, 共王시기와 懿王시기에 모두 '師'의 관직
과 관련이 있다. 또한 '夏商周年代表'에 의하면 共王의 在位기간은 23
년이고, 懿王의 在位기간이 8년이기 때문에 師俗이 20세부터 군사 일
에 참여하였다면 懿王 말년에도 40대 후반에서 50대 초반이기 때문
에 충분히 중요한 역할을 할 수 있는 충분한 나이이다. 또한 穆王시
기에는 齊나라의 국력으로는 周나라를 도와 출정할 수 없었고,16) 夷

---

15) 劉啓益, ≪西周紀年≫, 277쪽 참고.

16) ≪後漢書·東夷傳≫: "後徐夷僭號, 乃率九夷以伐宗周, 西至河上. 穆王畏其方
　　熾, 乃分東方諸侯, 命徐偃王主之. 偃王處潢池東, 地方五百里, 行仁義, 陸地而

王때에는 周나라와 관계가 좋지 않았기 때문에[17] ≪史密簋≫에서 언급한 齊나라가 周나라를 도울 수 있는 시기는 懿王에서 孝王때이다. 따라서 劉啓益의 주장과 역사적 사건을 참고해 볼 때, 共懿王 양대에 걸쳐 활약한 인물로 보는 것이 옳겠다. 吳鎭烽은 "이러한 銅器의 명문으로 보아 師俗은 西周中期 共王과 懿王시기에 주로 활동한 인물이다"라 하였다.[18] 따라서 이 기물의 시기를 共懿王 시기의 것으로 이해하기로 한다.

三 ≪史密簋≫의 銘文 考釋과 연구

≪史密簋≫에서 명문의 예정이나 현재의 위치에 대해서 약간의 차

朝者三十有六國. 穆王後得驥騄之乘, 乃使造父御以告楚, 令伐徐, 一日而至. 於是楚文王大舉兵而滅之."(후에 徐夷는 天子라고 칭하고, 九夷族을 이끌고 황하 서쪽 유역까지 宗周를 쳐들어 왔다. 穆王은 이들 세력을 두려워하여, 東方의 여러 諸侯들을 나누어 徐偃王으로 하여금 다스리도록 하였다. 偃王은 潢池의 동쪽에 거주하였는데, 그 땅이 五百里나 되었으며, 仁義 政治를 하자 陸地에서 36개국이 조견하여 왔다. 穆王은 후에 赤驥와 騄耳를 얻어, 造父에게 이를 타고 하루 만에 楚나라에 가 徐國을 공격하도록 하였다. 楚 文王은 대군을 이끌고 徐國을 멸망시켰다.)

17) ≪史記·齊世家≫: "紀侯譖之周, 周烹哀公而立其弟靜, 就是胡公. 胡公徒都薄姑, 而當周夷王之時. 哀公同母少弟山怨胡公, 乃與其黨率營丘人攻殺胡公而自立, 是爲獻公. 獻公元年, 盡逐胡公子, 因徒薄姑, 治臨淄."(哀公 때, 紀侯가 周王에게 거짓 참언하여 周王이 哀公을 솥에 넣어 삶아 죽였다. 그리고 그의 동생 靜을 齊君으로 재위시켰는데, 이가 곧 胡公이다. 胡公은 후에 薄姑로 천도하였고, 이때가 周나라 夷王이 재위한 해이다. 哀公의 같은 어머니 출생의 동생 山은 胡公을 원망하여 자신의 무리들과 함께 營丘 사람들을 이끌고 가 胡公을 습격하여 죽이고 스스로 齊君이 되었는데, 이가 곧 獻公이다. 獻公 元年에 胡公의 아들을 모두 쫓아내고 이 기회를 빌어 薄姑에서 臨淄로 천도하였다).

18) "從上列銅器銘文看, 師俗主要活動于西周中期的共王懿王之世." 吳鎭烽, ≪史密簋銘文考釋≫, ≪考古與文物≫, 1989年 3期.

이가 있으나, 지명·족명과 군대의 명칭은 일반적으로 일치된 견해를 보이고 있다. 族名 혹은 地名에 대해서 李學勤의 ≪史密簋銘所記西周重要事實考≫가 비교적 상세하게 설명하고 있어, 이를 참고하여 먼저 간략하게 설명하고 난 다음,[19] 문제가 되는 명문에 대해서는 뒤에서 비교적 자세하게 살펴보도록 한다.

一) 族名 혹은 地名에 대한 銘文

① '南尸'

🐾(南) **🐾**(尸)'(南尸)'로 '南夷'이며, ≪馭簋≫·≪不娶簋≫ 등에도 이 族名이 보이고, ≪噩侯馭方鼎≫은 '南淮夷'로 쓴다. 금문 중 '南'자를 ≪噩侯簋≫는 '南'으로 쓰고, ≪兮甲盤≫은 '南'으로 쓴다.[20] '尸'자를 ≪競卣≫는 '🐾'로 쓰고, ≪馭鐘≫은 '🐾'로 쓴다.[21] 李學勤은 '南夷'에 대하여 "盧와 虎는 두 南夷族이다. '南夷'라는 단어는 周나라 시기의 ≪宗周鍾(馭鐘)≫ 銘文 중에도 보인다. 南夷는 東國의 夷族을 東夷라고 쓰는 것과 구별하여 南國의 夷族을 가리킨다. 盧와 虎 두 南夷族은 ≪史密簋≫의 내용으로 보아, 淮夷族에 속함을 알 수 있다. 또한 西周 말기에 속하는 ≪詩經·大雅·常武≫의 '旣敬旣戒, 惠此南國.(경계하고 무력을 갖추어 남쪽 나라들을 순종케 했네)'·'率彼淮浦, 省此徐土.(회수 강가를 따라서 徐나라 땅을 살피네)' 구절을 통하여 南國에 淮徐를 포함한다는 것을 알 수 있다. 古文獻과 金文에서는 淮夷를 南淮夷·許東國 혹은 南國이라 하며, 淮水를 경계로 하여 남쪽을

---

19) 李學勤, ≪史密簋銘所記西周重要事實考≫. 中國社會科學院硏究生院學報, 1991年 2期.

20) ≪金文篇≫, '0979 南', 420쪽 참고.

21) ≪金文篇≫, '1410 尸', 602쪽 참고.

南淮夷라 한다. ≪禹鼎≫의 '亦惟鄂侯馭方率南淮夷·東夷, 廣伐南國·
東國.(또한 鄂侯 馭方은 南淮夷와 東夷族을 동원하여 南國과 東國을
널리 정복하였다)' 구절로 보아 南淮夷는 확실히 남쪽 지방에 속한다
는 것을 알 수 있다. 盧와 虎의 지리적 위치는 이 지역 중의 하나일
것이다"22)라 했다.

② '膚(盧)虎'

「▨」자를 摹本은 '▨(膚)'로 임서하고 있다. 편방 '虍'·'田'과 'ㅁ'로 이
루어진 자이다. 고문자에서 편방 'ㅁ'과 'ㅁ'는 서로 통용된다. ≪說文
解字≫는 '▨(盧)'자에 대하여 "밥 그릇. 'ㅁ'과 소리부 '膚(虘)'로 이루
어진 형성자. 籀文은 '盧'로 쓴다"23)라 했다.

'盧'의 이체자로 '盧'지방을 가리키며 지금의 安徽 盧江 서남쪽에 해
당되고, 옛날의 '盧子國'이다. 李學勤은 "여기서 말하는 '盧'는 ≪尙書
·牧誓≫에서 말하는 西南夷의 盧가 아니며, 또한 春秋 시기의 湖北
省 南漳 동북쪽의 盧戎도 아니며 淮南에 위치하는 盧를 가리킨다. ≪漢
書·地理志≫의 盧江郡을 應劭은 '옛날의 盧子國이다'라 하고, ≪通典≫
은 盧江郡의 盧州를 '옛날 盧子國이고, 春秋시기는 이곳이 徐國에 속
한다'라 했다. 이로 보아 盧지역은 지금의 安徽省의 盧江 西南쪽에 해
당된다"24)라 했다.

---

22) "盧和虎是兩種南夷. 南夷一詞, 見于周厲王所作宗周鍾銘文, 應指南國之夷, 與
作爲東國之夷的東夷相區別. 本器中的這兩種南夷, 據銘文地理形勢推斷, 實屬
于淮夷. 按西周晚期詩 ≪常武≫云"旣敬旣戒, 惠此南國", 又言"率彼淮浦, 省此
徐土", 是爲南國可包括淮徐的證據. 文獻及金文中的淮夷, 有的稱南淮夷, 或許
東國·南國卽以淮水爲界, 淮水以南卽稱南淮夷. 禹鼎"亦惟鄂侯馭方率南淮夷·
東夷, 廣伐南國·東國", 可證南淮夷確應屬于南國範圍. 盧·虎的地理位置, 當于
這個地區中求之.
23) "飯器也. 從皿虘聲. ▨籀文盧."

'⿱(虎)'는 즉 '夷虎'로 지금의 安徽 長豐縣 남쪽에 해당된다. 李學勤은 "夷虎는 초나라 북쪽에 위치한 곳이 아니라, ≪中國歷史地圖集≫은 그 지역은 安徽省 長豐의 남쪽에 속한다 했다. 당시의 전체적인 상황으로 보아 일리가 있다"[25]라 했다.

③ '杞夷舟夷'

'杞夷'는 지금의 河南省 杞縣에 해당된다. 李學勤은 "'杞'는 姓이 姒氏인 나라이다. ……≪漢書·地理志≫와 ≪史記集解≫가 인용한 宋忠의 말에 따르면 지금의 河南省 杞縣이다"[26]라 했다.

'舟尸' 중 '舟'나라는 '姜'씨의 나라이다. '舟'를 '州'로 쓰기도 한다. '州夷'로 지금의 山東省 安丘縣 북쪽에 해당된다.

'舟'자를 ≪舟簋≫는 '⿰'로, ≪楚簋≫는 '⿰'로 쓴다.[27]

④ '齊師族土'

'齊師'는 '제나라 군대'이며, '族土'는 '族徒'로 군주나 귀족의 종족으로 구성된 군대이다. 李學勤은 "'齊師'라는 단어는 ≪史寶簋≫에도 보인다. '師'자를 본 銘文은 일반적인 형태의 왼쪽 반절만 쓰고, ≪史寶簋≫은 우측 반절만 쓴다. 따라서 모두 '師'라는 것을 알 수 있다. '齊

---

24) "盧旣不能是≪尙書·牧誓≫所載西南夷的盧, 也不會是春秋時在湖北南漳東北的盧戎, 而應爲位于淮南的盧. ≪漢書·地理志≫廬江郡注引應劭云'古盧子國.' ≪通典≫廬江郡廬州說: '古盧子國也, 春秋徐國之地.' 據此盧之在今安徽廬江西南."

25) "夷虎不在楚國以北, ≪中國歷史地圖集≫推定其地在安徽長豐南, 從當時局勢看, 是有道理的."

26) "杞是姒姓國, ……據 ≪漢書·地理志≫及≪史記集解≫引宋忠說, 當在今河南杞縣."

27) ≪金文篇≫, '1422 ⿰', 606쪽 참고.

師'는 齊나라의 三軍이며, 지방군에 해당된다. 즉 周王의 六軍을 '六師'라고 하는 것과 같다"28)라 했다. '𧖅𧘂' 두 자를 ≪史寶簋≫는 「𤕬𤞤」로 쓴다.29)

'族土'는 '族徒'이다. 李學勤은 "'徒'는 '대중'의 뜻이다. '族徒'는 바로 족속의 무리이다. 그래서 아래에서는 '族人'이라 하였다. 당시 일종의 군대 제도 중 하나이다. 君主나 貴族은 대부분 자기 종족들로 구성된 군대가 있었다"30)라 했다. 𤴯(𤴯)'자는 편방 '㧖'와 '矢'로 이루어진 자이며, ≪師酉簋≫는 '𤴯'으로 쓴다.31)

⑤ '述人'

'述人'은 '遂人'으로 遂지역 사람으로 구성된 군대를 가리킨다. ≪尙書·費誓≫는 "魯人三郊三遂"32)라 하였다. '郊'는 도읍 밖의 땅을 말하고, '遂'는 '郊' 밖의 땅을 가리킨다. 天子의 六軍은 六鄕 六遂로 구성되고, 諸侯의 三軍은 三郊 三遂로 이루어진다. 𤴯(𤴯)'자는 의미부 '辵'과 소리부 '朮'로 이루어진 형성자이다.

≪金文篇≫은 ≪盂鼎≫의 𤴯'자를 '遂'자로 예정하고, "魏 三字石經은 春秋의 僖公의 公子 이름 遂를 晉나라 古文은 '𤴯'로 쓴다. ≪尙書·君奭≫'乃其隊命' 중의 '隊'자의 古文을 '𤴯'로 쓴다. ≪說文≫에는 '隊'자가 있으나 '隧'자는 없다. 현행본 ≪尙書≫는 '墜'로 쓴다. ≪說文

28) 「齊師」一詞也見于史寶簋. 「師」字本器作繁體師的左牛, 史寶簋則作其右牛, 可證兩者都必須讀作「師」. 齊師是齊國的三軍, 乃鄕里所出, 與周王六軍或稱「六師」同例."
29) ≪金文篇≫, '1142 齊', 487쪽 참고. '2312 𤕬', 935쪽 참고. '0976 𤞤', 417쪽 참고.
30) "'徒訓爲衆, '族徒'就是族衆, 所以下文又稱族人'. 當時軍制, 君主貴族多有自己宗族組成的隊伍."
31) ≪金文篇≫, '1109 𤴯', 470쪽 참고.
32) "세 교와 세 수의 노나라 사람들."

新附≫에 이 자를 수록하였다"라 했다.33) 그러나 ≪金文常用字典≫
은 이 자를 '述'로 예정하고 '遂'의 가차자로 쓴다고 하였다. "그러나
소리부 '朮'은 '豕'자의 형태와 거리가 멀고 '朮'과 가깝다. 이 자는 '述'
이고 '遂'의 가차자로 쓰인다. 고문헌에 음성부분이 '朮'인 자는 일반
적으로 '遂'자의 통가자로 쓰인다"라 했다.34)

⑥ '釐白僰'

'釐白'은 '釐白'으로 예정할 수 있고, '萊伯'으로 읽으며, 萊夷의 제후
를 가리킨다. 王輝는 ≪通志≫를 인용하여 "≪通志·氏族略三≫은 「萊」
는 子爵 중의 하나이다. 夷族의 풍속을 가지고 있었기 때문에 萊夷라
고도 한다. 지금의 山東省 登州府 黃縣 동남쪽 25리 쯤에 黃城이 있는
데, 이가 곧 萊子國이다. 襄公 6년에 齊나라에 멸망되었다'라 했다"고
했다.35) 山東省 登州府 黃縣은 지금의 山東省 龍口市 일대이다.

'僰'자는 '僰'자로, 본 명문에서는 '棘'의 가차자로 쓰인다. 王輝 "棘
는 齊邑 중 하나로 ≪左傳·召公十年≫에도 보인다. 지금의 山東省
淄博市 동쪽에 해당된다"라 하였다.36)

⑦ '長必'

'(長必)'은 '長必'로 '長密' 지역을 가리킨다. ≪史密簋≫ 중 중요

---

33) "魏三字石經, 春秋僖公公子遂, 如晉古文作𨒔, 尙書君奭乃其隊命古文作𨓚. 說
    文有隊無隊. 今本尙書作隊說文新附有之."≪金文篇≫, '0234 𨔶', 102쪽 참고.
34) "然聲旁朮與豕形體相距甚遠, 而與術近, 當釋爲述字而假作遂. 文獻從術得聲字
    可與遂相通假." ≪金文常用字典≫, 162쪽 참고.
35) ≪通志·氏族略三≫: "萊, 子爵, 其俗夷, 亦謂之萊夷. 今登州黃縣東南二十五里
    有黃城, 是萊子國, 襄公六年齊滅之." ≪商周金文≫, 202쪽 참고.
36) "一爲齊邑, 見 ≪左傳·召公十年≫, 今淄博市東." ≪商周金文≫, 202쪽 참고.

한 전쟁터에 해당되는데, 그 위치에 대해서는 정확히 알 수 없으나, 王輝는 '必'자는 密지방으로 지금의 濰坊 지구와 靑島市, 淄博市 사이에 해당된다고 하였다.[37]

二) 銘文에 대한 再考

군대와 지명 이외에 《史密簋》의 몇몇의 銘文에 대해서는 학자마다 매우 다른 견해를 보이고 있다. 심지어 어떤 학자들은 銘文 중 상당 부분이 누락되었다고 주장하기도 한다.

1) '隹(唯)十又二月'

첫 번째 ( )'자는 잘 보이지 않으나, 흔적과 금문의 형식으로 보아 '隹'자가 확실하다. 《天亡簋》는 ' '로 쓴다.[38]

' ( )'을 일반적으로 '二月'로 해석하나, 張懋鎔은 '一月'로 해석하였다.[39] 吳鎮烽의 《史密簋銘文考釋》은 '二月'로 해석하면서 "'十二月' 혹은 '十一月'로 해석하는데 이는 잘못된 것이다. ' '은 '二月' 두 자로 필획을 빌려 쓴 합문(借筆合文)이다. 西周 金文은 이러한 형식으로 合文을 많이 쓴다. 예를 들면, 《麥鼎》과 《乖伯簋》는 '二月'을 이와 같은 형태로 쓴다. 이외에도 '二百'을 ' '(《禹鼎》)으로, '三月'을 ' '로, '四匹'을 ' '(《彔伯戜簋》)로, '五朋'은 ' '(《宰甫簋》)으로 쓴다. 合文 중 '百'·'月'·'匹'·'朋'자의 첫 번째 필획은 가로 한 획으로 쓰고, 숫자를 표시하는 마지막 가로획은 借用 방법을 쓴다. 만

37) 王輝, 《西周金文》, 202쪽 참고.
38) 容庚, 《金文篇》, '0598 ', 251쪽 참고.
39) 張懋鎔, 《史密簋與西周鄕遂制度-附論"周禮在齊"》, 《文物》, 1991年 1期. 《安康出土的史密簋及其意義》, 《文物》, 1989年 7期.

약에 借用하지 않는 合文이라면 ≪叔相匜≫의 '二月'은 '⅋'자와 같이
「月」자의 첫 필획을 반듯한 가로획으로 쓰지 않는다. 이 자는 '二月'
이지 '三月'이 아니다[40]라 하였다.

그러나 ≪金文篇≫은 合文 '一月'의 예로 '⅋'(≪同卣≫)·'⅋'(≪小臣
遽簋≫)·'⅋'(≪旅鼎≫)·'⅋'(≪麥鼎≫)·'⅋'≪敽鼎≫)·'⅋'(≪公貿鼎≫)
·'⅋'(≪善鼎≫)·'⅋'(≪麓伯簋≫)·'⅋'(≪𧺫伯簋≫)을 쓰고, '二月'의 합
문은 '⅋'(≪召卣≫)·'⅋'(≪縣妃簋≫)·'⅋'(≪趞簋≫)·'⅋'(≪𨚬簋≫)·'⅋'
(≪弔上匜≫)·'⅋'(≪盠駒尊≫)을 쓰고 있다.[41] 만약에 ≪金文篇≫의
주장이 옳다면, '月'자의 첫 번째 필획은 합문의 한 획을 표시하는 것
이 아니라, '一'인가 '二'인가의 확정은 '月'자를 제외한 나머지 가로획
으로 결정됨을 알 수 있다. 또한 ≪史密簋≫는 '⅋'로 쓰는 것으로
보아 '二月'이 아니라 '一月'이 옳다. 王輝는 ≪商周金文≫에서 '一月'
로 예정하고 "하지만 탁본의 '⅋(月)'자 윗부분에 한 가로 획이 있다는
것을 확인할 수 없다"라 하였다.[42] 따라서 '一月'로 해석하기로 한다.

2) '王令師俗史密'

'師氏'는 武官에 속하며, 師俗은 ≪五祀衛鼎≫은 '伯俗父'로, ≪十二
年永盂≫는 '師俗父'로, ≪南季鼎≫은 '伯俗父'로, ≪三年師晨鼎≫은
'師俗斮'로 쓴다.

---

40) "十二月或釋爲十一月. 二月兩字系借筆合文, 作⅋形. 西周金文中此類合文很
　　多, 麥鼎乖伯簋的二月均與此同. 另與二百作⅋(禹鼎)·三月作⅋, 四匹作⅋
　　(彔伯矣簋)·五朋作⅋(宰甫簋)等. 這些合文中的百月匹朋等字的首筆皆作一橫,
　　和數字的末一筆互相借用. 如果不是借筆合文, 下一字的首筆不作一橫, 如叔相
　　匜的⅋'應讀爲二月而不應讀爲三月."
41) 容庚, ≪金文篇≫, '1121 ⅋', 47쪽 참고.
42) "不過從拓本看不出月(⅋)上是一橫." 王輝, ≪商周金文≫, 197쪽 참고.

'史'는 '史官'이며, 주로 제사나 기록하는 일을 담당하지만, 전쟁에 참전하여 행정적인 사무를 담당하기로 한다. '史密'이란 이름은 다른 명문에 보이지 않으나 ≪伯密父≫(≪集成≫02487) 중의 '伯密父'나,[43] ≪易鼎≫ 중의 '密伯'과 동일한 인물일 수도 있다.[44] '密'자를 ≪伯密父≫(≪集成≫02487)는 로, ≪高密戈≫(≪集成≫11023)는 로, ≪易鼎≫(≪集成≫02678)은 로 쓰며, ≪史密簋≫의 '()'자와 비슷하다.[45]

  3) '東征故南尸(夷)膚(盧)虎會杞尸(夷)舟尸(夷)雚不阶廣伐東或(國)齊自(師)族土(徒)述(遂)人乃執鄙寬亞(惡)'

"東征故南尸(夷)膚(盧)虎會杞尸(夷)舟尸(夷)雚不阶廣伐東或(國)" 구절은 전체 銘文 중 가장 의견이 분분한 부분이기도 하며, 전체 내용을 파악하는데 가장 중요한 부분이다.

  '故'자와 '會'자가 동사로 사용되고 있는가, 그렇다면 어떤 의미인가. '會'는 동사인가 아니면 한 족속인가. '南夷'는 周나라가 정벌해야 할 적국인가 아니면 적군을 물리치기 위하여 힘을 합쳐야 하는 연합 세력인가. '膚(盧)'와 '虎'는 南夷族의 일부인가 혹은 각각의 또 다른 민족인가, 혹은 적국인가 아니면 연합세력인가. "雚不阶"는 敍述句인가 아니면 족속 중의 하나인가. "廣伐"은 주나라가 東征하는 내용인가 아니면 적국들이 동쪽 지역을 침범하는 것인가. 이외에도 문장

---

43) 吳鎭烽, ≪史密簋銘文考釋≫: "≪三代吉金文存≫卷三收錄一件伯密父鼎, 系西周中期遺物, 抑或史密卽伯密父, 字密父, 行第爲伯, 故稱伯密父, 擔任王朝史官, 故也稱史密父, 簡稱史密. 是否一人, 尙需進一步研究."
44) 吳鎭烽, ≪金文人名匯編≫, 中華書局, 159쪽 참고.
45) ≪高密戈≫의 명문을 ≪金文篇≫ '1537 '(656쪽)에 수록하고, ≪易鼎≫의 명문은 '1226 '(535쪽)에 수록하고 있다.

"東征啟南尸(夷)膚(盧)虎會杞尸(夷)舟尸(夷)雚不阰廣伐東或(國)齊𠂤(師)族土(徒)述(遂)人乃執𠌦(鄙)寬亞(惡)"을 어떻게 끊어 읽어야 할 것인가 등등의 해결해야 할 문제들이 많다. 아래에서는 문제가 되고 있는 각 명문, 특히 서술어와 관련된 문자에 대하여 먼저 살펴보고 난 다음, 족명을 나타내는 전문명사와 전체적인 문장 내용은 "齊𠂤(師)·族土(徒)·述(遂)人, 乃執𠌦(鄙)寬亞(惡)"과 함께 살펴보도록 한다.

(1) '啟'자의 의미

'啟'자는 일반적으로 '연합하다'·'토벌하다'나 '맞추다(만나다)'의 의미로 해석하고, '啟'자가 목적어로 취하는 부분이 '南夷'만 해당되는지 혹은 그 뒤 '舟夷'나 '不阰'까지인지 등에 따라 의견을 달리하고 있다.

① '연합'의 의미
"會合·合伙·群夥之意."-吳鎭烽[46]
"合訓聚合·聚集·聯合."-王輝[47]

王輝는 ≪史密簋釋文考地≫에서 張懋鎔이 '啟'字를 '合擊(협공하다)'의 의미로 해석하고, "王命師俗史密王東征, 啟南夷"로 문장을 끊어 읽는 것은 잘못되었다고 하면서, '啟'자를 '聚合·聯合하다'로 해석하고, 아래 '會'자 역시 '취합하다'의 의미로 해석하며, "이 구절은 주나라의 변방지역에서 南夷族인 盧族·虎族과 東夷族인 杞族·舟族이

---

46) "'회합하다'·'한패가 되다'·'무리를 이루다'의 뜻." 吳鎭烽, ≪史密簋銘文考釋≫, ≪考古與文物≫, 1989年 3期.
47) "'合'은 '聚合하다'·'聚集하다'·'聯合하다'의 의미." 王輝, ≪史密簋釋文考地≫, ≪人文雜誌≫, 1991年 4期.

규합하여 소란을 피우는 것을 언급하고 있다. 南夷에 대해서는 '設'자를 쓰고, 東夷를 말하면서는 '會'자를 쓰는 것은 문장에 변화를 주어 단조로움을 피하고자 하는 것이다. 이러한 예는 古文獻에 자주 보인다"48)라 했다.

그러나 張懋鎔은 ≪史密簋與西周鄕遂制度≫에서 만약에 '設南夷'에서 문장을 끊어 읽지 않으면, 한 문장에서 같은 의미를 지닌 동의어 '設'과 '會'를 반복해서 쓸 필요가 없으며, 뒤의 '會'자를 명사 '鄶族'으로 이해하여 "設(會)南尸(夷)膚(莒)·虎·會(鄶)·杞夷·舟夷……"와 같이 봐서 '杞夷·舟夷'는 원래 東夷族인데 南夷族이 된다 하였다.

'會'를 동사의 용법으로 이해하든 간에 만약에 '設'자를 동사 '협력하다'로 해석한다면, 주어 생략문으로 이해하기 때문에 일반적인 금문의 문장형식이나 고대 문장 형식과 맞지 않다.49)

② '맞추다, 시기를 타다'의 의미

"'設'은 '경우가 되다(値)'·'상황에 따르다(逢)'의 의미이고, 뒤 '會'자는 '聯合하다'의 의미"-李學勤50)

"'기회를 타다'·'시기를 맞추다'의 의미"-李仲操51)

'設'자를 '値'·'逢'으로 해석하거나 '機會'의 의미로 해석하여 '南夷盧虎'가 '杞夷舟夷'와 협력함을 목적어로 보며, 실질적인 동사의 의미가 아니라 介詞나 副詞의 용법으로 해석하는 것이다. 李學勤은 본 구절

---

48) "此句銘文總述南夷盧·虎與東夷杞·舟聚合起來, 騷擾周之邊鄙. 而于南夷言設, 于東夷言會者, 乃變文以避單調也, 這種例子在古文獻中也是常見的."
49) 周寶宏, ≪近出西周金文集釋≫, 141쪽.
50) "訓爲値·逢, 後面的一個意思是聯合." 李學勤, ≪史密簋銘所記西周重要事實考≫, ≪中國社會科學硏究生院學報≫, 1991年 2期.
51) "機會·時機的意思." 李仲操, ≪史密簋銘文補釋≫.

을 "南夷의 盧·虎 두 나라가 杞·州 두 나라와 협력하여 소란을 피우
고 주나라를 섬기지 않는 때를 이용하여 동쪽 지방을 침략하였다는
뜻이다. 이는 역사적 사실 배경을 설명하는 내용이다"[52]라 하였다.
이렇게 해석한다면, 주어가 생략되어 亂을 일으킨 종족이 불명확하
고, 南夷가 東夷族인 '杞'·'舟(州)'와 연합하여 亂을 일으켰으며 주나
라가 토벌해야할 주 대상이 南夷인지 東夷인지 확실히 알 수 없다.
또한 금문에서 '故'은 실질적인 동사의 의미로 쓰이지, 副詞나 介詞의
의미로 쓰이는 경우는 거의 없다.

③ '토벌'의 의미
"'협공하거나, 혹은 포위해서 협공하다'의 의미"-張懋鎔[53]
"'故'자는 의미부 '攴'과 소리부 '合'으로 이루어진 형성자. '격파하다'
는 의미와 '협공하다'는 의미가 있는 '形聲兼會意'에 속하는 자이다"-
張永山[54]
"'故南夷는 '南夷를 진압하다'의 의미"-王雷生[55]
張永山은 '故'자는 동사의 용법이고, 뒤의 '會'자는 '鄶'자와 같은 자
로 국명이라고 설명하였다. 王雷生이 주장하는 '鎭撫'는 모두 '진압하

---

52) "適逢南夷中的盧虎與杞州兩國勾結, 作亂不敬, 侵擾了周朝的東土. 這說明了銘
   文史事的背景."
53) "合而擊之, 或曰圍而合之." "故字既然作合擊解, 則只能在南夷後斷句. 卽'王命
   師俗史密王東征, 故南夷爲一句. '故南夷'無法斷屬下句."('故'자를 '협공하다'의
   의미로 해석하면 '南夷' 뒤에서 문장을 끊어 읽어야 한다. 즉 '王命師俗史密王
   東征, 故南夷와 같이 이해하여야 한다. '故南夷'의 구절을 아래 구절과 연결시
   켜 이해해서는 안된다). 張懋鎔, ≪安康出土的史密簋及其意義≫
54) "從攴合聲, 旣有擊義, 又表現合攏的動作, 是一形聲兼會意的字." 張永山, ≪史
   密簋銘與周史研究≫, ≪盡心集≫, 中國社會科學出版社, 1996年11月.
55) "'故南夷'就是'鎭撫南夷." 王雷生, ≪由史密簋銘看姜姓萊·貰族的東遷≫, ≪考
   古與文物≫, 1997年6期.

다'는 뜻이 있으나, 무력으로 진압하기 보다는 '평화적으로 진정시키
다'의 의미가 담겨져 있기 때문에 張懋鎔 등이 주장하는 '合擊'과는 약
간 다르다.

張懋鎔은 "'故'자는 회의자이다. 손을 사용하거나 혹은 손에 쥐고서
두드려 기물의 뚜껑이 잘 봉합되도록 하는 것이 본래의 의미이다. 본
명문에서 '故'자 역시 이 의미인 협력하여 격파하거나 혹은 포위하여
협공한다는 뜻이다. 앞 문장은 文王이 師俗과 史密에게 군대를 이끌
고 東征하도록 하는 내용이고, 뒤에는 師俗이 齊師를 이끌고 출동하
고 史密이 玄族人을 이끌고 좌우에서 협공하는 내용이 있는데, 이는
'故'자의 본래의 의미를 확연하게 잘 드러내고 있다"라 하여, '故'자에
대하여 명확히 설명하고 있다.56)

'𢾅'자는 의미부 '攴'과 소리부 '合'으로 이루어진 형성자이다. 《說
文解字》는 '故'자에 대하여 "'故'은 '봉합하다'의 의미. 편방 '攴'과 '合'
으로 이루어진 회의자이며, '合'은 또한 음을 나타낸다"57)라 하고, 음
성은 '古沓切'이다. 徐灝의 《說文解字注箋》은 "'故'자는 '合'자의 古
字이다'58)라 하고, 《爾雅·釋詁》는 "'故'은 '合'의 의미이다"59)라 했
다. 《戰國策·秦策二》의 "楚王不聽, 遂擧兵伐秦. 秦與齊合, 韓氏從
之. 楚兵大敗於杜陵"60) 구절과 《史記·張儀列傳》의 "秦之所以不出
兵函谷十五年以攻齊·趙者, 陰謀有合天下之心"61) 구절 중의 '合'은 '연

---

56) "故字爲會意字, 卽用手(或持物)敲擊, 使器皿與蓋嚴合, 這是它的本意. 本銘故
字正用其本意, 卽合而擊之, 或曰圍而合之. 聯系上文文王命師俗史密二人挂率
東征, 下文又談及師俗率齊師史密率玄族人分兵包抄, 合而擊之, '故'字本意昭然
若揭." 張懋鎔, 《安康出土的史密簋及其意義》.

57) "故, 合會也. 從攴合, 合亦聲."

58) "合, 故古今字."

59) "故, 合也."

60) "楚王은 말을 듣지 않고 군대를 출동하여 秦나라를 쳤다. 秦나라는 齊나라와
연합하고, 韓나라가 이를 도와 楚나라 군사는 杜陵에서 크게 패했다."

합하다' 혹은 '합병하다'의 뜻이다. '敊'자 중 편방 '𢦏(攴)'은 '합병'을
구체적인 행동으로 옮겼음을 말한다.

(2) '會(會)'

金文 중 '會(會)'자를 ≪會始鬲≫은 '會'로, ≪趞亥鼎≫은 '會'로 쓴
다.[62] 본 '會'자의 형태와 비슷하다. 금문에서 '會'자는 일반적으로 '회
합하다'나 혹은 國名인 '鄶'의 쓰이며, 陳初生은 '鄶國'을 '檜國'으로 쓰
기도 하며, 지금의 河南省 滎陽市 密縣의 동북쪽에 해당되며 新鄭과
가깝게 위치하고 있다고 했다.[63]

≪史密簋≫의 '會'자도 역시 이 두 가지 의미로 해석된다. 李學勤
·吳鎭烽은 "敊南尸(夷)膚(盧)虎會杞尸(夷)舟尸(夷)"로 문장을 끊어 읽
고 '연합하다'의 의미로 해석하고, 李仲操 역시 문장은 동일하게 이해
하나 '鄶'로 해석한다.

① 動詞의 용법-'會合'·'聚合'

吳鎭烽 ≪史密簋銘文考釋≫

王輝 ≪史密簋釋文考地≫

李學勤 ≪史密簋銘所記西周重要史實考≫

張懋鎔 ≪安康出土的史密簋及其意義≫≪史密簋與西周鄕遂制度≫

沈長云 ≪由史密簋銘文論及西周時期的華夷之辨≫

方述鑫 ≪史密簋銘文中齊師族徒遂人-兼論西周時代鄕遂制度與兵制

---

61) "秦나라가 이른바 函谷關을 넘어 15년동안 齊나라와 趙를 공격하지 않은 것은
    天下를 합병하고자 하는 음모가 있었기 때문이다."
62) ≪金文篇≫, '0858 會', 364쪽 참고.
63) 陳初生, ≪金文常用字典≫, 575쪽 참고.

　　　關系≫

　王雷生 ≪由史密簋銘看姜姓萊·異族的東遷≫

　陳全方·尙志儒 ≪史密簋銘文的幾個問題≫

② 名詞의 용법-'鄶國

　李啓良 ≪陝西安康市出土西周史密簋≫

　李仲操 ≪史密簋銘文補釋≫

　張永山 ≪史密簋銘與周史硏究≫

　　대부분의 학자들이 '會'자를 '회합하다'로 해석하고 있다. 張懋鎔은
"만약에 '會'자를 國名 '鄶'로 해석한다면 문장은 '故(會)南尸(夷)膚(莒)
·虎·會(鄶)·杞夷·舟夷……'와 같이 이해하여야 한다. 그러면 杞國과
舟國은 南夷族이 되는데, 이는 杞族과 舟族이 東夷族인 사실에 맞지
않기 때문에 잘못된 것이다"[64]라고, 族名으로 해석한 문제점을 정확
하게 지적하고 있다. 周寶宏은 "그렇다고 할지라도 '故(會)南夷廬·虎
·鄶·杞夷·舟……' 중의 鄶·杞·舟 등은 본래 東夷族에 속하는데 왜
南夷族인 廬族과 虎族과 함께 '南夷族 아래 나열하였는가? 東夷族이
분명한데. 왜냐하면 이는 어디까지가 南夷를 가리키는 것인가와 밀
접한 관련이 있기 때문에 이 문제는 좀 더 깊이 있게 연구하여야 할
부분이다. 따라서 名詞 '鄶'와 動詞 '會合하다'의 해석을 모두 잠시 채
택하기로 한다"라 했다.[65] 물론 어디까지가 정확하게 南夷이고 東夷

---

64) "若將會字解釋爲鄶, 認作國族名, 句子變爲'故(會)南尸(夷)膚(莒)·虎·會(鄶)·
　　杞夷·舟夷……', 則把杞舟兩國族劃入南夷集團, 這與杞舟均屬東夷集團這一常
　　識相違背, 故知其非."

65) "盡管如此也無法解釋'故(會)南夷廬·虎·鄶·杞夷·舟……'之鄶·杞·舟等本爲
　　東夷爲何與廬·虎南夷並列而同放南夷屬名之下, 而標明是東夷? 因爲這確實
　　涉及到南夷到底指哪個區域而說的, 問題還須深入探討, 因此, 訓爲名詞鄶, 訓

인가에 대해서는 아직도 결론을 내릴 수 없지만, 문장을 "南夷族을 협공하여 무찌르라. 盧族과 虎族은 杞夷와 舟族과 회합하여……"[66]로 이해한다면, 南夷族으로 다시 盧族과 虎族을 언급했다는 周寶宏의 의문을 해결할 수 있다.

《說文解字》는 '會'의 고문을 🔲(佮)'로 쓴다. 《金文篇》은 '佮'(《戌甬鼎》)에서 "逤는 '會'의 의미이다. 《說文》은 '會'자의 고문을 '佮'로 쓴다. 편방 '彳'과 '辵'은 같은 뜻이다"라 했다.[67] 《保卣》는 '佮'로, 《牆盤》은 '佮'로, 《麥方尊》은 🔲'로 쓴다. 《靜簋》 중의 '🔲(唑)'자 역시 '逤'의 이체자이다.

《麥方尊》의 "逤王饔(餡)莽(豊)京酌祀"[68] 구절과 《靜簋》의 "王曰(以)吳莽·呂劘(剛)唑(會)𣁳荃㠯·邦周射于大池"[69] 구절 중의 '逤'와 '唑'자는 모두 '會'의 의미이다.[70]

(3) '𨿺不阢'

'𨿺'·'不'자와 '阢'자를 각각 🔲(𨿺)'·🔲(不)·🔲(阢)'로 쓴다. 이 세 자를 각각의 宗族으로 보거나, '𨿺'자를 '讙(시끄러울 환, huān, guàn, xuān)'이나 '觀'의 의미로 해석하거나, '阢'자를 '阰'의 의미로 해석하기도 한다.

爲動詞會合, 二說可暫時並存." 《近出西周金文集釋》, 144쪽 참고.

66) "故(會)南夷. 盧·虎會杞夷·舟……."

67) "逤當讀作會. 說文會字古文佮, 從彳與從辵同義." 《金文篇》, 95쪽.

68) "왕을 모시고 豊京에서 酌(肜)祭를 행하다."

69) "왕이 八月 初吉 庚寅 날에 '吳莽'·'呂劘(剛)'와 함께 '𣁳荃㠯'·'邦周'를 만나 辟雍의 큰 연못가에서 활쏘기를 하다."

70) 崔南圭 考釋, 《西周金文十八品고석과 임서》, 39쪽, 83쪽 참고.

① '雚'
ⓐ 國族인 '觀國'으로 해석

李啓良≪陝西安康市出土西周史密簋≫

吳鎭烽≪史密簋銘文考釋≫

陳全方·尙志儒≪史密簋銘文的幾個問題≫

王雷生≪由史密簋銘看姜姓萊·異族的東遷≫

李仲操≪史密簋銘文補釋≫

王輝는 '雚'을 國名 '觀國'으로 이해하는 것을 반대하고 "觀國은 지금의 河南省 範縣 부근이며, 齊나라와 魯나라 중간에 위치하였다. 만약에 觀國이 南夷와 함께 齊나라와 전쟁을 하려면 반드시 魯나라를 통과하여야 한다. 그렇다면 西周 때 동방의 주요한 諸侯國 중의 하나였던 魯나라가 가만히 앉아서 보고만 있었다는 것은 불가능하다. 銘文에는 魯나라가 출동하여 夷族과 전쟁을 한 내용은 보이지 않기 때문에 觀國이 齊나라를 토벌하는데 참여했을 가능성은 적어 보인다. 또한 盧와 虎를 南夷라고 하고, 杞와 舟를 夷라고 부르면서 왜 觀國만을 夷라고 부르지 않는가. 이러한 이유도 불합리하다"[71]라 했다.

ⓑ 陣名인 '鸛陳'

張懋鎔≪安康出土的史密簋及其意義≫

---

71) "古觀國在今河南範縣附近, 與齊之中間隔着魯國. 若觀國要與南夷一同伐齊, 必經過魯地界, 作爲西周在東方的主要諸侯國的魯, 不應隱坐釣台. 但從銘文看, 未見魯出動力與夷作戰, 故觀國參與伐齊的可能性不多. 且盧虎稱南夷, 杞舟稱夷, 獨觀不稱夷, 亦不合理."

張懋鎔은 ≪左傳·定公二十一年≫의 "宋大夫 鄭翩은 鸛陳法을 원하고, 그의 전차를 운전하는 자는 鵝陳法을 원했다"[72) 구절에 대한 杜預의 "鸛과 鵝는 모두 軍陳의 명칭이다"[73)라는 해석을 참고하여 "본 명문 중의 '雚'자 역시 陣名의 뜻이다"[74)라 하였다. 그러나 금문 중에서는 고증할 만한 증거가 부족하다.

ⓒ 動詞 '觀察'의 의미
張永山≪史密簋銘與周史研究≫
張永山은 '雚'자는 '觀察하다'의 의미이고, '不'은 '邳國'이며, '阼'자는 '阺'의 의미로 "邳國의 북쪽 어떤 고지대를 가리킨다"[75)라 하였다.

ⓓ 軍事術語 '觀兵'의 의미
劉雨 ≪近出殷周金文綜述≫[76)
林楠春 ≪史密簋銘文匯釋≫[77)

劉雨는 "옛날에 '觀兵'은 군사적으로 위협을 가하는 일종의 전쟁 수단 중의 하나이다. 전투를 하지 않고서 적을 굴복시키고자 하는 兵이다. '不陟'은 ≪班簋≫ '否畀屯陟'의 의미와 같다. 앞으로 대대적으로 전진해 나아간다는 뜻이다"[78)라 하고, 林楠春은 "'觀兵'은 고대 군사

---

72) "鄭翩願爲鸛, 其御願爲鵝."
73) "鸛鵝皆陣名."
74) "本銘雚字也用爲陣名."
75) "指邳之北謀處高地而言."
76) ≪古宮博物院院刊≫, 2002年 第3期.
77) 林楠春, ≪史密簋銘文匯釋≫, ≪青年文學家·語言研究≫, 195쪽.
78) "古之觀兵是進行軍事威脅的一種戰爭手段, 企圖以不戰而屈敵人之兵. '不陟'卽 ≪班簋≫否畀屯陟之省, 意指'大踏步之前進.'"

와 관련된 활동 중의 하나이다. 자기 나라의 군사 실력을 보여주려
과시하는 것을 말한다"79)라 했다.

"否畀屯陟" 중의 '畀'는 '賜予(내리다)', '屯'자는 '훌륭하다'의 '純', '陟'
은 '승진(升進)시키다'의 의미로 해석하여 '높고 큰 지위를 부여하다'
로 해석하기도 한다.80) 따라서 '觀'을 전쟁의 한 전문용어로 이해하기
엔 무리가 있다.

ⓔ 語頭助詞 '唯'

李仲操≪史密簋銘文補釋≫은 語頭助詞 '隹'로 예정하고 '唯'의 의미
로 해석하였고, '不阠'은 '不悊'로 풀이하였다.

ⓕ 動詞 '雚'의 의미

李學勤 ≪史密簋銘所記西周重要史實考≫

王輝 ≪史密簋釋文考地≫

沈長云 ≪由史密簋銘文論及西周時期的華夷之辨≫

方述鑫 ≪史密簋銘文中齊師族徒遂人-兼論西周時代鄕遂制度與兵
　　　　制關系≫

李學勤은 '雚'자를 '讙'으로, '阠'자를 '悊'자로 해석하여 "'讙'은 '소란
을 피우다', '悊'은 '존경하다'의 뜻이다"81)라 했다. 王輝 역시 같은 의
미인 '譁(시끄러울화, huá, huā)'로 해석하였다. ≪說文解字≫는 "讙,

---

79) "觀兵應爲古代的一種軍事活動, 意在炫耀本國的軍事實力."
80) 陳初生 編著, ≪古文字讀本≫(語文出版社), 95쪽. "大大地賜予美善使之得以撓
　　升高位."
81) "讙意思是喧亂, 悊的意思是敬."

諆也"라 했다. 금문 중 ≪御尊≫은 '𧔥'으로 쓰고, ≪雚女觶≫는 '𧒇'으로 쓴다.[82] ≪荀子·儒效≫"此君義信乎人矣, 通於四海, 則天下應之如讙[83]에 대하여 楊倞은 "讙, 喧也. 言聲齊應之也"[84]라 했다.

銘文 중 '雚'자 뒤에 '不阠'을 '不愻(순종하지 않다)'로 해석하면 문장 전체적 내용이 이해하기가 쉽다.

② '不阠'

ⓐ '國族'

'不'國과 '阠'國:

李啓良 ≪陝西安康市出土西周史密簋≫

'不'은 國名, '阠'은 '陟' 혹은 '阺'의 의미:

陳全方·尙志儒 ≪史密簋銘文的幾個問題≫

張永山 ≪史密簋銘與周史研究≫

ⓑ '不屈'의 뜻

吳鎭烽 ≪史密簋銘文考釋≫

ⓒ '阠'자를 '墮'로 해석

張懋鎔 ≪安康出土的史密簋及其意義≫

---

82) ≪金文篇≫, '0612 𧔥', 259쪽 참고.

83) "이러한 임금의 뜻을 사람들이 믿게 되고 온 세상에 통하게 되니 곧 온 천하가 떠들썩하게 그에게 호응한다."

84) "'讙'은 '떠들다'의 의미. 함께 소리에 대응한다는 뜻."

ⓓ '不敬'의 뜻

李學勤 《史密簋銘所記西周重要史實考》

王輝 《史密簋釋文考地》

李仲操 《史密簋銘文補釋》

張懋鎔는 '雚'자를 陣名으로 해석하고, '阼'자를 '墮落'의 의미로 해석하여 "'떨어지지 않는다(不墮)'라는 말은 鸛陣이 질서정연하게 펼쳐져 마치 鸛鳥가 하늘로 비상하여 자유자재로 날아다니며 아래로 떨어지지 않는다는 것과 같다"[85]라 했다. 짧은 銘文의 내용을 이와 같이 적군의 兵陣法까지 설명한다는 것은 설득력이 없다.

王輝가 '雚'자는 '觀族'이 아니라고 설명하면서, "廬와 虎를 南夷라고 하고, 杞와 舟를 夷이 부르면서 왜 觀國만을 夷라고 부르지 않는가"라 했듯이 '不과 '阼'도 族名으로 볼 수 없다.

■(阼)'자는 '阜'와 '斤'으로 이루어진 자이며, '斤'은 '折'의 생략형이다. 따라서 이 자는 편방 '阜'와 '折'省聲으로 이루어진 자이다. 금문은 '折'자를 '折'·'𢿌'·'𣂪'·'㪿' 등으로 쓰며,[86] 《說文解字》는 "斷也"[87]의 뜻이라고 설명하였다. 《廣雅 釋詁》는 "折, 下也"라하고, 《戰國策·制策》의 "晩求之, 韓且折而入於魏, 不如早求之"[88]에 高誘는 "'折'은 '분산되다'로 '복종하다'의 의미와 같다"[89]라 했다. 따라서 '阼'자는 '折'의 의미인 '굴복하다'·'복종하다'의 의미로 쓰인다. 李學勤는

---

85) "不墮是用來形容鸛陣排列有序, 行動自如. 像鸛鳥飛翔上下, 旋轉不落."

86) 《金文篇》, '0085 𣂪', 38쪽 참고.

87) "절단하다."

88) "늦게 구원하게 되면, 韓나라가 오히려 굴복하고 魏나라에 항복할 것이니, 빨리 구원하는 것만 못하다."

89) "折, 分也. 猶從也."

'悊(공경할 철, zhé)'로 해석하였다. 음과 의미가 '折'과 유사하나, '折'
이 이미 '복종하다'는 의미가 있기 때문에 굳이 '悊'의 의미로 해석할
필요가 없겠다.

'雚不阠'은 '讙不折'로 전체적으로 '소란을 피우고 (주나라에) 복종
하지 않다'라는 뜻이다.

(4) '廣伐東或(國)'

"廣伐東或(國)"의 구절에 대해서는 일반적으로 의견이 일치한다.
'廣'은 '널리'·'두루'라는 의미의 부사어로 쓰이고, '伐'은 '공격하다'·
'정벌하다'의 뜻이다. ≪商頌·殷武≫"奮伐荊楚"[90]에 대하여 鄭玄은 "有
鍾鼓曰伐"[91]라 하고, ≪孟子·告子下≫"是故天子討而不伐"[92]에 대하
여 焦循≪正義≫는 "討者, 上討下也. 伐者, 敵國相征伐也"[93]라 했다.
'廣'자를 금문 중 ≪廣父己簋≫는 '廣'으로, ≪班簋≫는 '廣'으로, ≪多
友鼎≫은 '廣'으로 쓰며,[94] 人名 이외에 주로 '廣大하다'의 의미로 쓰
인다.[95]

한편, 吳鎭烽은 "廣伐東或齊𠂤·族土·逑人"으로 문장을 읽어, 東國
은 즉 '齊𠂤'·'族土'·'逑人'과 同格이며 "齊𠂤·族土와 遂(逑)國은 모
두 周나라 동부에 위치한 나라로 南夷가 침략한 대상 중의 하나이

<hr/>

90) "군사를 일으켜 荊楚를 치다."
91) "군사가 종과 북을 두드리면서 치는 것을 伐이라 한다."
92) "따라서 천자는 토벌은 하나 침략은 하지 않는다."
93) "'討'라는 것은 上國이 下國을 정벌하는 것이고, '伐'은 적국끼리 서로 싸우는
    것을 말한다."
94) ≪金文篇≫, '1547 廣', 658쪽 참고.
95) ≪金文常用字典≫, 876쪽 참고.

다"96)라 하였다.

(5) "東征敆南尸(夷)膚(盧)虎會杞尸(夷)舟尸(夷)雈不斦廣伐東或(國)齊𠂤(師)族土(徒)述(遂)人乃執啚(鄙)寬亞(惡)" 구절에 대한 이해

① "廣伐東國齊師族徒遂人"을 連讀하는 경우

李啓良, 吳鎭烽, 王輝, 陳全方·尙志儒, 李仲操, 王雷生 등은 "廣伐東國"과 "齊師族徒遂人" 구절을 연결된 내용으로 보고 있다. 그러나 '齊師'에 대한 이해가 서로 다르다.

ⓐ '齊師'를 敵國으로 이해

李啓良은 周나라 천자가 師俗과 史密에게 南夷의 盧·虎·會族과 杞夷舟夷의 雈·不·斦族과 연합하여 齊師를 토벌하려고 한다며, "周나라 天子는 師俗과 史密 두 사람에게 南夷의 盧族·虎族과 會族이나 杞夷·舟夷 중의 雈族·不族·斦族 등과 연합하여 동쪽 지방을 정벌하는 내용을 서술하고 있다. 이번 동정의 적국은 齊나라이다"97)라 했다.

ⓑ '齊師'를 師俗이 통솔할 군대로 이해

王雷生은 '啚寡亞'를 '동쪽 변방국인 寡國의 제후 亞'로 이해하며, "왕이 師俗과 史密에게 명령하였다. 동쪽 지방을 정벌하고, 南夷를 순방하여라. 膚虎族은 이미 杞夷舟夷雈不折 등의 군대와 협력하여

---

96) "齊𠂤族土遂國皆處周王朝的東部, 是這次南夷侵伐的對象."
97) "記載了周天子分命師俗史密二人率軍聯合南夷的盧虎會, 杞夷舟夷中的雈不斦等廣伐東國一事, 這次征戰敵方是齊國."

동쪽 지방을 두로 정벌하였다. 그러니 너희는 齊師族土述人의 군대를 이끌고 출전하여 동쪽 변방지역 寡國의 제후 大亞를 체포하도록 하여라"98)로 해석하여, 齊師를 師俗과 史密이 이끌고 출전해야 할 군대이며, 토벌할 대상은 '鄙寡亞'라 했다.

ⓒ '齊師'는 南夷가 침범한 나라

吳鎭烽은 南夷가 광벌(廣伐)한 대상을 '齊師'·'族徒'·'遂人'으로 보았다. 또한 두 번 출현하는 '齊師' 중 첫 번째는 地名이고 두 번째는 '齊國'의 군대라 하였다.

陳全方은 杞舟蘆丕가 변경을 침범하여 동국인 齊師를 정벌한 것으로 이해하고, '齊師'와 그 다음 구절 '族徒·遂人……'과 분리하여 해석하고 있다.

王輝는 南夷와 東夷가 연합하여 東國인 '齊師'·'族徒'·'遂人'을 정벌하고, '寬'은 국가, '亞'를 제후명으로 이해하여, 南東夷가 周나라 주변국가 제후인 '寬亞'까지 잡아간 것으로 이해하고 있다.

李仲操는 '膚'·'虎'와 '會'族 三夷가 杞·舟 東夷族 중의 하나인 蘆國이 不阼(不敬)하고 東國인 齊師를 정벌하였다고 하며, "南夷 廬·虎·會는 南夷의 작은 삼개 국이다. ……, 명문 중의 '舟夷蘆'는 舟道 중의 夷族 觀國으로 이해하여야 문맥이 맞다. 杞와 舟 두 이족을 南夷와 함께 나열한 것은 이 두 夷族이 아니라는 것을 설명하고 있다. 杞와 舟는 동쪽지역에 있고, 이 두 夷族은 모두 東夷에 속한다"99)라 했다

---

98) "王命令師俗史密說: 東征, 按撫南夷. 膚虎已會同杞夷舟夷蘆不阼諸師廣伐東國, (爾等率)齊師族土述人的(主要任務)乃是逮捕東鄙寡國的侯亞."

99) "南夷廬虎會是南夷中的三個小國……, 則簋銘「舟夷蘆」就應該是舟道之夷中的觀國了, 也可相合. 杞舟二夷, 簋銘把它同南夷並列, 說明它們不屬南夷. 杞舟二地都在東國地界, 則二夷實屬東夷."

② '廣伐東國'과 '齊師族徒遂人'을 分讀하는 경우

張懋鎔, 李學勤, 張永山, 沈長云 등이 '廣伐東國'에서 한 문장 끝나
는 것으로 보고 있다.

張懋鎔은 金文에서 '廣伐'로 이루어진 구절은 일반적으로 독립적으
로 출현함을 예로 들며, "두 번째 구절은 '廣伐東國'에서 끊어 읽어야
한다. 戰爭에 관한 西周 銘文은 '廣伐××'와 같은 문장 형식을 자주 쓰
는데, 거의 예외 없이 이 구절 뒤에서 끊어 읽어야 한다. …… ≪史密
簋≫가 '廣伐東國'이라고 한 것으로 보아 '廣伐'한 범위는 아마 상당히
넓었을 것이다. 만약에 '廣伐東國'과 '齊師'를 연결되는 구절로 본다
면, 예를 들어, ≪多友鼎≫의 '廣伐京師' 구절과 같이 '廣伐齊師'로 쓰
면 되지 '東國'이란 말을 추가할 필요가 있겠는가? 또한 '齊師'를 地名
으로 이해하면 '師俗率齊師・遂人'의 구절을 이해하기가 어렵다. '齊
師'・'族徒'와 '遂人'은 병렬구조로 품사가 같으며, 만약에 '齊師'를 '地
名'으로 해석하면 '族徒'와 '遂人'은 國族名이기 때문에 서로 모순이
된다"라 했다.[100]

금문 중 '廣'과 '伐'이 결합된 구조로 ≪多友鼎≫은 "用嚴(玁)狁(狁)
放(方)興(興), 廣伐京自(師), 告追于王"으로 쓰고,[101] '廣'과 '批'를 결합
하여 ≪牆盤≫은 "弘(宏)魯卲(昭)王, 廣能楚荊(荊), 佳(唯)寏南行"[102]

---

100) "第二句仍應斷在'廣伐東國'之後. 西周戰爭銘文恒見'廣伐××'句, 都作如是斷句,
    概無例外……史密簋旣言廣伐東國, 則廣伐的範圍一定不小, 若將'廣伐東國'
    句與齊師連讀, 則直言'廣伐齊師', 如多友鼎'廣伐京師'便可, 何必加上東國二
    字? 如果把「齊師」釋爲地名, 後文'師俗率齊師・遂人'句無法解釋. 齊師・族
    徒・遂人, 三者顯然爲並列詞語, 詞性相當, 若將齊師解作地名, 族徒・遂人又
    說爲國族名, 豈不自相矛盾."

101) "玁狁이 반란을 일으켜 京師 지방을 크게 혼란하게 하자 왕에게 토벌하는
    일을 보고 하였다." 최남규, ≪중국고대금문의 이해≫, 342쪽 참고.

이라 했다. '廣馘' 중의 '馘'자를 '批'자로 해석하기도 하고,103) 음성부분
을 '能'으로 보고, '笞'의 통가자인 '정벌하다'·'다스리다'의 의미로 해
석하기도 한다.104)

'伐'자는 단독으로 '정벌하다'의 의미로 쓰이는 이외에, '敳(撲)' 등과
함께 쓰여 "王臺(敦)伐㭡(其)至, 敳(撲)伐乎都"(≪馱鐘≫)로 쓰기도 한
다.105)

따라서 張懋鎔의 주장에 따라 '廣伐東土'에서 문장을 끊어 읽기로
하면, 南夷가 東夷와 연합하여 동쪽 지방을 침범하자 周나라 천자가
師俗과 史密에게 이를 물리치도록 명령을 내린 것으로 이해하기로
한다. 이렇게 이해하여야 "師俗率齊㠯(師)·遂人左[周伐長必, 史密父
率族人·釐㠯(伯)·樊·眉周伐長必" 중의 '師俗率齊㠯(師)·遂人'의 내
용과 관계가 있음을 알 수 있다.

한편, 李學勤, 張永山 등은 '齊師族徒遂人'을 주나라가 보호해야할
國名으로 이해하였다. 李學勤은 "南夷 중의 하나인 廬族과 虎族이 杞
와 州 두 나라와 합력하여 소란을 피우고 복종하지 않고 주나라의 동
쪽 지방을 침범하였다. 이 역사는 사실이다. ······이는 夷人이 동쪽 지
방을 침략하자 齊國의 여러 부대가 변방지역을 방어하며 피해를 면
하고자 하는 내용을 설명하고 있는 것이다"106)라 하고, 張永山은 "이

---

102) "위대하고 훌륭하신 昭王은 널리 楚荊을 징벌하고, 성대한 군대를 이끌고 南
    行하였다."
103) 陳初生, ≪金文常用字典≫, 877쪽.
104) 최남규, ≪중국고대금문의 이해≫, 281쪽 참고.
105) "왕은 그 침범을 확실히 토벌하고자 㯱國의 수도를 공격하였다." 최남규, ≪중
    국고대금문의 이해≫, 336쪽 참고.
106) "適逢南夷中的廬虎與杞州兩國勾結, 作亂不敬, 侵擾了周朝的東土. 這說明了
    銘文史事的背景······. 是說因有夷人侵擾東土, 齊國的各種部隊防守邊邑, 以
    避禍害."

구절은 齊師族土와 遂人이 연합하여 어떤 변방 지역에서 적군을 대
비하고 방어하는 상황을 설명하는 내용이다. 여기까지가 師俗과 史
密이 천자의 명을 받아 東征을 하기 전에 東國이 南夷의 침범을 받았
다는 것과 전쟁을 대비하여 취한 군사적 행동에 대하여 언급한 것이
다. 이 다음부터는 東征에 관한 실질적인 내용을 언급하였다"[107]라
하였다. 그러나 이와는 반대로 '齊師族徒遂人'이 '乃執鄙寡惡'과 같은
부당한 행위를 하였기 때문에 주나라가 敵國으로 간주하고 토벌해야
할 대상으로 보고 있다. 이 문제에 대해서는 '乃執鄙寡惡' 구절을 설
명할 때 살펴보기로 한다.

(6) '乃執啚(鄙)寬亞(惡)'
'乃執啚(鄙)寬亞(惡)' 구절에 대한 의견 또한 매우 분분하다.

① '乃'
'乃'자는 금문에서 일반적으로 '代詞'·'副詞'와 '連詞'의 용법으로 쓰
인다.[108]

ⓐ '副詞'의 용법
吳鎭烽과 張永山은 '乃'자를 副詞의 용법으로 보았다. 吳鎭烽은 "'乃'
자는 본 구절에서 程度副詞의 용법으로 사용되었으며, '竟然(마침내)'
·'居然(결국)'이라는 의미로 해석할 수 있다"[109]라 하고, 張永山은

---

107) "此句追述齊師族土遂人聯合扼守某國邊鄙以待敵軍的狀況.　銘文至此是交代
　　師俗史密奉命東征前東國遭南夷的進犯, 以及採取的戰備措施, 以下敍述東征
　　的狀況."
108) 陳初生, ≪金文常用字典≫, 498쪽.
109) "乃在該句中表示程度的副詞, 可譯爲竟然·居然."

"'乃'자는 술어 '執'자 앞에 쓰여, 이 자 앞 뒤 사건이 서로 상호 관련이
있어 발생함을 표시한다"[110])라 했다.

ⓑ '連詞'의 용법

張懋鎔은 '乃'자를 '連詞'로 해석하고, "이 문장 앞까지의 내용은 전
쟁이 일어나게 된 동기에 대한 설명으로 周나라 왕이 師俗과 史密에
게 東征을 하게끔 한 이유이다. 이 문장 다음은 전쟁을 하는 과정을
묘사하고 있다. 따라서 본 구절은 전쟁이 일어나기 전으로 즉 周나라
왕이 장군을 파견하여 통솔하기 前, 齊師·族徒와 遂人의 전운에 대
한 반응 행위이다. '乃'자는 앞 구절은 '因(원인)'에 해당되며, 본 구절
은 '果(결과)'에 대한 내용이라는 것을 특별히 설명하는 표지이다. ≪多
友鼎≫'用玁狁方興, 廣伐京阜, 告追于王'[111]) 중의 '用'자는 '因(원인)'
이나 '由(이유)'를 표시하여, 玁狁이 크게 반란을 일으켜 京阜로 쳐들
어오자, 그 결과 京阜가 '왕에게 보고 하였다(告追于王)'이다. ≪多友
鼎≫은 '用'자를 쓰나 '乃'자가 없고, ≪史密簋≫는 '乃'자가 있으나 '用'
자가 없지만, 모두 원인과 결과를 나타낸다. 따라서 본 구절은 齊師
·族徒와 遂人이 전쟁이 일어나기 전에 행한 일련의 행동을 말한
다"[112])라 하였고, "執鄙寬亞"은 南夷가 쳐들어오자 주나라의 주력부

---

110) "這句話里的 「乃」字在謂語 「執」之前, 起到前後兩種事物在情理上的順承作用."
111) "玁狁이 반란을 일으켜 京師 지방을 크게 혼란케 하자 왕에게 토벌할 것을
    보고 하였다."
112) "在此句之前, 乃是敍述本次戰役的起因, 也卽周王命師俗·史密東征的由來.
    在此句之後, 則是敍述戰役的過程. 顯然本句是在戰役開始之前, 卽周王派將
    領來統馭之前, '齊阜(師)·族土(徒)·遂人'對戰爭局勢作出的反應. 特別是本句
    中的'乃'字, 表明前句爲'因', 此句爲'果'. 與多友鼎'用玁狁方興, 廣伐京阜, 告追
    于王'. '用'字表示'因'或'由'. 因爲玁狁大興, 廣伐京阜, 所以京阜, '告追于王'. 多
    友鼎由'用'無'乃', 本篇有'乃'無'用', 在表明因果關系上, 二者是一致的. 所以本
    句是描寫齊阜(師)·族徒·遂人在大戰前夕的行動."

대가 들어오기 전, 일종의 방위태세를 하는 행위라는 것이다. 齊師는 周나라를 도와서 함께 南夷를 물리칠 제나라 지역의 군대로 보고 있다.

‘乃’자가 ‘副詞’이든 혹은 ‘連詞’의 용법이든 결국은 같은 내용이다. 連詞라면 전후 문장을 연결해 주는 連詞 ‘且(所以)’와 같은 역할을 하여 결과를 표시하고, 副詞라면 ‘결국’·‘마침내’ 등의 뜻을 나타내는 결과를 표시하는 부사어 역할을 하기 때문에, 품사에 관계없이 모두 ‘따라서’·‘결국은’ 등으로 해석할 수 있다.

② ‘執’

‘𪠡(執)’자는 일반적으로 동사인 ‘체포하다’ 혹은 ‘방어하다’의 의미로 해석한다.

ⓐ ‘逮捕하다’의 의미

吳鎭烽, 王輝, 李仲操, 方述鑫은 등은 ‘執’자를 ‘사로잡다’(拘捕)의 의미로 해석하고 있다.

ⓑ ‘방어하다’의 의미

李學勤, 張永山, 張懋鎔 등은 ‘방어하다’의 의미로 해석하였다. 張懋鎔은 ‘執’자가 ‘체포하다’와 관련이 있으나, “‘執’에는 ‘방어하다’의 뜻이 있다. …… 《廣雅·釋言》은 ‘執자는 으르다(협박하다)의 뜻’이라 했다. 따라서 ‘執’은 ‘체포하다’·‘결단하다’·‘공제하다’·‘협박하다’ 등의 뜻이 있다는 것을 알 수 있다. 우리는 이러한 자들에 공통적으로 ‘외부의 영향으로 내부를 결속하다’나 ‘내속을 다지다’라는 의미가 내포되어 있음을 알 수 있다. 따라서 ‘執鄙’는 내속을 다지거나 내부의 힘을 강화시켜 변방을 방어한다는 뜻이다”[113]라 했다.

금문은 '執'자를 '□'(≪翏生盨≫)·'□'(≪員鼎≫)·'□'(≪虢季子白盤≫)·'□'(≪師袁簋≫)·'□'(≪不嬰簋一≫)·'□'(≪不嬰簋≫)·'□'(≪多友鼎≫) 등 다양한 형태로 쓴다.[114] 갑골문은 '□'·'□'·'□'·'□' 등으로 쓴다. 갑골문, 금문 모두 두 손을 앞으로 묶어 刑具를 채워 체포하는 형상이다.

전쟁과 관련이 있는 명문에서 '鞤(執)'자는 '□(訊)'자와 함께 쓰여 '체포하여 심문하다'는 의미로 자주 쓰인다. 예를 들어, ≪多友鼎≫은 "多友右(有)折首鞤(執)□(訊)"[115]이라 하고, ≪虢季子白盤≫은 "折首五百, 執□(訊)五十"[116]라고 했으며, ≪兮甲盤≫은 "兮甲從王折首執□(訊), 休"[117]라 하였으며, ≪詩經·小雅·出車≫는 "執訊獲醜, 薄言還歸"[118]라 했다. '鞤'자는 '執'자와 같은 자로 '체포하다'이며, '□'은 '訊'자의 初文으로 '포로로 잡아 심문하다'의 뜻이다.[119]

따라서 ≪史密簋≫에서 '執'자는 '사로잡다'는 의미이다.

③ '呂寬亞'

≪史密簋≫는 '呂'·'寬'·'亞'자를 각각 '□(呂)'·'□(寬)'·'□(亞)'로 쓴다. 이들 문자 중 '□'자를 일반적으로 '寬'으로 예정하나, 吳鎭烽만이 '寡'자로 예정하고 국명으로 보고 있다.

---

113) "'執'有守義. …… ≪廣雅·釋言≫'執, 脅也.' 是知執有拘捕·決斷·控制·脅迫等意思. 我們注意到這些字義有一個共同點, 卽都含有從外向內收攏·緊縮的意向. 所謂"執鄙"就是加緊加强邊境防守的意思."
114) ≪金文篇≫, '1686 鞤' 704쪽 참고.
115) "多友는 또한 적을 참하거나 포로로 잡았다."
116) "5백명을 참하고, 50명을 생포하고 심문하였다."
117) "兮甲은 왕을 수행하여 적을 참하고 포로를 생포하는 등 일을 잘 수행하여 근심을 없앴다.
118) "많은 적을 베고 사로잡고 돌아오네."
119) 최남규, ≪중국 고대 금문의 이해≫, 341쪽, 374쪽 참고.

'啚寬亞'에 대한 의견을 크게 두 가지로 나눌 수 있는데, 이 문장은 또한 문장 내용을 이해하는 것과 관련이 있기 때문에 같이 살펴보도록 한다.

첫째, 吳鎭烽·李仲操·王輝 등은 '啚(鄙)'는 변방지역, '寬'은 읍명 혹은 국명, '亞'는 武官으로 해석하였다. 또한 본 문장을 위문장과 연결하여 "남이와 동이가 연합하여 동국인 齊師·族徒와 遂(遂)人을 점령하고, 동시에 齊國 변방 지역인 寬邑의 무관을 사로잡아 갔다"[120]라 하며, 따라서 '啚寬亞'를 점령한 주세력을 南夷로 보고 있다. 方述鑫은 '寬亞'자를 '大惡'으로 해석하고, '伐東國'와 '齊師·族徒·遂(遂)人, 乃執啚寬亞'의 문장을 분리하여 이해하며, "'齊師·族徒·遂(遂)人乃執啚寬亞'의 뜻은, 즉 齊師·族徒와 遂人은 '廣伐東國'하는 주나라 변방지역에 위치한 南夷의 盧族·虎族과 東夷의 杞族·舟(州)族등이 행하는 극악한 행위와 행위자를 전멸하고 생포하였다"[121]라 하여, '乃執啚寬亞'를 齊師가 南夷의 악랄한 행위를 저지하는 것으로 이해하고 있다. 張懋鎔 등은 《安康出土的史密簋及其意義》에서 '啚'자를 '圖'로 해석하고, "'乃執圖·寬·亞' 중의 '圖·寬·亞' 세 자는 動詞 '執'자 뒤에 놓여있다. 金文에서 '執'자 뒤에 놓이는 자는 일반적으로 적의 포로이다. 따라서 圖·寬·亞은 포로로 잡은 적장의 이름이다"[122]라 했다. 그러나 張懋鎔은 《史密簋與西周鄉遂制度》에서는 "변방을 방어하고, 亞지역을 완화시키다"[123]로 이해하고 있다.(아랫부분 참고)

120) "廣伐東國齊師·族徒·遂(遂)人, 乃執啚寬亞."
121) "齊師·族徒·遂(遂)人乃執啚寬亞, 卽齊師·族徒·遂人乃打擊俘獲「廣伐東國」的南夷中的盧·虎與東夷中的杞·舟(州)這些對周朝而言實爲邊野地區的罪大惡極者."
122) "乃執圖·寬·亞, 圖·寬·亞三字在動詞執之後, 而金文中凡執字之後往往是敵據, 因此圖·寬·亞應是捕捉的三個的敵酋名字."
123) "防守邊方, 緩和亞地."

둘째, 李學勤과 張懋鎔 등은 '執嗇寬亞'을 두 개의 문장구조인 '執嗇'와 '寬亞'로 이해하였다. 李學勤은 '嗇'를 변방의 읍, '寬'을 '멀리하다(遠離)'로, '亞(惡)'은 '災禍'로 해석하고, '齊師·族徒·述(遂)人乃執嗇寬亞'을 한 단락으로 이해하며 "夷人이 東土를 침범하여 소란을 피우자 齊國의 部隊들은 변방지역에 방어벽을 구축하고 전쟁의 재난을 피하였다"[124]라 했다.

셋째, 張永山은 '寬亞'를 변방의 두 지명으로 보고, "변방 지역의 '寬'과 '亞'의 두 지역을 방어하다"[125]로 이해하였다.

'乃執嗇寬亞' 중 '乃'자를 連詞로, '執'자를 동사로 이해한다면, 본 문장은 두 가지 해석이 가능하다. 하나는 '動詞(執)+目的語(嗇), 動詞(寬)+目的語(亞)'의 구조로 해석할 수 있다. 그래서 李學勤은 "변방을 방어하고, 재난을 피하다"[126]로 해석하였다. 그러나 '亞'자가 '惡'의 의미로 쓰인 예를 찾아보기가 쉽지 않다. 張懋鎔은 '寬'자를 '綽(너그러울 작, chuò,chāo)'·'緩(느릴 완, huǎn)'으로 해석하여 "변방을 방어하고, 亞 지역을 완하시키다"[127]의 뜻으로 이해하고 있다.[128] 그러나 또한 금문에서 '寬'자가 '緩和하다'의 의미로 쓰인 예를 찾아보기가 쉽지 않다.

두 번째, '動詞述語(執)+冠形語(嗇)+目的語1(寬)+目的語2(亞)'와 '動詞述語(執)+冠形語(嗇)+관형어(寬)+目的語(亞)'이다. 前者는 '執'자의 목적어를 변방 지역의 '寬地'와 '亞地'로 이해하고, 後者는 변방지역

---

124) "是說因有夷人侵擾東土, 齊國的各種部隊防守邊邑, 而避禍害."
125) "防守邊鄙寬亞兩地."
126) "防守邊邑, 避開禍害."
127) "防守邊方, 緩和亞地."
128) 張懋鎔, 《史密簋與西周鄕遂制度》

觀國의 '亞'라고 하는 人名 혹은 官名으로 이해할 수 있다. 앞에서 이미 설명하였듯이 본 명문에서 '執'자가 '생포하다'는 의미로 쓰인 것으로 이해한다면, 후자의 경우가 훨씬 설득력이 있다. 林楠春은 ≪史密簋銘文匯釋≫에서 "'寬'은 변방의 地名이고, '亞'는 武官의 이름이다"라 했다.129)

王輝는 ≪史密簋釋文考地≫에서 "'鄙寬亞'는 주나라 변방 지역인 寬 지방의 武官을 가리킨다. 즉 '亞'는 그 지역의 諸侯이며, '寬'은 氏族이나 國族의 이름이다. '寬'이라는 지역 명칭은 고문헌에 보이지 않지만 '爰' 혹은 '袁' 지방이 아닌가 한다"130)라 하며, '寬'자는 '爰' 혹은 '袁'자와 통하여 '袁樓'와 '爰樓' 중의 '袁'·'爰'의 지명이라 하였다.

한편, ≪金文篇≫이나 ≪漢語古文字字形表≫에는 금문 중에 '寬'자가 없는 것으로 이해하였다.131) ≪史密簋≫의 '寏'자는 '寡'자가 아닌가 한다. 금문에서 '寡'자는 '寡'(≪毛公鼎≫)·'寡'(≪父辛卣≫)·'寡'(≪寡子卣≫)·'寡'(≪中山王舋鼎≫)로 쓴다.132) '寡'자는 '宀'과 '頁'로 이루어진 자이며, '寡'자 중의 윗부분은 '頁'자의 윗부분이 변형된 형태가 아닌가한다. '寏'의 형태는 '寡'와 비슷하다. 吳鎭烽이 '寏'자를 '寡'자로 해석하고 "본 명문의 '鄙寡亞'는 변방 寡邑을 지키는 武官이다"133)라 하였다. 古音 '寡'와 '寬'자는 서로 통하고, '寬'자는 또한 '爰'·'袁'자와 통가자로 쓰일 수 있다. '寬'은 '苦官切'이고 古音은 '溪母

129) "寬是鄙名, 亞是武官名." 林楠春, ≪史密簋銘文匯釋≫, 166쪽 참고.
130) "鄙寬亞是周邊鄙寬地的武官, 也是當地的諸侯. 看來, 寬只能是氏族或國族名. 寬之不見于記載, 不過我疑當讀作爰或袁."
131) 徐中舒 主編, ≪漢語古文字字形表≫는 ≪三體石經≫ 중의 '寬'자만을 수록하고 있다. 291쪽 참고.
132) ≪金文篇≫, '1211 寡'. 529쪽 참고.
133) "此銘的鄙寡亞就是守邊鄙寡邑的武官."

'元'部이며, '寋'는 '古瓦切'이고 古音은 '見'母'魚'部로, '爰'과 '袁'자는 '雨元切'이고 古音이 '云'母'元'部이다. 따라서 '寋'자를 '寋'로 예정하고 '寬'자로 해석할 수 있다.

4) '師俗率齊𠂤(師)·逐人左[周]伐長必, 史密父率族人·釐白(伯)·樊·眉周伐長必'

'[周]伐' 중의 '[⋯(周)]'자는 문장구조상 '𧆃(眉)' 다음의 '𤰔(周)'를 참고하여 보충할 수 있다.

본 구절에서 '眉'자에 대한 의견이 가장 많다.

吳鎭烽, 李仲操, 王輝, 李學勤, 張永山 등은 국명으로 해석하였다. 張懋鎔은 ≪師寏簋≫"今余肇令女(汝)達(率)齊帀(師)·曩(紀)·贅(萊)·釐·尸, 左右虎臣正(征)淮尸(夷)" 구절 중의 '𧆃(尸)'자와 같은 나라로 설명하였다.[134] 그러나 ≪史密簋≫의 '𧆃(眉)'자와는 형태가 다르다.

劉釗≪談史密簋銘文中的眉≫와 張世超≪史密簋「眉」字說≫이 이 자에 대하여 전문적으로 분석하고 있다. 王輝는 ≪商周金文≫에서 이들의 의견을 종합하여 "'眉'자는 ≪師寏簋≫에 보이고 '𧆅'자로 쓰며, 형태는 약간 다르다. 張世超≪史密簋「眉」字說≫은 이 자는 편방이 '尸'이고 음성부가 '𦣞'이며 '氏姜' 중의 '氏'자와 같다고 하였다. 劉釗는 이자는 ≪曾侯乙墓≫의 '𧆆'자와 형태가 비슷하며, '臀'자의 本字이며 '殿'으로 읽는다고 하였다. 또한 陝西 洛南縣에서 출토된 ≪南史尸壺蓋≫ 銘文 중의 '尸'자와 '屎'자 역시 같은 자라 하였다. 劉씨의

---

134) 張懋鎔, ≪安康出土的史密簋及其意義≫. '尸'자를 國名으로 해석하는 경우가 많기 때문에 잠시 국명인「지금 내가 너에게 명령하노니, 齊나라 군사와 紀國·萊國·琹國·尸國 등의 군대와 左右虎臣을 인솔하여 淮夷를 정벌하여라」로 해석하기로 한다. 馬承源≪商周靑銅器銘文選(三)≫(文物出版社),「439」, 309쪽 참고.

주장이 옳다. '展'은 '부대가 이동할 때 제일 뒤에 위치하는(殿後)' 전
차이다. ≪左傳·襄公二十三年≫의 '後軍의 대장 夏子御寇로, 商子游
가 그의 전차를 조정하고, 崔如는 그 오른편의 전사가 되었다' 구절에
대하여 杜預는 '大殿은 後軍이다'라 했다. ≪史密簋≫는 史密은 후군
에서 族人·萊伯과 棘族을 통솔하였다는 내용이다"라 하였다.135)

만약에 '周'자를 부사의 의미인 '두루' 혹은 '둘러싸서'라는 의미가
아닌 "문장 중의 「周」자는 周나라의 군대를 가리킨다. 이는 '樊'이 樊
國의 軍隊를 가리키는 것과 같다. 본 명문은 師俗이 齊師와 遂人을
이끌고 좌측에서 長必을 공격하자 史密은 族人과 萊와 樊 두 나라의
군대를 이끌고 주나라 군대 후군에서 오른쪽으로 長必을 공격하였다
는 뜻이다"136)라 했다.

그러나 劉釗의 주장을 따른다면, 師俗이 '左'에서 돕고 史密은 '右
率'이라 하였는데, 다시 짧은 명문 속에서 '後軍'이라는 자세한 설명이
필요하였겠는가? 그래서 유씨는 '뒤에서 우측으로 공격하다'라고 설
명하였다. 또한 명문에서는 좌측과 우측 혹은 후군에서 공격한 지방
군만 언급하고 주력부대를 누가 통솔하였는지는 왜 언급되지 않았는
가 등등의 문제점이 있다. 뿐만 아니라, 주력부대를 도와 전공을 세

---

135) "肩字又見師衰簋, 字形作咼, 與此小異. 張世超≪史密簋「肩」字說≫說字從尸
自聲, 當卽氏姜之氏. 又引劉釗此字與曾侯乙墓竹簡字形近, 乃臀之本字, 讀
爲殿. 又陝西洛南縣出土南史屍壺蓋銘「屍」亦「屍」字. 今案劉說是, 展爲殿
後之兵車. ≪左傳·襄公二十三年≫'大殿, 商子游御夏之御寇, 崔如爲右.' 杜預
注: '大殿, 後軍.' 銘謂史密率領族人萊伯棘殿後."王輝, ≪商周金文≫, 202쪽
참고.

136) "'周나라'의 의미로 이해한다면 설득력이 있다. 劉釗는 "句中的周字指周朝軍
隊, 這與樊是指樊國軍隊是一樣的. 此句銘文的意思是說師俗率領齊師和遂人
從左邊攻伐長必, 史密率領族人和萊·樊兩國軍隊跟在周朝軍隊之後從右邊攻
伐長必."

운 師俗과 史密이 후손에게 길이 남길 청동기를 만들었는데, 전쟁에서 더 큰 공을 세운 주력부대를 통솔한 將領이 언급되지 않았다는 것은 설득력이 떨어진다.

또한 ≪師寰簋≫의 '⿸尸爪左右虎臣'을 '후군 좌우에서 虎臣을 돕다'로 해석할 수 있지만, '⿸尸爪'자 앞에 ≪史密簋≫와 똑같이 족명 '⿰禾夭'자가 있는데, 매번 이들과 통솔하여 전쟁을 할 때는 주력부대가 後軍으로만 참가하여야 하는가? ≪師寰簋≫에서 師寰은 주력부대를 이끌고 淮夷族을 정복할 때 훌륭한 공적을 세워 많은 훈장을 받은 장군이다.137)

'⿱林夂'와 '⿰禾夭', '⿸尸目' 혹은 '⿸尸爪'자는 아직 알 수 없는 자이고, 어떤 족속인지 확실히 알 수 없지만 족명으로 이해하는 것이 옳다.138)

≪金文篇≫은 ≪師寰簋≫의 ''자를 ≪附錄下≫에 수록하고, 편방 '尸'를 사용하는 자는 '居'·'㞔(엎드린 모양 진, chén)'·'屖(쉴 서, xī)'·'屈'·'⿸尸疋'자와 ≪說文解字≫가 수록하고 있지 않은 '⿸尸开'·'⿸尸肙'·'⿸尸示'·'⿸尸目'·'屓' 등이 있다.139) '居'·'㞔'·'屖'·'屈'자가 모두 음성부분이 편방 '尸'의 아랫부분인 것으로 보아 '⿸尸开'·'⿸尸肙'·'⿸尸示'·'⿸尸疋'·'⿸尸目'·'屓'자 역시 '尸'를 제외한 나머지 부분이 음성부분일 것이다. 따라서 이 자들은 音符에서 그 의미를 찾을 수 있다.

≪史密簋≫의 ''자와 같은 자는 ≪永盂≫의 ''가 있다.140) 이 자는 편방 '尸'와 音符 '⿸尸目'자로 이루어진 형성자이다.

137) 최남규 고석, ≪西周金文十八選 考釋과 臨書≫(서예문인화), 165쪽 참고.

138) ≪金文編≫은 ≪師寰簋≫의 '⿰禾夭'자를 〈부록하〉 '272'(1214쪽)에, '⿸尸爪'자는 〈附錄下〉 '650'(1279쪽)에, '⿱林夂(萊)'자의 자형은 ≪金文編≫ '0537 ⿱林夂'(220쪽)에 수록하고 있다.

139) ≪金文篇≫, 604-605쪽 참고.

140) ≪永盂≫에서 '(⿸尸目)'자는 司工의 이름으로 쓰인다. ≪金文今譯類檢≫(廣西教育出版社), 678쪽 참고.

‘𦉢'자에 대하여 ≪說文解字≫는 “小𦉢也”141)라 하고, ≪說文解字注≫
는 “‘小𦉢'는 ‘𦉢'가 작음을 말한다. ……이 자를 俗字는 ‘堆'로 쓴다. ‘堆'
를 쓰고 난 다음 ‘𦉢'자를 쓰지 않게 되었다”142)라 했다. ‘𦉢'자는 고문
헌에서 ‘追'나 ‘魁'의 가차자로 쓴다. ≪說文解字注≫는 “≪國語≫는
‘𦉢'의 가차자로 ‘魁'자를 쓰고, ……≪士冠禮≫의 ≪注≫는 ‘追'자는 ‘堆'
의 의미라고 했는데, ‘追'자는 ‘𦉢'자의 가차자이다”143)라 하였다.

따라서 ‘ᩤ'자 중의 편방 ‘𦉢'는 ‘堆'와 같은 자이며, 堆자는 ‘魁'와 ‘追'자
의 가차자로 쓰인다. ‘堆'자는 의미부 ‘土'와 소리부 ‘隹'로 이루어진 자
이다.

편방 ‘尸' 혹은 ‘人'은 古文字에서 편방 ‘肉'과 통용되기 때문에 편방
이 ‘尸' 혹은 ‘肉'이면서 음성부분이 ‘隹'인 자는 ≪說文解字≫에 ‘脽(꽁
무니 수, zhōu)'자가 있다.

‘脽'자에 대하여 ≪說文解字≫는 “屍也, 從肉隹聲”144)라 하고, ‘𡰪
(屍)'자에 대해서는 “髀也. 從尸下兀尻几. 𦒱(脽), 屍或從肉隹. 𩪡(𩪡)
屍或從骨, 殿聲.(徒𣃠切).”라 했다.145) ‘殿'자는 또한 편방 ‘𢼸'와 ‘屍'聲
으로 이루어진 형성자이다. ≪說文解字注≫는 “今周易·春秋·考工記
皆作臀, 从肉. 軍後曰殿, 卽臀之假借字也”146)라 했다.

---

141) “작은 언덕(阜)”
142) “小𦉢, 𦉢之小者也. ……其字俗作堆, 堆行而𦉢廢矣.”
143) “國語叚借魁字爲之. ……士冠禮注, 追猶堆也, 是追卽𦉢之叚借字.”
144) “‘넓적다리(屍)'의 뜻. ‘肉'과 ‘隹'로로 이루어진 형성자.”
145) ≪說文解字注≫는 “脽, 隹聲也. 與肉部脽字義同字異.”(‘脽'자는 音符는 소리
부가 ‘隹'이다. 자건이 ‘肉'인 ‘脽'자와 의미는 같지만 서로 다른 자이다)라 했
다. “‘넓적다리'. ‘尸(人)'와 아랫부분 ‘兀'로 이루어진 회의자로 책상에 앉아
있는 뜻이다. ‘屍'자는 의미부 ‘肉'과 소리부 ‘隹'을 써서 ‘𦒱(脽)'으로 쓰기도
하고, 의미부 ‘骨'과 소리부 ‘殿'을 써서 ‘𩪡(𩪡)'으로 쓰기도 한다.”
146) “현행본 ≪周易≫·≪春秋≫·≪考工記≫는 모두 편방 ‘肉'을 써서 ‘臀'으로
쓴다. 후군을 의미하는 ‘殿'은 즉 ‘臀'자의 가차자이다.”. ≪廣雅·釋親≫은

'𦥑'는 '堆'자와 같은 자이고, '堆'자는 '脽(shuí)'자와 통하며 '屍'의 뜻이며, '屍'자는 '脾'이나 '臀(𦞠)'자의 이체자이다.

陳漢平≪金文篇訂補≫에서 '𠆲'자는 "그래서 이 자는 '脽'로 해석하는 것이 옳다고 생각한다. 혹은 '脾'자의 이체자가 아닌가 한다. '脽'자와 '脾(屍)'자의 음성관계를 陰陽對轉 관계이다"라 하였다.147)

한편 張世超는 '𦥑'자와 '𠆲'자를 이체자로 보고, "문자의 형태로 보아 이 자는 편방 '尸'와 소리부 '𦥑'로 이루어진 형성자이다. 편방 '尸'는 '夷'자이 고문자이다. 이 자는 고문서에서 '氐羗' 중의 '氐'자의 고문자이다. ……편방 '𦥑'·'氏'와 '氐'는 고문자에서 서로 통하기 때문에 편방 '氐'의 古字인 '𦥑'로 쓸 수 있다. ……≪師寰簋≫의 이 자는 '屔'로 예정할 수 있고, 편방 '尸'(夷)와 소리부 '氐'로 이루어진 자이다"148)라 하고 모두 '氐羗' 중의 '氐族'이라 하였다. ≪師寰簋≫의 '𦥑'자는 ≪永盂≫의 '𠆲'자 혹은 ≪史密簋≫의 '𠆲'자가 변형된 형태로 이체자로 볼 수 있으나, '氐'자와 '堆'의 이체자인 '𦥑聲'은 음성상 차이가 있기 때문에 문제점이 있다. 다만 이 자를 명사인 족명으로 본 것은 옳은 것으로 보인다.

따라서 본문은 이 자를 '脽'자 혹은 '脾'이나 '臀(𦞠)'자의 이체자로 보기로 하고, '殿軍'이라는 의미가 아닌, 아직 그 지방에 대해 확실히 연구가 좀 더 필요하겠지만 史密이 통솔하는 족명 중의 하나로 보기로 한다.

"臀謂之脽."('臀'은 즉 '脽'의 의미이다)라 했다.
147) "故筆者傾向以釋脽之說爲是. 又疑此爲脾字異體, 脽·脾(屍)二字陰陽對轉." ≪金文篇訂補≫(中國社會科學出版社), 571쪽 참고.
148) "據其結構, 當分析爲從尸𦥑聲. 尸卽古夷字, 則此字應當就是古書上氐姜的氐古字. ……𦥑氏氐古皆相通, 故以𦥑爲氏的古字聲符是可能的. ……師寰簋的這個字應當隷定爲屔, 從尸(夷)氏聲."

주요 참고문헌

羅振玉 編, 《三代吉金文存》(全三冊), 中華書局, 1983年12月第1版.

中國社會科學院考古硏究所編, 《殷周金文集成》(全十八冊), 中華書局, 1984
年8月-1994年12月.

容庚 編著, 張振林·馬國權 摹補, 《金文編》, 中華書局, 1985年.

容庚 編著, 《金文編》(第三版批校本), 中華書局, 2012年.

張亞初 編著, 《殷周金文集成引得》, 中華書局, 2001年7月第1版.

華東師範大學中國文字與應用中心編, 《金文引得·殷商西周卷》, 廣西敎育
出版社, 2001年10月.

華東師範大學中國文字與應用中心編, 《金文引得·春秋戰國卷》, 廣西敎育
出版社, 2002年10月.

本書編寫組編寫, 《金文今譯類檢·殷商西周卷》, 廣西敎育出版社, 2003年11月.

周法高 主編; 張日昇·徐芷儀·林潔明 編纂, 《金文詁林》(全十八冊), 香港中
文大學出版, 1974年出版.

_____, 《金文詁林補》(全八冊), 臺灣歷史語言硏究所專刊之七十七, 中央硏
究院歷史硏究所, 1982年5月.

周法高 李孝定·張日昇 編著, 《金文詁林附錄》, 香港中文大學出版, 1977年
出版.

李孝定, 《金文詁林讀後記》, 臺灣歷史硏究所專刊之八十, 中央硏究院歷史
硏究所, 1982年6月.

陳初生, 《金文常用字典》, 陝西人文出版社, 1987年

戴家祥, 《金文大字典》, 學林出版社, 1995年.

王文耀, 《簡明金文辭典》, 上海辭書출판사, 1994年.

郭沫若, 《兩周金文辭大系圖錄考釋》(上下卷), 上海書店出版社, 1999년7月
第一版.

陳夢家, 《西周銅器斷代》(上下卷), 中華書局, 2004年4月.

吳鎭烽 編, ≪金文人名匯編≫, 中華書局, 1987年

劉志基 等主編, ≪金文今釋類檢(殷商西周卷)≫, 廣西敎育出版社, 2003年11月.

馬乘源, ≪商周靑銅器銘文選≫(全四冊), 文物出版社, 1986·1987·1988·1990年.

_____, ≪中國靑銅器≫, 上海古籍出版社, 1988년7月.

_____, ≪中國靑銅器硏究≫, 上海古籍出版社, 2002年12月.

唐蘭, ≪西周靑銅器銘文分代史徵≫, 中華書局, 1986年

_____, 故宮博物館編, ≪唐蘭先生金文論集≫, 紫禁城出版社, 1995年10月.

楊樹達, ≪積微居金文說≫, 中華書局, 1977年12月

崔恒昇, ≪安徽出土金文訂補≫, 黃山書社, 1998年11月.

何琳儀 ≪戰國古文字典≫, 中華書局, 1998年9月.

湯餘惠 主編, ≪戰國文字編≫, 福建人民出版社, 2001年11月.

陳漢平, ≪金文編訂補≫, 中國社會科學出版社, 1993年9月.

董蓮池, ≪金文編校補≫, 東北出版社, 1995年9月.

嚴志斌, ≪四版金文編校補≫, 吉林大學出版社, 2001年8月.

馬承源 主編, ≪上海博物館藏戰國楚竹書(一)～(八)≫, 上海古籍出版社, 2001
　　　年～2011年.

李學勤 主編, ≪淸華大學藏戰國竹簡(壹)≫, 上海中西書局, 2011年.

李學勤, ≪走出疑古時代≫, 遼寧大學出版社, 1997年.

李學勤, ≪史密簋銘所記西周重要史實考≫, ≪中國社會科學院硏究生院學報≫
　　　1991年, 02期.

李學勤, ≪眉縣楊家村新出靑銅器硏究≫, ≪文物≫, 2003年, 06期.

何琳儀·程燕·房振三, ≪滬簡〈周易〉選釋(修訂)≫, ≪周易硏究≫, 2006年,
　　　第1期

廖名春, ≪楚簡〈周易〉校釋記(一)≫, ≪周易硏究≫, 2004年, 第3期

季旭昇, ≪上博(三)〈周易〉簡六朝三褫之'說≫, 簡帛硏究인터넷사이트, 2004
　　　年4月18日

楊澤生, ≪竹書〈周易〉中的兩個異文, 簡帛硏究인터넷사이트, 2004年5月29日

濮茅左, ≪楚竹書〈周易〉硏究≫, 上海古籍出版社, 2006年

陳惠玲 等著, ≪上海博物館藏戰國楚竹書(三)讀本≫, 萬卷樓, 2005年.

陳仁仁 著, ≪戰國楚竹書〈周易〉硏究≫, 武漢大學出版社, 2010年.

荊門市博物館 編者, 《郭店楚墓竹簡》, 文物出版社, 1998年 第一版.

徐中舒 主編, 《漢語古文字字形表》, 四川辭書出版社, 1981年8月.

高明 編著, 《古文字類編》, 臺灣大通書局印行, 1986年

中國科學院考古研究所 編輯, 《甲骨文編》, 中華書局, 1965年

漢語大字典編輯委員會, 《漢語大字典》, 四川辭書出版社, 1993年

古文字詁林編纂委員會, 《古文字詁林》, 上海教育出版社, 1999年.

清華大學思想文化研究所編, 《上博館藏戰國楚竹書研究》, 上海書店出版社, 2002年.

_____, 《上博館藏戰國楚竹書研究續編》, 上海書店出版社, 2004年.

湯可敬, 《說文解字今釋》, 岳麓書社, 2001年

李零, 《讀上博楚簡〈周易〉》, 《中國歷史文物》, 2006年 第4期

李零, 《上博楚簡三篇校讀記》, 中國人民大學出版社, 2007年.

李零, 《上博楚簡校讀記(之一)》, 《中華文史論叢》(2001年第4輯), 總第68輯, 上海古籍出版社, 2002年.

李零, 《郭店楚簡校讀記》, 北京大學出版社, 2002年3月 初版.

劉釗 著, 《郭店楚簡校釋》, 福建人民出版社, 2003年.

季旭昇 主編, 《上海博物館藏戰國楚竹書(一)(二)(三)(四)讀本》, 萬卷樓, 2003-2007年

張書岩 主編, 《異體字研究》, 商務印書館, 2004년

荊門市博物館 編者, 《郭店楚墓竹簡》, 文物出版社, 1998年.

商承祚 編著, 《戰國楚竹書匯編》, 齊魯書社, 1995年.

饒宗頤 等人, 《楚帛書研究》, 中華書局, 1985年 9月.

李守奎 編著, 《楚文字編》, 華東師範大學出版社, 2003年.

_____, 《上海博物館藏戰國楚竹書(1-5)文字編》, 作家出版社. 2007年

張守中 選集, 《郭店楚簡文字篇》, 文物出版社, 2000年.

選集, 《睡虎地秦簡文字篇》, 文物出版社, 1994年.

選集, 《包山楚簡文字篇》, 文物出版社, 1996年.

陸錫興 編著, 《漢代簡牘草字編》, 上海書畫出版社, 1989年.

滕壬生 編著, 《楚系簡帛文字篇》, 湖北教育出版社, 1995年.

駢宇騫 編著, 《銀雀山漢簡文字篇》, 文物出版社, 2001年.

陳松長 編著, ≪馬王堆簡帛文字篇≫, 文物出版社, 2001年.

湯餘惠 主編, ≪戰國文字編≫, 福建人民出版社, 2001年.

陳建貢 等編著, ≪簡牘帛書字典≫, 上海書畵出版社, 1991年.

李正光 等編著, ≪楚漢簡帛書典≫, 湖南美術出版社, 1998年.

朱淵淸 主編, ≪上海博物館藏楚竹書硏究≫, 上海書店出版社, 2002年.

朱淵淸 主編, ≪上海博物館藏楚竹書硏究續編≫, 上海書店出版社, 2004年.

崔南圭 等人, ≪郭店楚墓竹簡-임서와 고석≫, 신성출판사, 2005年.

崔南圭 著, ≪중국고대금문의 이해(Ⅰ)(Ⅱ)≫, 신아사, 2009-2010年

崔南圭 考釋, ≪西周金文十八品≫, 書藝文人畵, 2007年

馬承源 主編, 崔南圭 譯註, ≪상해박물관장전국초죽서·공자시론≫, 소명출
        판사, 2012年.

鄧球柏 著, ≪帛書周易校釋≫, 湖南人民出版社, 2002年.

韓自强, ≪阜陽漢簡周易硏究≫, 上海古籍出版社, 2004年

張立文, ≪帛書周易注釋≫, 中注古籍出版社, 2008年.

馬王堆漢墓帛書整理小組, ≪馬王堆漢墓文物≫, 湖南出版社, 1992年.

淸 阮元校刻本, ≪十三經注疏≫, 中華書局, 1980年.

魏 王弼 注·唐 孔穎達 疏, ≪十三經注疏·周易正義≫(李學勤 主編), 北京大
        學出版社, 1999年.

高亨 著, ≪周易古經今注≫, 中華書局, 1984年

_____, ≪周易大傳今注≫, 齊魯書社, 1979年.

高亨 著, 김상섭 옮김, ≪고형의 주역≫, 예문서원, 1995년

김인환 옮김, ≪주역≫, 나남출판, 1997년.

王弼 注, 임채우 옮김, ≪周易王弼注≫, 도서출판 길, 1997년.

李正光, ≪馬王堆漢墓帛書竹簡≫, 湖南美術出版社, 1988年.

周寶宏, ≪近出西周金文集釋≫, 天津古籍出版社, 2005年.

李仲操, 〈燕侯克罍盉銘文簡釋〉, ≪考古與文物≫, 1997:1.

殷瑋璋, 〈新出土的太保銅器及其相關問題〉, ≪考古≫, 1990:01

陳平, 〈克罍克盉銘文及其有關問題〉, ≪考古≫, 1991:09.

方述鑫, 〈太保罍盉銘文考釋〉, ≪考古與文物≫, 1992:06.

張亞初, 〈太保罍盉銘文的再探討〉, ≪考古≫, 1993:01.

黃盛璋,〈大豊簋銘制作的年代·地點與史實〉,《歷史硏究》, 1960:06.

陳平,〈再論克罍克盉銘文及其有關問題-兼答張亞初同志〉,《考古與文物》,
　　　1995:01.

中國社科院考古所·北京市文物硏究所琉璃河考古隊,〈北京琉璃河1193號大
　　　墓發掘簡報〉,《考古》, 1990:01.

金文今譯類檢編寫組,《金文今譯類檢》, 廣西敎育出版社, 2003年.

杜迺松,《克罍克盉銘文新釋》, 故宮博物院院刊, 1998:1.

姜文奎,《從彛銘硏討西周王年》, 臺灣大屯出版社, 2001年.

朱鳳瀚 張榮明 編,《西周帝王年代硏究》, 貴州人民出版社, 1998年.

陳初生 等編著,《古文字讀本》, 語文出版社, 1989年.

陳初生,《金文常用字典》, 陝西人文出版社, 1987年.

王輝,《中國古文字導讀-商周金文》, 文物出版社, 2006年.

王輝,《史密簋釋文考地》,《人文雜誌》1991年, 4期.

金學主 譯註,《詩經》, 明文堂(增補重版), 1997.

吳鎭烽,《史密簋銘文考釋》,《考古與文物》1989年, 03期.

陳全方·尙志儒,《史密簋銘文的幾個問題》,《考古與文物》, 1993年, 3期.

李仲操,《史密簋銘文補釋》,《西北大學學報》1990年, 1期.

劉懷君 等著《逨盤銘文試釋》,《文物》, 2003年, 06期.

王占奎(陝西省考古硏究所　硏究員),《西周列王紀年擬測》,《考古與文物》,
　　　2003年, 第3期.

劉啓益,《西周紀年》, 廣東敎育出版社, 2002年.

李潤乾 著,《楊家村五大考古發現考釋》, 陝西人民出版社, 2006年.

北京市文物硏究所琉璃河考古隊,《北京琉璃河1193號大墓發掘簡報》,《考
　　　古》, 1990年.

殷瑋璋,《新出土的太保銅器及其相關問題》,《考古》, 1990年 1期.

李學勤,《北京琉璃河出土西周有銘銅器座談紀要》,《考古》, 1989年 10期.

李學勤 著,《走出疑古時代》,〈克罍克盉的幾個問題〉, 遼寧出版社, 1994年

張懋鎔 等人,《安康出土的史密簋及其意義》,《文物》1989年, 7期.

　　　　　,《史密簋與西周鄕遂制度》,《文物》1991年, 1期.

沈長云,《由史密簋銘文論及西周時期的華夷之辨》,《河北師院學報》, 1994

年, 1期.

方述鑫, ≪史密簋銘文中齊師族徒遂人-兼論西周時代鄕遂制度與兵制關系≫, ≪四川大學學報≫, 1998年.

王雷生, ≪由史密簋銘看姜姓萊·昗族的東遷≫, ≪考古與文物≫, 1995年, 4期.

李啓良, ≪陝西安康市出土西周史密簋≫, ≪考古與文物≫, 1989年, 3期.

張永山, ≪史密簋銘與周史研究≫, ≪盡心集≫, 中國社會科學出版社, 1996年 11月.

林楠春, ≪史密簋銘文匯釋≫, ≪靑年文學家·語言研究≫.

劉雨, ≪近出殷周金文綜述≫, ≪故宮博物院院刊≫, 2002年3期

劉雨, ≪燕侯克罍盉銘考≫, ≪遠望集-陝西省考古研究所華誕四十周年紀念文 集≫, 陝西人民美術出版社, 1998年.

孫稚雛, 〈天亡簋銘文匯釋〉, ≪古文字研究≫第三輯, 中華書局, 1980年

中國古文字研究會, ≪古文字研究≫, 第一輯-第二十八輯, 1979-2010年

董蓮池, ≪商周金文辭彙釋(上)≫, 作家出版社, 2013年

劉慶柱 主編, ≪中國古文字大系·金文文獻集成≫(第1-46冊), 線裝書局, 2005 年7月

劉心源, ≪奇觚室吉金文述≫, ≪金文文獻集成≫(第13冊), 劉慶柱 主編, 線裝 書局, 2005年

于省吾 主編, ≪甲骨文字詁林≫, 中華書局, 1996年

于省吾, ≪關于天亡簋銘文的幾點論證≫, ≪金文文獻集成≫(第28冊), 劉慶柱 主編, 線裝書局, 2005年

段志洪 主編, ≪中國古文字大系·甲骨文文獻集成≫(第7冊), 四川大學出版 社, 2001年

葉玉森, ≪殷墟書契前編集釋≫, ≪甲骨文文獻集成≫(第7冊), 段志洪 主編, 四川大學出版社, 2001年

郭沫若, ≪殷墟萃編≫, ≪甲骨文文獻集成≫(第2冊), 段志洪 主編, 四川大學 出版社, 2001年

郭沫若, ≪卜辭通纂≫, ≪甲骨文文獻集成≫(第2冊), 段志洪 主編, 四川大學 出版社, 2001年

郭沫若, ≪殷周靑銅器銘文研究≫, 〈大豐簋韻讀〉, ≪金文文獻集成≫(第25

冊), 劉慶柱 主編, 線裝書局, 2005年

郭沫若, ≪郭沫若全集·考古編≫(第1-10卷), 科學出版社, 2002年

唐鈺明, 〈卜辭 「我其巳賓乍帝降若」解〉, ≪中山大學學報(社會科學版)≫, 1986年 第01期

彭裕商, ≪西周靑銅器年代綜合硏究≫, 巴蜀書社, 2003年.

聞一多, ≪聞一多全集≫(第10卷), 〈大豐簋考釋〉, 湖北人民出版社, 1993年.

白川靜 著, ≪白川靜著作集別卷·金文通釋≫, 日本平凡社, 2004年1月 初版.

張政烺, ≪批注兩周金文辭大系考釋≫, 中華書局, 2011年

孫作云, ≪說"天亡簋"爲武王滅商以前銅器≫, ≪金文文獻集成≫(第28冊), 劉慶柱 主編, 線裝書局, 2005年

吳式芬, ≪攈古錄金文≫, ≪金文文獻集成≫(第11冊), 劉慶柱 主編, 線裝書局, 2005年

孫詒讓, ≪古籀餘論≫, ≪文物參考資料≫, 1958年 第一期.

陳介祺, ≪簠齋金文題識≫, 文物出版社, 2005年

孫常敍, ≪孫常敍古文字論文集≫, 東北師範大學出版社, 1998年.

白於藍, 〈郭店楚簡≪老子≫'𠬝'·'賽'·'𣥐'校釋〉, ≪古籍整理硏究學刊≫, 東北師范大學古籍整理硏究所, 2000年.

裘錫圭, 〈讀逨器銘文札記三則〉, ≪文物≫, 2003年6期.

任偉, ≪西周封國考疑≫, 社會科學文獻出版社, 2004年.

趙光賢, ≪關于琉璃河1193號周墓的幾個問題≫, ≪歷史硏究≫, 1994年 2期.

王健, 〈史密簋銘文與齊國的方伯地位〉, ≪鄭州大學學報≫, 2002年 2期

제 2 장

石鼓文과 漢代 碑刻 연구

Ⅰ 石鼓文 연구: 吳昌碩 石鼓文 臨寫本의 誤字와 文字變形 연구

唐代에 石鼓文[1)]이 陜西省 陳倉에서 발견된 후 많은 사람들이 석고문을 翻刻하거나 臨摹하였다. 臨摹는 그 목적이 원형을 복원하는데 있는 翻刻에 비하여 다소 개인적 예술적 미감이 더해지는 경우가 많아 탁본의 문자와 비교하여 풍격이나 문자의 형태가 상당히 다른 점을 발견할 수 있다. 宋代 拓本 先鋒本[2)]과 薛尙功의 摹寫本[3)], 明代 楊愼의 摹寫本[4)], 淸代 盛昱이 重摹하고 黃士陵이 翻刻[5)]한 판본의 일부분을 살펴보면, 아래와 같이 차이가 있음을 알 수 있다.

---

1) 裘錫圭는 《文字學槪要》에서 석고문의 시기에 대하여 "經過很多學者硏究, 石鼓文已經證明是先秦時代的秦國文字. 關于石鼓的其體年代, 有好幾種不同說法, 這里不準備紹介了. 從字體上看, 石鼓文似乎不會早于春秋晚期, 也不會晚于戰國早期, 大體上可以看作春秋戰國間的秦國文字."(59쪽)라고 설명하였다.
2) 郭沫若, 《石鼓文硏究》 참고.
3) 宋 薛尙功, 《歷代鐘鼎彜器款識法帖》 참고.
4) 明 楊愼, 《石鼓文音釋》 참고.
5) "光緒十二年八月, 國子監祭酒, 宗室盛昱重摹阮氏覆宋本石鼓文刻石, 龕置韓文公祠壁. ……監生黟縣黃士陵刻."(淸 光緒 12년(1886年) 8월 國子監 祭酒인 王族 宗室 盛昱이 阮元의 宋代 石鼓文本을 다시 覆刻하여 韓文公 사당 벽에 안치하다. ……국자감생 安徽省 黟顯 사람 黃士陵이 刻하다.)

先鋒本

薛尙功 摹寫本

明 楊愼의 摹寫本

淸 盛昱 重摹本

臨摹는 자형을 학습하고 필의를 터득하는데 주요 목적이 있다. 따라서 임모본은 번각본에 비하여 자형의 풍격이나 형태가 상당히 다르다.

吳昌碩(1844-1927)은 "나는 전서를 익히면서 석고문을 임서하기 좋아하였고, 그렇게 수십 년이 지났다. 임서할 때마다 하루하루 새로워지는 경지에 이르렀으나, 그러나 여전히 예스럽고 웅장하며 빼어난 기운은 부족함이 있다"6)」라 하였다. 이로 보아 그가 오랜 세월 동안 석고문에 심취하였음을 알 수 있다. 吳昌碩의 서예와 전각은 모두 석고문을 집중적으로 연구하여 자신의 書風과 印風을 개척한 것이다. 오창석은 삽십대 이후 석고문에서 필의를 터득하여 전서와 행서, 초서에 응용하였고, 임서에서도 자형과 결구의 외형보다는 필획의 기운과 내면의 정신을 중히 여겼다.7)

석고문을 임서한 오창석의 작품은 많지만, 石鼓文의 全文을 임서한 것은 53세, 65세, 72세, 75세, 80세 때의 작품이다.

본문에서는 그 중 53세(丙申), 75세(戊午), 80세(癸亥)의 임서본을 明代 安桂坡가 소장했던 北宋拓本 安國本8)과 비교하여 살펴보기로 한다. 다음으로 오창석은 임서할 때 阮元의 번각본을 참고하고 있기 때문에 淸 光緒 12年 ≪京刻天一閣本≫과도 비교하고, 郭沫若 ≪石鼓文研究≫ 중의 「原文復原」과도 비교하여, 임서 자형의 잘잘못을 살펴보고, 이를 고대 문자자료 임서의 타산지석으로 삼고자 한다.

吳昌碩 石鼓文 臨寫本과 北宋 拓本과의 字形 비교를 통하여, 「誤字」·「筆劃變形」·「文字變形」·「字形復原」과 「文章의 異同」 등을 발견할 수 있다. 그러나 편폭상의 제한으로 본 책에서는 「誤字」·「文字變形」에 대해서만 살펴보도록 한다. 서예학의 筆意的 異形보다 자형학적인 면에서의 그 차이점을 살펴보고자 한다.

---

6) "予學璬, 好臨石鼓, 數十載. 從事於此一日有一日之境界, 唯其中古茂雄秀氣息, 未能窺其一二."
7) 裵奎河 編著, ≪中國書法藝術史·下≫, 梨花文化出版社, 390쪽.
8) 安國本은 明 嘉靖 錫山 安桂坡(安國)이 天香堂(十鼓齋)에 소장하였던 宋代 拓本 '先鋒本(前茅本)'·'後勁本(寫眞本)'·'中權本(中甲本)'을 가리킨다. 이들 세 탁본은 거의 같다. 李鐵華, ≪石鼓新響≫, 411-413쪽 참고.

吳昌碩은 淸代 阮元이 明代 寧波 范欽의 天一閣에 소장되어 있던 松雪齋(趙孟頫)의 北宋拓本을 翻刻한 탁본을 임서하였다. 오창석은 75세(戊午年)과 80세(癸亥年)에 임서한 작품집에서 각각 "阮元이 번각한 북송 탁본 석고문을 임서하다"[9], "阮元이 寧波四明 范欽 天一閣에서 소장하였던 北宋 탁본을 번각한 탁본을 보고 임서하다"[10]라고 설명하였다.

嘉慶 2年(1797년)에 阮元은 天一閣 宋拓本을 重刻하여 이것을 杭州府學 明倫堂에 설치하였고, 嘉慶 12年 (1807년)에 다시 揚州府學에서 중각하였다. 光緖 12年에 淸 宗室 盛昱은 阮元의 摹刻本을 黔縣 黃牧父로 하여금 다시 重刻하여 北京 韓文公祠의 벽에 설치하도록 하였다. 이를 ≪京刻天一閣本≫이라 한다. 이 石刻은 현재 중국역사박물관에 소장되어 있다.

자형은, 明代 嘉靖 錫山 安國(安桂坡)이 소장하였다가 일본인 河井荃廬에게 팔아 넘겼던 天香堂(十鼓齋) 판본, 즉 阮元이 翻刻할 때 저본으로 한 북송판본과 비교하여 살펴보기로 한다. 또한 ≪石鼓文≫연구 중에서는 郭沫若의 ≪石鼓文硏究≫[11]가 가장 권위가 있으므로, 문자의 임서와 예정, 석고문의 순서와 명칭은 ≪石鼓文硏究≫를 참고하기로 한다. 한편 최근 석고문 연구 중에서는 李鐵華의 ≪石鼓新響≫[12]의 연구 성과가 비교적 훌륭하기 때문에 이를 참고하기로 한다.

郭沫若은 磨泐(마륵)되어 잘 보이지 않은 자형을 復原하고 있으나, 그 진위여부는 아직도 좀 더 연구되어야 할 부분이고, 이러한 자들은

---

9) "臨元刻北宋本獵碣字."
10) "檢得阮刻四明范氏天一閣所藏北宋本臨之."
11) 郭沫若의 ≪石鼓文硏究≫는 ≪郭沫若全集·考古編·第九篇≫(2002年, 科學出版社)을 참고하기로 한다.
12) 三秦出版社, 1994年6月.

오창석 또한 대부분 임서하지 않았기 때문에 이러한 자들은 논의하지 않기로 한다. 예를 들어, ≪車工≫의 자를 ≪石鼓文硏究≫는 (牸=)으로 쓰고 있으나, 오창석은 임서하지 않고 있다.

석고문의 명칭과 순서 또한 각 학자마다 다르다. 각 판본들의 순서를 살펴보면 아래와 같다.

郭沫若[13]	1 汧沔	2 霝雨	3 而師	4 作原	5 吾水	6 車工	7 田車	8 㸠敕	9 馬薦	10 吳人
光緖12年	2 乙鼓	5 戊鼓	7 庚鼓	6 己鼓	9 壬鼓	1 甲鼓	3 丙鼓	4 丁鼓	8 辛鼓	10 癸鼓
安國 中權本[14]	2 汧殹	5 靈雨	7 而師	6 作原	9 吾水	1 吾車	3 田車	4 鑾車	8 馬薦	10 吳人
吳昌碩[15]	2	5	7	6	9	1	3	4	8	10
薛尙功[16]	5	9	1	7	2	8	3	4	6	10
楊愼[17]	2 乙鼓	5 戊鼓	7 庚鼓	6 己鼓	9 壬鼓	1 甲鼓	3 丙鼓	4 丁鼓	8 辛鼓	10 癸鼓
李鐵華[18]	1 汧殹	6 霝雨	10 而師	2 作原	5 㳂水	8 車工	3 田車	9 鑾車	7 天虹	4 吳人

명칭과 순서는 郭沫若을 따르기로 한다.

---

13) ≪石鼓文硏究≫, 原文復原 참고.
14) 일본 ≪中國法書選2≫ 참고.
15) 오창석 80세≪癸亥本≫은 "石鼓第一……第十"의 형식으로 명칭없이 순서만 표시하고 있다.
16) 薛尙功 ≪歷代鐘鼎彝器款識法帖≫은 "岐陽石鼓第一……第十"으로 순서를 표시하고 있다.
17) ≪石鼓文音釋≫ 참고.
18) ≪石鼓文新響≫, 「六 復原」 참고.

一 誤字

'誤字'란 오창석이 임서에서 잘못 쓴 경우를 말한다.

① 「旣」(≪車工≫)

安國本	光緖	郭沫若	丙申	戊午	癸亥

癸亥本은 오른쪽 머리 부분에 한 획을 쓰지 않고 있다. 계해본은
이 자와 아래 ≪田車≫의 '旣'자 이외에 '旣'자를 모두 '旣'로 쓰고 있
다. 금문 ≪麄伯簋≫가 '旣'로 쓰는 것 이외에, 모두 '旣'(≪保卣≫)와
같은 형태로 쓰고 있다[19]. 따라서 오창석이 잘못 쓴 것으로 보인다.

安國本	光緖	郭沫若	丙申	戊午	癸亥

② 「趚(速)」(≪車工≫)

安國本	光緖	郭沫若	丙申	戊午	癸亥

字符 '走'를 오창석의 계해본만 '辵'으로 쓰고 있다. 고문자에서는
자부 '走'와 '辵'을 서로 혼용하여 '趚'자를 이체자 '速'자로 잘못 쓰고

---

19) ≪金文編≫, '0828 旣', 353쪽 참고.

있다.20) 薛尙功은 '𧾨', 楊愼은 '𧾨', 鄧散木은 '𧾨', 李鐵華는 '𧾨'·
'𧾨'으로 쓴다. ≪說文≫은 '趚'자를 "側行也. 從走, 束聲. 詩曰, 謂地蓋
厚, 不敢不趚"21), '速'자를 "疾也, 從辵, 束聲. 趚, 籀文從欶. 𧧷, 古文
從欶從言"22)이라고 설명하였다. 현행본 ≪小雅·正月≫은 '趚'자를
'蹐(살금살금 걸을 척; jí)'으로 쓴다.

③ 「𩜁(載)」(≪𧼛欶≫)

安國本	光緒	郭沫若	丙申	戊午	癸亥
𩜁	𩜁	𩜁	𩜁	𩜁	𩜁

≪說文解字≫는 '𩜁'자에 대하여 "設飪也. 從刊, 從食, 才聲. 讀若
載"23)라 하였다. '𩜁'자는 '載'의 통가자로 쓰이고 있다.24) 오창석의 계
해본은 '𩛰'자로 잘못 쓰고 있다. 그러나 ≪吳人≫의 '𩜁'자는 옳게 쓰
고 있다.

安國本	光緒	郭沫若	丙申	戊午	癸亥
𩛰	𩛰	𩛰	𩛰	𩛰	𩛰

---

20) '趚'자와 ≪車工≫의 '𧾨'자는 모두 字符 '夨'의 위쪽 왼쪽 부분을 직선 형태로
만 쓰고 있어 본문의 「字形變形」에도 속한다. 「字形變形」 참고.
21) "종종 걸음으로 걷는 모습. '走'와 소리부 '束'으로 이루어진 형성자. ≪小雅·
正月≫은 '땅이 두텁다고 하지만 조심하여 걷지 않을 수 없네'라 했다."
22) "신속의 의미. 의미부 '辵'과 소리부 '束'으로 이루어진 형성자. 籀文은 자부가
'欶'인 '趚'으로 쓰고, 古文은 자부가 '欶'와 '言'인 '𧧷'으로 쓴다."
23) "음식을 차리다의 의미. '刊'·'食'과 소리부 '才'로 이루어진 형성자. 음은 '載'와
같다."
24) 李鐵華, ≪石鼓新響≫, 147쪽.

④「濟」≪霝雨≫

安國本	光緒	郭沫若	丙申	戊午	癸亥

오창석은 ‘濟’자를 字符 ‘水’와 ‘茲’인 ‘ ’자로 쓰고 있으나, 이 자의
왼쪽 편방은 ‘齊’이다. 薛尙功은 ‘ (滋)’로, 楊愼은 ‘ (淫)’로 쓰고 있는
데, 이 역시 잘못 쓴 것이다. 鄧散木은 ‘ ’로, 李鐵華는 ‘ ’·‘ ’로
쓴다.

⑤「逮」(≪霝雨≫)

安國本	光緒	郭沫若	丙申	戊午	癸亥

오창석은 ‘逮(미칠 체; dǎi, dài)’자의 오른쪽 부분을 ‘隶’으로 쓰지 않
고 ‘帚’로 잘못 쓰고 있다. 薛尙功은 ‘ ’로, 楊愼은 ‘ ’로, 鄧散木은
‘ ’로, 李鐵華는 ‘ ’·‘ ’로 쓴다.

⑥「五日」(≪作原≫)

安國本	光緒	郭沫若	丙申	戊午	癸亥

곽말약 등은 ‘五日’의 합문으로 보고 있다. 만약에 ‘五日’의 합문이
옳다면 오창석이 잘못 임서한 것이다. 오창석은 위 가로획을 쓰지 않

고 있다. 薛尙功은 '合'로, 楊愼은 '合'로, 鄧散木은 '吾'로, 李鐵華는 '吾'·'吾'로 임모하고 있다.25)

⑦ 「矢」(≪而師≫)

安國本	光緒	郭沫若	丙申	戊午	癸亥

郭沫若은 '矢'자로 예정하고 있다. 임서본은 '小大'의 합자 혹은 '尖' 자의 형태로 쓰고 있다. '寫'자 다음의 자와 비슷한 형태이기 때문에 오인하고 잘못 쓴 것으로 보인다.

安國本	光緒	郭沫若	丙申	戊午	癸亥

'矢'자를 鄧散木은 '夫'로, 李鐵華는 '尖'·'大'로 쓴다.

⑧ 「騭」(≪馬薦≫)

安國本	光緒	郭沫若	丙申	戊午	癸亥

'騭'자를 癸亥 임서본은 두 '=' 중 위 부분을 중문부호로 착각하고

---

25) ≪石鼓新響≫, 33쪽 참고.

쓰지 않는 것으로 보인다. 薛尙功은 ''로, 楊愼은 ''로, 鄧散木은 ''로, 李鐵華는 ''·''로 쓴다.

⑨ 「金」(≪吾水≫)

安國本	光緒	郭沫若	丙申	戊午	癸亥

곽말약은 다음 줄에 보이는 ''와 다르기 때문에 후에 '(金)'자로 수정하고 있다.[26] 병신본은 마지막 줄의 '余'자를 ''으로, 戊午본 역시 ''로 쓰고 있다. 薛尙功은 '金'자는 쓰지 않고, '不余及' 중의 '余'자를 ''로 쓰며, 楊愼은 ''와 ''로 쓰며, 鄧散木은 ''와 ''로 쓰며, 李鐵華는 ''와 ''로 쓴다. 만약 곽말약의 주장이 옳다면 오창석의 임서본은 잘못 쓴 것이다.

⑩ 「(右)」(≪吾水≫)

安國本	光緒	郭沫若	丙申	戊午	癸亥

郭沫若은 「」자는 '及'자가 아니라 '右'자라고 설명하고 있다.[27] 안국본은 잘 보이지 않는데, 오창석은 광서본을 참고하여 복원하고 있으나, '及'자와 안국본의 자형과는 차이가 있다. 광서본이 잘못 복

---

26) ≪石鼓文硏究≫, 75쪽.
27) ≪石鼓文硏究≫, 56쪽.

원한 것으로 보인다. 薛尙功은 '귿'으로, 楊愼은 '귿'으로, 鄧散木은 '귿'으로, 그러나 李鐵華는 '[圖]'으로 임서하고 '友'자와 같은 자라고 주장하고 있다.[28]

⑪ 「出」(≪吳人≫)

安國本	光緒	郭沫若	丙申	戊午	癸亥
[圖]	[圖]	[圖]	[圖]	無	無

郭沫若은 '出'자의 형태로 쓰고 있으나, 광서본의 오른쪽 부분은 '攴'의 형태이다. 오창석이 임서한 '攴'부분 이외에 공간부분이 상당이 넓은 것으로 보아 다른 자부가 있는 것으로 보인다. 薛尙功은 '[圖]'로, 楊愼은 '[圖]'로, 鄧散木은 '[圖]'로, 李鐵華는 '[圖]'로 쓰고 있다. 모두 '出' 자로 보고 있다.

二 字形變形

'變形'이란 자형의 일부를 변형하여 임서한 경우를 말한다. 「筆劃變形」이란 필획을 直線 혹은 曲線으로 변형한 경우이고, 「文字變形」은 필획의 일부를 생략하거나 추가한 경우를 말한다. 이외에도 「筆劃變形」과 「字形變形」을 동시에 겸하고 있는 「筆劃兼字形 變形」이 있다. 아래에서는 「文字變形」에 대해서 살펴보도록 한다.

---

28) ≪石鼓新響≫, 117쪽.

① '獵(邋)'(≪車工≫)

安國本	光緒	郭沫若	丙申	戊午	癸亥
(圖)	(圖)	(圖)	(圖)	(圖)	(圖)

'辵'과 '巤'으로 이루어진 '邋'자는 '수렵하다'는 의미인 '獵'자와 통한다. '邋'자 중 오른쪽 아래 부분이 변형된 형태다. 癸亥本은 또한 중문부호를 쓰지 않고 있다. 楊愼은 '(圖)', 鄧散木은 '(圖)', 薛尙功은 '(圖)', 李鐵華는 '(圖)'으로 각각 쓴다. 吳昌碩과 薛尙功의 자형은 安國本의 자형과 차이가 있다.

② '麀'(≪車工≫)

安國本	光緒	郭沫若	丙申	戊午	癸亥
(圖)	(圖)	(圖)	(圖)	(圖)	(圖)

오창석은 字符 '鹿'자를 '(圖)'으로 쓰고 있다. 원 석고문은 사슴의 몸통 부분을 선명하게 표현하고 있으나, 임서는 간략하게 쓰고 있다. 薛尙功은 '(圖)'으로, 楊愼은 '(圖)'으로, 鄧散木은 '(圖)'으로, 李鐵華는 '(圖)'으로 복원하고 '(圖)'으로 임서하고 있다.

금문은 '鹿'자를 '(圖)'(≪貉子卣≫)·'(圖)'(≪命簋≫)으로 쓰고[29], 갑골문은 '(圖)·(圖)·(圖)·(圖)·(圖)·(圖)' 등으로 쓴다[30].

아래 ≪田車≫의 '麋(큰사슴 미; mí)'자 역시 같은 형태로 쓰고 있다.

---

29) ≪金文編≫, '1612 鹿', 680쪽 참고.
30) 徐中舒 主編, ≪漢語古文字字形表≫, 四川辭書出版社, 381쪽.

安國本	光緒	郭沫若	丙申	戊午	癸亥

③ '趲'(≪車工≫)

安國本	光緒	郭沫若	丙申	戊午	癸亥

≪說文解字≫는 '趲(걷는 소리 칙; chi)'자에 대하여 "걷는 소리. 앞으로 나아가지 못하는 모습이라는 주장도 있다. '走'와 소리부 '異'로 이루어진 형성자이다. '敕'의 음과 유사하다」[31]라고 설명하고 있다. 편방 '走'는 '夭'와 '止'로 이루어진 자이다. 金文은 (≪盂鼎≫)·(≪效卣≫)로 쓴다.[32] 임서본은 字符 '夭'의 위쪽 왼쪽 부분을 직선 형태로만 쓰고 있다. 薛尙功은 으로, 楊愼은 으로, 鄧散木은 으로, 李鐵華는 · 으로 쓰고 있다. ≪汧沔≫의 '趩(音 '博')'자 역시 · · 으로 쓰고, ≪安國本≫은 으로, ≪光緒本≫은 으로 쓴다.

④ '燹='(≪車工≫)

安國本	光緒	郭沫若	丙申	戊午	癸亥

---

31) "行聲也. 一曰不行皃. 從走, 異聲. 讀若敕."
32) ≪金文編≫, '0171 走', 79쪽.

'爕'자는 '炱(그을음 태; tái)'와 같은 자이다. 字符 '炎'자 부분 중 '火'를 원 석고문은 '🔥'로 쓰고 있으나, 임서본은 '🔥'로 쓰고 있다. 薛尚功은 '爕', 楊愼은 '爕', 鄧散木은 '爕', 李鐵華은 '爕'·'爕'로 쓴다.

⑤ '豣'(≪車工≫)

安國本	光緒	郭沫若	丙申	戊午	癸亥
豣	豣	豣	豣	豣	豣

'豣'자는 '豣(세 살 된 돼지 견; jiān)'자와 같은 자이다. 오창석은 字符 '肩' 중 위부분을 안국본이나 광서본과 다르게 쓰고 있다. '李鐵華는 '豣'·'豣'으로, 薛尚功은 '豣'으로, 鄧散木은 '豣', 楊愼은 '豣'으로 임모하고 있다. 薛尚功과 오창석의 임서는 원 석고문의 형태와 다르다. '豣'자에 대하여 郭沫若은 "≪玉篇≫은 '豣'자를 혹은 '豣'으로 쓴다 하였다. ≪說文≫은 '豣은 '삼년 자란 돼지'의 의미이며, 엄마 돼지와 어깨를 나란히 하고 걸을 수 있을 만큼 컸다는 의미라 하고, ≪詩經≫은 '並驅從兩豣兮'[33]라 한다고 했다. ≪詩經·齊風≫은 '豣'자를 '肩'으로 쓴다. ≪毛傳≫은 삼년 된 짐승을 '肩'이라 했고, ≪邠風≫의 '獻豣于公'[34]에 대하여 ≪毛傳≫은 또한 '三歲曰肩'[35]이라 했다. ≪周禮·大司馬≫에서 郝懿行은 鄭司農의 주석을 인용하여 '四歲爲肩'[36]이라 했다. '肩'은 즉 '豣'자를 생략하여 쓴 형태다. 삼년이나 사년을 반드시 구별하여 쓰지 않고, 또한 돼지 만을 한정하여 쓰지 않는다"라 하였

---

33) "그대와 나란히 달리며 두 마리의 큰 짐승을 뒤쫓네."
34) "삼년 자란 짐승을 그대에게 바치네."
35) "삼년 자란 짐승을 '肩'이라 한다."
36) "사년 자란 짐승을 '肩'이라 한다."

다.[37]

⑥ '沔'(≪汧沔≫)

安國本	光緒	郭沫若	丙申	戊午	癸亥

'沔(물 흐를 면; miǎn)'자를 薛尙功은 ''으로, 楊愼은 ''으로, 沈梧는 ''으로, 鄧散木은 ''으로, 李鐵華는 ''·''으로 각각 임모하고 있다. 光緒本의 자형이 가장 선명하다. 光緒本을 참고한 오창석은 자부 '丏'중 가운데 세로획은 짧게 쓰고, 오른 바깥쪽 세로획을 왼쪽 방향으로 길게 늘려 쓰고 있다.

⑦ '趞'(≪汧沔≫)

安國本	光緒	郭沫若	丙申	戊午	癸亥

'趞'자는 '走'·'散'와 기타 부분으로 이루어진 자이다. 李鐵華는 "'散'자를 복잡하게 쓴 형태"라고 설명하고 있다.[38] 가운데 '林'과 '月' 사이의 간격으로 보아 다른 자부가 있는 것으로 보인다. 하지만 오창석의

37) "'[illegible]' 玉篇以爲豜之或作. 說文豜三歲豕, 肩相及者也. 詩曰並驅從兩豜兮. 今詩齊風作肩, 毛傳云獸三歲曰肩. 又豳風獻豜于公, 傳亦云三歲曰肩. 周禮大司馬注引作肩, 先鄭云四歲曰肩. 肩卽[illegible]省, 歲無論其三四, 蓋不限于豕也." ≪石鼓文研究≫, 76쪽.

38) "散之繁文." ≪石鼓新響≫, 62쪽.

임서 형태인 '口'의 형태와는 차이가 있다. 곽말약 등은 없는 것으로
보고 있다. 薛尚功은 '🔲'으로, 楊愼은 '🔲'으로, 鄧散木은 '🔲'으로,
李鐵華는 '🔲'·'🔲'으로 쓴다.

⑧ '楊'(≪汧沔≫)

安國本	光緒	郭沫若	丙申	戊午	癸亥
楊	楊	楊	楊	楊	楊

安國本과 光緒本은 '楊'자 중 '日'과 '勿'을 분리하여 쓰고 있으나, 오
창석은 연결하여 쓰고 있다. 薛尚功은 '楊'으로, 楊愼은 '楊'으로, 鄧散
木은 '楊'으로, 李鐵華는 '楊'·'楊'으로 모두 분리하여 쓰고 있다. 金文
의 ≪多友鼎≫은 연결하여 '楊'으로 쓰고 있다.[39]

⑨ '邍(原)'(≪田車≫)

安國本	光緒	郭沫若	丙申	戊午	癸亥
邍	邍	邍	邍	邍	邍

'邍(넓은 들판 원; yuán)'에 대하여 ≪설문해자≫는 "사람이 올라가
서 농사를 지을 수 있는 편평한 고원. '辵'·'备'·'彔'으로 이루어진 자
이나, 이 자에서의 각 자부의 의미는 아직 잘 모르겠다"[40]라고 설명
하고 있다. 오창석의 임서 중 오른쪽 아래 부분이 원 탁본과 다르다.

---

39) ≪金文編≫, 391쪽.
40) "高平之野, 人所登, 從辵备彔, 闕."

薛尙功은 ''으로, 楊愼은 ''으로, 鄧散木은 ''으로, 李鐵華는 ''
·''으로 쓴다.

⑩ '豕'(≪田車≫)

安國本	光緖	郭沫若	丙申	戊午	癸亥

'豕'자 중 '个'형을 戊午本과 癸亥本은 위 '一'에 붙여 쓰고 있다. 薛尙
功은 ''로, 楊愼은 ''로, 鄧散木은 ''로, 李鐵華는 ''·''로 쓴다.

⑪ '寫'(≪田車≫ ≪㯥柳≫)

安國本	光緖	郭沫若	丙申	戊午	癸亥

郭沫若은 '寫'자를 '瀉'의 의미로 해석하고 있다.[41] 혹은 '卸'의 통가
자로 해석하기도 한다.[42] 원 탁본은 가운데 부분이 둘로 나눠 있지
않으나, 오창석은 ''와 ''을 각각 분리하여 쓰고 있다. 薛尙功은
''로, 楊愼은 ''로, 鄧散木은 ''로, 李鐵華는 ''·''로 쓴다.

---

41) ≪石鼓文硏究≫, 77쪽.
42) 李鐵華, ≪石鼓新響≫, 86-87쪽.

⑫ '宣'(≪桒秋≫)

安國本	光緒	郭沫若	丙申	戊午	癸亥

安國本과 郭沫若은 상하 '亘'의 왼쪽 획을 연결하여 쓰고 있다. 薛尙功은 '宣'으로, 楊愼은 '宣'으로, 鄧散木은 '宣'으로, 李鐵華는 '宣'· '宣'으로 쓴다. 안국본과 李鐵華은 연결하여 쓰고 있다.

⑬ '駛'(≪霝雨≫)

安國本	光緒	郭沫若	丙申	戊午	癸亥

'駛'자는 '駢'자와 통한다. 금문은 '更'자를 '更'(≪班簋≫)·'更'(≪師號簋≫) 등으로 쓴다.[43] 오창석은 '更'변을 금문과 유사하게 쓰고 있다. 薛尙功은 '駛'으로, 楊愼은 '駛'으로, 鄧散木은 '駛'으로, 李鐵華는 '駛'· '駛'으로 쓴다.

⑭ '深'(≪霝雨≫)

安國本	光緒	郭沫若	丙申	戊午	癸亥

---

43) ≪金文編≫, 214쪽.

'深'자를 ≪中山王嚳壺≫은 '■'으로 쓰고,[44] 小篆은 '■'으로 쓴다. 오창석은 소전의 형태와 비슷하게 임서하고 있다. 薛尙功은 '■'으로, 楊愼은 '■'으로, 鄧散木은 '■'으로, 李鐵華는 '■'·'■'으로 쓴다.

송대 탁본과 오창석의 임서를 상호 비교하여 「誤字」와 「文字變形」에 대하여 분석하였다. 「誤字」와 「文字變形」은 자형적인 차이이고, 이외에도 「筆劃變形」과 같은 필획의 차이가 있다. 차이점 중에서 「筆劃變形」의 문자가 가장 많지만, 이 점에 대해서는 다른 문장에서 논의하기로 한다.

≪吾水≫는 안국본과 광서본의 탁본에 보이지 않은 문자가 많으나, 임서한 문자가 많다. '害'·'極'·'獻'자 등은 잘 보이지 않는 문자임에도 불구하고 일부를 임서하고 있다. 전체적으로 '丙申本'이 비교적 원본에 충실하여 임모하고 있고, '癸亥本'은 필의를 학습하기 위한 체본적 성격을 띠고 있다.

臨寫가 비록 필의를 체득하기 위함이 주 목적이라고 할 수 있으나, 문자 학습 또한 중요한 목적 중에 하나이다. 따라서 임서를 할 때 문자를 잘못 쓰는 경우가 있다면, 신뢰성을 잃어버리기 쉽다. 오창석의 임서본은 「문자의 순서가 다른 경우」가 있는데, 이 또한 오자 중의 하나이다.

오창석의 임서는 서예사상 중요한 성과이기도 하면서, 우리가 서예를 학습하는 매우 중요한 참고 자료이다. 그러나 오자가 자주 발견되는 점은 상당히 아쉬운 일면이다. 물론 이러한 오자는 모두 오창석의 잘못만은 아니다. '金'·'右'와 '出'자 등은 원 송대탁본이 잘 보이지

---

44) ≪金文編≫, 730쪽.

않고, 광서본도 잘 못 복원하였고, 오창석도 이를 따라 잘못 썼기 때문이다. 고문자를 학습하거나 임모할 때 좀 더 신중해야할 부분이기도 하다.

주요 참고문헌

(宋)薛尚功, ≪歷代鐘鼎彝器款識·石鼓文≫, 齊魯書社1983年12月影印本.

(明)楊愼, ≪石鼓文音釋≫

(淸)强運開, ≪石鼓釋文≫(二卷), 上海商務印書館, 1935年影印本.

(淸)沈梧, ≪石鼓文定本≫十卷, ≪淸史稿≫志121.

羅振玉, ≪石鼓文考釋≫, 1916年影印本.

馬衡, 〈石鼓爲秦刻石考〉, 北京大學 ≪國學季刊≫1卷1期, ≪凡將齋金石叢稿≫, 中華書局, 1977年10月第1版.

馬叙倫, 〈石鼓爲秦文公時物考〉, ≪北平圖書館館刊≫, 1933年2期.

張政烺, 〈獵碣考釋〉, ≪史學論叢≫第1冊, 1934年.

任熹, 〈石鼓文槪述〉, ≪考古學社社刊≫第5期, 考古學社, 1936年.

馬叙倫, 〈跋石鼓文硏究〉, ≪東方雜志≫34卷18-19期合刊, 1937年.

唐蘭, 〈石鼓文刻于秦靈公三年考〉, ≪申報·文史周刊1-2期≫1947年12月6日, 1947年12月13日.

商承祚, ≪石刻篆文編≫, 科學出版社, 1957年9月.

嚴一萍, 〈吳人──讀石鼓文小記〉, ≪中國文字≫十一卷四十八冊.

戴君仁, 〈石鼓文的時代文辭及其字体〉, ≪大陸雜志≫5卷7期.

戴君仁, 〈重論石鼓的時代〉, ≪大陸雜志≫26卷7期.

赤冢忠, 〈石鼓文の新硏究〉, ≪甲骨學≫第十一号, 日本甲骨學會, 1976年6月.

李仲操, 〈石鼓最初所在地及其刻石年代〉, ≪考古與文物≫, 1981年2期.

郭沫若, ≪郭沫若全集·考古編第九卷·石鼓文硏究≫, 科學出版社,1982年9月.

羅君惕, ≪秦刻十碣考釋≫, 齊魯書社, 1983年12月.

韓長耕, 〈先秦石鼓簡說〉, ≪史學史硏究≫1984年4期.

景舜逸, 〈石鼓文硏究〉, ≪中國文房四寶≫, 1993年1期.

李仲操, 〈石鼓出土地及其在唐宋的聚散〉, ≪人文雜志≫, 1993年2期.

宋鴻文, 〈石鼓文新探〉, ≪貴州文史叢刊≫, 1993年4期. 中國人民大學編≪復印報刊資料・語言文字學≫1993年11期.

胡建人, 〈石鼓和石鼓考略:兼論郭沫若的襄公八年說〉, ≪寶鷄文理學院學報(哲社)≫1994年3期.

李鐵華, 〈石鼓新響·:石鼓文千古之謎破譯記〉, ≪文匯報≫, 1994年4月10日.

李鐵華, 〈千古石鼓文破譯記〉, ≪史志文匯≫, 1994年2期.

李鐵華, ≪石鼓新響≫, 三秦出版社, 1994年6月.

李鐵華, 〈石鼓文十議〉, ≪傳統文化與現代化≫, 1995年3期.

裘錫圭, 〈關于石鼓文的時代問題〉, ≪傳統文化與現代化≫, 1995年1期.

李仲操, 〈石鼓山和石鼓文〉, ≪文博≫, 1999年1期.

羅焌, 〈石鼓文集釋・≪說文≫補正〉, ≪人文論叢≫, 武漢大學出版社, 1999年10月.

徐寶貴, 〈石鼓文的學術及藝術价值〉, (台湾)≪故宮學術季刊≫第十九卷第三期, 2002年春季.

徐寶貴, 〈石鼓文與≪詩經≫語言比較研究〉, ≪人文論叢≫, 武漢大學出版社, 1999年10月.

徐寶貴, 〈石鼓文年代考辨〉, ≪國學研究≫第三卷, 1997年8月.

徐寶貴, 〈≪石鼓文・車工篇≫'弓玆以寺'考釋〉, ≪華學≫第3輯, 紫禁城出版社, 1998年11月.

徐自强, 〈唐蘭對石鼓文的研究及其相關問題〉, ≪故宮博物院院刊≫2001年4月.

胡建人, 〈石鼓文歷代拓本考〉, ≪寶鷄文理學院學報(哲社)≫.

楊宗兵, ≪石鼓文新鑒≫, 世界圖書出版, 2005年.

徐中舒, ≪甲骨文字典≫, 四川辭書出版社, 1988年.

周法高 主編, 張日昇・徐芷儀・林潔明 編纂, ≪金文詁林≫(全十八冊), 香港中文大學出版, 1974年出版

周法高, ≪金文詁林補≫(全八冊), 臺灣歷史語言研究所專刊之七十七, 中央研究院歷史研究所, 1982年5月

周法高・李孝定・張日昇 編著, ≪金文詁林附錄≫, 香港中文大學出版, 1977年出版.

李孝定, ≪金文詁林讀後記≫, 臺灣歷史研究所專刊之八十, 中央研究院歷史研究所, 1982年6月.

李孝定, ≪甲骨文集釋≫, 臺灣歷史研究所專刊之五十, 中央研究院歷史研究
　　　所, 1970年10月再版.

陳初生, ≪金文常用字典≫, 陝西人文出版社, 1987年.

戴家祥, ≪金文大字典≫, 學林出版社, 1995年.

王文耀, ≪簡明金文辭典≫, 上海辭書출판사, 1994年.

郭沫若, ≪兩周金文辭大系圖錄考釋≫(上下卷), 上海書店出版社, 1999년7月
　　　第一版.

陳夢家, ≪西周銅器斷代≫(上下卷), 中華書局, 2004年4月.

湯可敬, ≪說文解字今釋≫, 嶽麓書社, 1997年.

裵奎河 編著, ≪中國書法藝術史 · 下≫, 梨花文化出版社, 2000年.

≪中國書法選≫(2) ≪石鼓文泰山刻石≫, 株式會社二玄社, 1990年.

容庚 編著, 張振林 · 馬國權 摹補, ≪金文編≫, 中華書局, 1985年.

容庚 編著, ≪金文編≫(第三版批校本), 中華書局, 2012年.

徐中舒 主編, ≪漢語古文字字形表≫, 四川辭書出版社, 1981年8月.

高明 編著, ≪古文字類編≫, 臺灣大通書局印行, 1986年

II 漢代 碑刻 연구: ≪三老諱字忌日記≫ 연구

一 ≪三老諱字忌日記≫ 考釋

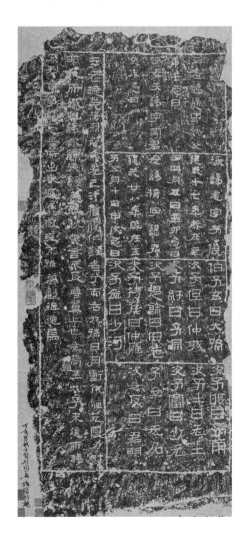

一) 釋文과 내용

1) 釋文

三老諱通,[1] 字介父,[2] / 庚午忌日.[3] / 祖母失諱,[4] 字宗君,/ 癸未忌日.[5] / 掾諱忽[6], 字子儀[7], / 建武十七年[8], 歲在辛 / 丑[9], 四月五日辛卯忌日. / 母諱捐, 字謁君[10], / 建武廿八年, 歲在壬 / 子, 五月十日甲戌忌日. /

伯子玄, 曰大孫; / 次子但, 曰仲城; / 次子紆, 曰子淵[11]; / 次子提餘, 曰伯老, / 次子持侯, 曰仲鷹, / 次子盈[12], 曰少河.

次子邯[13], 曰子南; / 次子士, 曰元士[14]; / 次子富[15], 曰少元; / 子女曰元名[16], / 次女反, 曰君明. /

三老德業炔烈[17]. 克命先己[18], 汁稽履化[19], / 難名兮而右九孫[20]. / 日月虧代[21], 猶元風力射[22]. 邯及所識祖諱[23], 欽顯後嗣[24]. 盖春秋義[25], 言不及尊, 翼上也[26]. 念高祖至九子未遠, 所諱 / 不列, 言事觸忌[27], 貴所出嚴及焉, 敬曉末孫[28], 鬲副祖德焉.[29] /

2) 해석

관직이 三老인 祖父의 이름은 通이고 字는 介父이며, 忌日은 庚午일이다. 祖母의 이름은 전해오지 않으며, 字는 宗君이며 忌日은 癸未일이다.

관직이 縣掾인 父親의 이름은 忽이고 字는 子儀이다. 建武 17年 辛
丑年(AD 41年) 4月 5日 辛卯일이 忌日이다. 母親은 이름이 捐이고, 字
는 謁君이다. 建武 28年 壬子年(AD 52年) 5月 10日 甲戌일이 忌日이다.

제일 큰 아들은 이름은 玄이고 자는 大孫이며, 그 다음 아들은 但
이고 자는 仲城이며, 그 다음 아들은 紆이고 자는 子淵이며, 그 다음
은 提餘이며 자는 伯老이며, 그 다음은 持侯이고 자는 仲麗이며, 그
다음은 盈이며 자는 少河이며, 그 다음은 邯이고 자는 子南이며, 그
다음은 士이고 자는 元士이며, 그 다음은 富이고 자는 少元이다.

큰 딸의 이름은 元名이고, 그 다음 딸의 이름은 反이고 자는 君明
이다.

先祖 三老의 덕행은 매우 훌륭하시고, 그 업적 또한 혁혁하셨다.
자신을 돌보지 않고 주어진 사명을 완수하셨으며, 모든 일은 사리에
맞게 하셨고, 행동거지는 어긋남이 없으셨다. 이러한 훌륭하신 덕업
은 이루 헤아릴 수 없으며, 후대 후손에게 또한 음덕을 베풀어 돌보
아 주셨다.

이러한 훌륭하신 조상의 덕은 오랜 세월 동안 대대로 전해 내려오
니, 당신의 子孫 邯은 이미 알고 있는 조상의 諱字를 기록하여 후세
들로 하여금 조상을 존경케 하도록 하고자 한다.

≪春秋≫는 이름을 언급하지 않고 휘자를 쓰는 것을 조상을 존경
하기 때문이다 하였다.

훌륭하신 조상과 아홉의 손자와는 그 세대가 오래 되지 않았는데,
諱字를 나열하지 않는 것은 예의에 어긋나는 것이다.

우리의 출처(조상)를 귀하게 여기고 확실하게 언급하는 것은 조상
을 존경하고자 하는 훌륭한 후대의 자손들이 조상의 덕을 기리고자

하는 것이다.

二) 碑文 考釋

碑文의 첫 머리가 '三老'로 시작되기 때문에 '三老碑'라 한다. '三老'
의 성씨는 알 수가 없고, 漢代에 敎化를 관장하는 관직명이다.

'三老碑'는 東漢 建武 28年(AD 52年) 三老의 第七代 孫子인 邯이 세
웠다. 祖父의 이름을 기록하여 後代 子孫들이 조부의 避諱를 알 수
있도록 하고, 先祖들의 德業과 忌日을 기록하여 시기에 맞추어 祭祀
를 지내도록 하였다. 그래서 '三老諱字忌日碑'라 한다.

이 漢나라 《三老諱字忌日碑》는 현재 浙江省 杭州市 西湖 孤山 西
泠印社의 漢 三老石室에 보관되어 있고, '浙東第一古碑'[1]라 불리운다.

'三老碑'는 淸 咸丰二年 (1852年)에 浙江省 余姚縣 客星山에서 발견
되었다. 咸豊 十一年(1861) 太平天國 때 군인들이 아궁이 돌로 사용하
여 불에 그을린 흔적이 있으나, 글자는 다행히 손상이 되지 않았다.

출토 당시 碑額은 이미 없었으며, 碑의 높이는 90.5㎝이고, 너비는
45㎝이며, 문자는 모두 217字이다.

碑文은 渾厚(純朴하고 厚重)하고 遒勁(雄健하고 强壯)하며, 서체는
篆書와 隷書의 중간 단계이다.

서체가 "문자는 옛스러운 고전적 풍격과 굳건하고 두터운 획을 지
닌 전서와 예서의 중간 단계에 속하는 서체"[2]이기 때문에 고대 서법
을 연구하는데 매우 중요한 학술적 가치를 지니고 있다.

이 碑는 1852年 출토된 후 余姚縣의 周世熊이 소장하고 있다가,

---

1) "동쪽 절강의 최고의 고대 비각."
2) "文字渾古遒厚, 介篆隷間."

1921年에 江蘇省 丹徒縣 陳渭亭가 上海에서 日本 商人에게 거액을 받고 팔아넘기려 하였으나, 印社社員인 姚煜와 沈宝昌 등이 이 소식을 듣고 "다른 나라에 빼앗긴다는 것은 참을 수 없는 일이다. 이 비를 영구히 보존할 수 있도록 하여야 한다"[3]라 하며, 약 60여명이 八千兩의 銀을 모아, 陳渭亭으로부터 사들여 浙江으로 운송하였다.

초대 印社社長을 지낸 吳昌碩은 1922年에 ≪漢三老碑石室記≫에서 "神碑인 '三老'가 西泠印社에 보관된 후 그 영스러운 기운이 湖山에 가득하네. 비각의 하나하나의 문자는 모두 漢代의 흔적을 고스란히 담고 있네"[4]라고 하였다.

≪三老忌日碑≫는 會稽의 ≪跳山摩崖≫(≪大吉買山地記摩崖≫)과 함께 浙江의 중요한 漢代의 碑刻이며, 현존하는 가장 오래된 浙江省의 碑刻 중의 하나이다.

초기 탁본은 石面이 편평하지 않아, 石花의 얼룩점(斑駁)들이 잘 드러나 오히려 자연스럽고 필획이 두터웠으나(肥厚), 후기의 탁본은 石面을 편평하게 다듬어 오히려 필획이 가늘고 약하다(纖弱)다.

陸增祥의 ≪八瓊室金石補正≫이 ≪三老諱字忌日記≫에서 묘사한 자형은 원 자형과 비교적 비슷하게 임모하고 있기 때문에 필요한 경우엔 이를 참고하기로 한다.

① '三老諱通'

'三老'는 漢 나라의 지방 官名이다. '諱(꺼릴 휘, hui)'는 죽은 황제나 손위 사람의 이름을 일컫는 말이다.

秦始皇은 중국을 통일한 후 郡縣制를 실시하여, 縣 아래를 鄕·

---

3) "猶不忍其淪于異域, 而圖永久保存之."
4) "三老神碑去復還, 長敎靈氣壯湖山. 漫言片石無輕重, 點點猶留漢土斑."

亭·里로 나누었다. 10里를 亭이라 하고 亭長을 두고, 10亭을 鄕이라
하였다. 鄕에는 '三老'·'有秩'·'嗇夫'와 '游徼'이라고 하는 주요 관직
을 두었다. '三老'는 백성을 敎化하는 일을 담당하고, '有秩'은 行政을
담당하고 실질적으로는 鄕長이며, '嗇夫'는 소송과 세금을 담당하였
고, '游徼'은 치안을 주로 담당하였다.

漢은 秦의 鄕·亭·里를 토대로 하고 '什伍制度'를 실시하여, 더욱
세분화하고 조직화하였다. '什伍制度'란 다섯 가구(五家)를 伍라고 伍
長을 두었고, 열 가구(10家)을 什이라 하고 什長을 둔 것을 말한다.
100家 즉 10什을 里라 하고 里魁가 책임자이고, 10里를 亭이라 하고
亭長이 책임자이고, 10亭을 鄕이라하고 鄕에는 三老·有秩·嗇夫와
游徼을 두었다. 鄕長인 '有秩'은 郡府에서 위임하였으나, 나머지는 모
두 縣衙에서 위임하였다. '三老'는 지금의 鄕人大常委會의 主任과 같
다. '三老'는 정식적인 봉록은 받지 않았지만 지위는 상당히 높았다.
'三老'의 '老'자를 아래 '伯老'의 '老'자에서는 로 쓰고, '三老'
의 '老'자는 로 쓴다. ≪八瓊室金石補正≫은 '老'로 쓴다.

② '字介父'
'介'자를 ≪漢碑集釋≫은 '小'자로 해석하고 있다. 그러나 ≪漢魏六
朝碑刻校注≫와 ≪漢魏石刻文學考釋≫은 '介'자로 해석하고 있다. ≪馬
王堆帛書≫ 중 ≪老子甲≫은 '小'로, ≪戰國縱橫家書≫는 '小'로 쓴
다.5) ≪八瓊室金石補正≫은 '小'로 쓴다.

③ '庚午忌日'
'忌日'은 제삿날이다. 飮酒와 歌舞를 禁忌한다는 의미이다.

---

5) ≪秦漢魏晉篆隸字形表≫, 72쪽.

'庚'자를 ≪武氏石闕銘≫은 '庚'으로, ≪熹平石經 · 春秋 · 成十四年≫
은 '庚'으로 쓴다.[6] ≪八瓊室金石補正≫은 '庚'으로 쓴다.

'午(午)'자를 ≪熹平石經 · 春秋 · 昭廿一年≫은 '午'로 쓴다.[7] ≪八
瓊室金石補正≫은 '午'로 쓴다.

④ '祖母失諱'

≪漢魏石刻文學考釋≫은 '祖母'를 '祖父'로 해석하고 있다.[8] ≪八瓊
室金石補正≫은 '母'자를 '母'로 쓴다. 아래 '念高祖' 중의 '祖'자를
'祖'로 쓴다. ≪熹平石經 · 書 · 盤庚≫은 '祖'자를 '祖'로 쓴다.[9]

⑤ '癸未忌日'

'癸'자를 ≪魯峻碑≫은 '癸'로, ≪孟孝琚碑≫는 '癸'로 쓴다.[10] ≪八
瓊室金石補正≫은 '癸'자를 '癸'로 쓴다. 아래 '九子未遠' 중의 '未'자
는 '未'로 쓴다.

⑥ '掾諱忽'

李慈銘은 ≪越縵堂讀書記 · 史部 · 金石類 · 三老碑拓本≫에서 '掾
(아전 연, yuàn)'에 대하여 "'掾'이란 漢晉 시기의 公俯와 令長의 曹佐
를 말한다. 한 자로 '掾'이라고 한 것으로 보아 公卿掾 州郡掾이 아니
라 縣掾이라는 것을 알 수 있다"라고 설명하고 있다.[11]

---

6) ≪秦漢魏晉篆隷字形表≫, 1053쪽.
7) ≪秦漢魏晉篆隷字形表≫, 1065쪽.
8) ≪漢魏石刻文學考釋≫, 53쪽.
9) ≪秦漢魏晉篆隷字形表≫, 11쪽
10) ≪秦漢魏晉篆隷字形表≫, 1055쪽.
11) "曰掾者, 漢晉自公俯至令長, 其曹佐皆曰掾. 此單言掾, 則非公卿州郡可知, 蓋

'(掾)'자를 ≪建武泉范二≫는 ''으로 쓴다.[12] ≪八瓊室金石補正≫은 ''으로 쓴다.

⑦ '字子儀'

'儀'자를 ≪孔宙碑≫는 ''로 쓰고, ≪建武泉范≫은 ''로 쓴다.[13] ≪八瓊室金石補正≫은 ''자를 ''로 쓴다.

⑧ '建武十七年'

'建武十七年'은 AD 41년이다.

'建'자를 ≪建初元年鐖≫은 ''으로, ≪建武泉范≫은 ''으로 쓴다.[14] ≪八瓊室金石補正≫은 ''으로 쓴다.

'武'자를 ≪建武泉范≫은 ''로, ≪熹平石經 · 春秋 · 昭十四年≫은 ''로 쓴다.[15] ≪八瓊室金石補正≫은 ''로 쓴다.

'年'자를 ≪曹全碑≫는 ''으로, ≪慮俿尺≫은 ''으로 쓴다. ≪八瓊室金石補正≫은 ''자를 ''으로 쓴다.

아래 '建武卄八年'에서는 '建'과 '武'자를 각각 '' · ''로 쓴다.

⑨ '歲在辛丑'

'歲在辛丑'은 '그 해의 干支는 辛丑'이다. '(辛)'자는 '辛'의 이체자이다. ≪八瓊室金石補正≫은 ''으로 쓴다.

'(歲)'자를 ≪華山廟碑≫는 ''로, ≪熹平石經 · 易 · 噬嗑≫은

縣掾也."(581쪽).

12) ≪秦漢魏晉篆隷字形表≫, 863쪽.

13) ≪秦漢魏晉篆隷字形表≫, 563쪽.

14) ≪秦漢魏晉篆隷字形表≫, 126쪽.

15) ≪秦漢魏晉篆隷字形表≫, 900쪽.

'歳'로 ≪張遷碑≫는 '歲'로 ≪曹全碑≫는 '歲'로 쓴다.16) ≪八瓊室
金石補正≫은 '歳'로 쓴다.

⑩ '字謁君'

'謁(謁)'자를 ≪曹全碑≫는 '謁'로, ≪北海相景君銘≫은 '謁'로, ≪趙
寬碑≫는 '謁'로 쓴다.17) ≪八瓊室金石補正≫은 쓰지 않고 있다.

⑪ '子淵'

'淵(淵)'자를 ≪石門頌≫은 '淵'으로, ≪孟孝琚碑≫는 '淵'으로 쓴
다.18) ≪八瓊室金石補正≫은 '淵'으로 쓴다.

⑫ '曰仲麗, 次子·盈'

'麗(麗)'자를 ≪武威簡·有司≫는 '麗'으로, ≪史晨碑≫는 '麗'으
로 쓴다.19) ≪八瓊室金石補正≫은 '麗'으로 쓴다.

'盈(盈)'자를 ≪老子乙≫은 '盈'으로, ≪熹平石經·詩·匏有苦葉≫
은 '盈'으로, ≪馬姜墓記≫는 '盈'으로 쓴다.20) ≪八瓊室金石補正≫
은 '盈'으로 쓴다.

⑬ '次子南'

'南'자를 ≪西陲簡≫은 '南'으로 쓴다.21) ≪八瓊室金石補正≫은

16) ≪秦漢魏晉篆隷字形表≫, 101쪽.
17) ≪秦漢魏晉篆隷字形表≫, 146쪽.
18) ≪秦漢魏晉篆隷字形表≫, 795쪽.
19) ≪秦漢魏晉篆隷字形表≫, 654쪽.
20) ≪秦漢魏晉篆隷字形表≫, 324쪽.

[❏]자를 '甬'으로 쓴다.

⑭ '元士'

[❏]를 ≪八瓊室金石補正≫은 '无士'로 쓴다. 즉 '无士'로 쓰고 있다. ≪漢碑集釋≫과 ≪漢魏六朝碑刻校注≫는 모두 '元'으로 해석하고 있다. 아래 '元名' 중의 '元'자를 ≪八瓊室金石補正≫은 역시 '无'로 쓴다.

⑮ '次子富'

[❏](富)'자를 ≪三羊鏡≫은 '富'로 쓴다.[22] ≪八瓊室金石補正≫도 '富'로 쓴다.

⑯ '元名'

[❏]자를 ≪漢碑集釋≫은 '無'자로 해석하고 있으나, ≪漢魏六朝碑刻校注≫는 '元'으로 풀이하고 있다. 앞의 '元士'와 '少元' 중의 '元'자의 형태와 비슷하다.

⑰ '三老德業㫃烈'

[❏](德業)'은 '德行'과 '업적'의 의미이다. [❏](德業)'을 ≪八瓊室金石補正≫은 '德業'으로 쓴다. 汪鋆의 ≪十二硯齋金石過眼錄≫은 [❏]자를 '美'자로 해석하고 있다. '美'자를 ≪夏承碑≫는 '美'로 쓰고, ≪熹平石經·易·坤文言≫은 '美'로 쓴다. '業'자를 ≪熹平石經·

---

21) ≪秦漢魏晉篆隸字形表≫, 403쪽.
22) ≪秦漢魏晉篆隸字形表≫, 503쪽.

易・坤文言≫은 '業'으로 쓰고, ≪武梁祠畫象題字≫은 '業'으로 쓴다. '業'자는 '業'자의 형태와 가깝다.

'赫烈(共烈)'을 ≪八瓊室金石補正≫은 '赫烈'로 쓴다. '共'은 '赫'의 이체자이다. '赫烈'은 '혁혁하고 성대하다'의 의미이다.

⑱ '克命先己'

≪漢碑集釋≫은 '克'을 '識(알 식, shí,zhì)'의 뜻으로 풀이하고 있다.[23] '克命'은 '자기에게 주어진 사명을 완수하다'이고, '先己'은 '자신을 돌보지 않는 살신성인의 정신'을 의미한다.

⑲ '汁稽履化'

'汁(汁)'자는 '叶(화합할 협, xié, yè)'자와 통하며, '叶'은 '協(맞을 협, xié)'의 의미로 쓰인다.

'稽(稽)'자를 ≪八瓊室金石補正≫은 '稻(稻)'로 쓰고, '道'의 의미로 해석하고 있으나, ≪武威簡・士相見≫의 '稽(稽)'자의 형태로 보아 '稻'자가 아니고 '稽'자이다. 따라서 '稽(머무를 계, jī, qǐ)'자로 해석하고, '고찰하다'의 의미로 풀이하기로 한다.

'履仁' 중의 '仁'자를 ≪八瓊室金石補正≫은 '仁'으로 모사하고 '仁'으로 해석하고 있다. '仁'자를 ≪武威醫簡≫은 '仁'으로 쓰고 ≪夏承碑≫는 '仁'으로 쓰며, '化'자를 ≪夏承碑≫는 '化'로 쓰고, ≪郙閣頌≫은 '化'으로 쓴다.[24] '仁'자는 '化'자와 유사하다. '履化'는 '행동거지가 자기에게 주어진 운명에 어긋나지 않음'을 의미한다.

---

23) ≪漢碑集釋≫, 3쪽.
24) ≪秦漢魏晉篆隸字形表≫, 503쪽 참고.

⑳ '難名兮而右九孫'

'🔲'자를 ≪八瓊室金石補正≫은 '難(難)'으로 쓰고 있다. '難名'은 '이루 헤아릴 수 없을 만큼 그 德業이 성대함'을 말한다.

'🔲'자를 ≪八瓊室金石補正≫은 '乎(乎)'로 쓰고 있다. 그러나 형태로 보아 '乎'자가 아니라 '兮'자인 것으로 보인다. '兮'자를 ≪淮源廟碑≫는 '亐'로 쓰고, ≪熹平石經·詩≫는 '亐'로 쓴다. 어조사의 용법이다. '右'는 '佑(도울 우, yòu)'의 의미이다.

㉑ '日月虧代'

'🔲(虧)'자를 ≪八瓊室金石補正≫은 '虧'로 쓴다. ≪字形表≫는 '虧'자 아래에서 '🔲'자를 '虧'로 摹寫하고, ≪北海相景君銘≫은 '虧'로 쓴다.25)

≪八瓊室金石補正≫은 '🔲'자를 '伐(伐)'로 쓰고 있으나, 형태와 전후 문맥상 '代'자가 옳다. '虧代'는 '세월의 변화' 즉 '오랜 세월'을 의미한다.

㉒ '猶元風力射'

'🔲'자를 ≪八瓊室金石補正≫은 '猶'로 쓰고, ≪張遷碑≫는 '猶'로 쓴다.26)

'元風'은 '조상이 남겨 놓은 德澤(덕택)'의 의미이다.

'🔲(力射)'는 '환하게 비치다'의 의미, 즉 '후대에 길이 영향을 끼치다'의 뜻이다. '射'자를 ≪熹平石經·儀禮·鄕射≫는 '射'로 쓴

---

25) ≪秦漢魏晉篆隷字形表≫, 314쪽.
26) ≪秦漢魏晉篆隷字形表≫, 701쪽.

다.27)

㉓ '邯及所識祖諱'

'㊀(邯)'은 아홉 명의 손자 중 일곱 번째인 子南 邯이다. '㊁(及)' 자를 아래에서는 '㊂'으로 쓴다. 본 구절에서는 동사인 '언급하다'의 의미로 쓰이고 있다.

㉔ '欽顯後嗣'

'㊃(欽顯)'을 ≪八瓊室金石補正≫은 '欽顯'으로 쓴다. '欽顯'은 사역동사의 용법으로 쓰이고 있다. '欽顯後嗣'는 '후세대로부터 존경을 받은 조상'의 의미이다. ≪嵩山太室闕銘≫은 '顯'자를 '㊄'으로 쓴다.28)

㉕ '盖春秋義'

'盖(蓋)'는 발어사의 용법으로 쓰인다. '春秋'는 서명이다. '盖春秋義'를 ≪八瓊室金石補正≫은 '盖春秋義'로 쓴다.

≪左傳·桓公二年≫ "正月戊申, 宋督弑其君與夷及其大夫孔父"29) 중의 '孔父(공보)'는 '孔父嘉'의 字이다.

㉖ '言不及尊翼上也'

'㊅(尊翼)'은 '존경하다'의 의미이다. '上'은 '조상'의 의미이다.

---

27) ≪秦漢魏晉篆隸字形表≫, 342쪽.
28) ≪秦漢魏晉篆隸字形表≫, 634쪽.
29) "正月 戊申일에 宋나라 督이 그의 군주인 與夷와 그 나라의 대부인 孔父(공보)를 살해하다."

'言不及尊翼上'은 '(춘추)가 이름을 언급하지 않는 것은 조상을 존경하는 것이다라 했다)'라는 뜻이다.

㉗ '言事觸忌'

[그림](言事觸忌)'를 ≪八瓊室金石補正≫은 '**言 事 觸 忌**'로 쓴다. '言事觸忌'는 '언행이 잘못되다'의 의미이다. ≪史晨碑≫는 '觸'자를 '**觸**'으로 쓴다.[30]

㉘ '嚴及焉, 敬曉末孫'

[그림]'을 ≪漢碑集釋≫은 '嚴及□'으로, ≪漢魏六朝碑刻校注≫는 '嚴及焉'으로 해석하고 있다. ≪八瓊室金石補正≫은 [그림](嚴)'자를 '**歖**'으로 쓰고 있다. '嚴'자를 ≪孔龢碑≫는 '**嚴**'으로, ≪西狹頌≫은 '**嚴**'으로 쓴다.[31] 아래에서는 '焉'자를 [그림]으로 쓰고, ≪八瓊室金石補正≫은 '**焉**'으로 모사하고 있다. '嚴及焉'은 '그것을 신중하게 언급하다'의 뜻이다.

[그림](敬曉)'를 ≪八瓊室金石補正≫은 '**敬曉**'로 쓴다. '敬曉'는 '조상을 공경하고 인격이 훌륭하다'의 의미이다. '末孫'은 '후대의 자손들'의 의미이다. ≪曹全碑≫는 '敬'자를 '**敧**'으로 쓰고,[32] '曉'자를 ≪石門頌≫은 '**曉**'로 쓴다.[33]

㉙ '幂副祖德焉'

[그림]자를 ≪八瓊室金石補正≫은 '**帛**'로 쓰고 있으나, 확실히 알 수

---

30) ≪秦漢魏晉篆隷字形表≫, 288쪽.
31) ≪秦漢魏晉篆隷字形表≫, 94쪽.
32) ≪秦漢魏晉篆隷字形表≫, 646쪽.
33) ≪秦漢魏晉篆隷字形表≫, 450쪽.

없는 자이다. '副(도울 부, fù)'는 '기리다'의 의미이다.

二 ≪三老諱字忌日記≫와 ≪八瓊室金石補正≫의 摹寫本 字形 연구

一) 연구방법과 목적

1852年 浙江省 餘姚縣에서 발견된 漢 ≪三老諱字忌日記≫34)는 會稽의 ≪跳山摩崖≫(≪大吉買山地記摩崖≫)와35) 함께 현존하는 가장 오래된 浙江省의 漢代 碑刻 중의 하나이다. 吳昌碩은 이를 '浙東第一古碑'이라 칭하며,36) "神碑인 '三老'가 西泠印社에 보관된 후 그 영스러운 기운이 湖山에 가득하네. 모든 석각은 한결같다고 말하지 마오, 하나하나의 문자는 모두 漢代의 흔적을 고스란히 담고 있네"37)라고 칭송하기도 하였다. 서체는 篆書의 풍격을 지닌 隸書로 純朴하고 厚重하며 雄健하고 强壯하여, 고대 서법 연구에 중요한 자료이다.38)

≪三老碑≫가 출토된 이래 그동안 많은 학자들이 자형에 대하여

---

34) ≪三老諱字忌日記≫는 ≪三老諱字忌日刻石≫이라도 하고, 이를 약칭하여 ≪漢三老碑≫ 혹은 ≪三老碑≫라고도 한다.

35) ≪跳山摩崖≫는 혹은 ≪漢昆弟六人買山地券摩崖≫・≪大吉山刻石≫・≪跳山摩崖刻石≫이라고도 한다. 비문에는 네 자씩 다섯 행으로 모두 20자가 있다. 비액에는 예서로 "大吉"이라 쓰여져 있다. 東漢 章帝 建初 元年(76年)에 浙江 會稽 烏石村(跳山)에 새겨진 것으로, 道光 三年(1823年)에 杜煦同과 杜春生이 발견하였다.

36) "동절강의 최고의 고대 비각." 혹은 '浙中第一名碑'라고도 한다.

37) "三老神碑去復還, 長敎靈氣壯湖山. 漫言片石無輕重, 點點猶留漢土斑." 吳昌碩, ≪漢三老碑石室記≫(1923年 吳昌碩題端). ≪三老碑彙考≫, 51쪽 참고.

38) 吳昌碩, ≪漢三老石室記≫題端, 「文字渾古遒厚, 介篆隸間」. ≪三老碑彙考≫, 51쪽 참고.

연구를 하였으나, 초탁본(1852年-1919年)인 趙世熊의 탁본 자형이 잘 보이지 않기 때문에 ≪三老碑≫ 자형 연구는 아직도 문제점이 많다.

陸增祥은 ≪八瓊室金石補正≫에서 ≪三老碑≫의 비문을 摹寫하고 있는데, 이 모사는 원 자형에 가까워 ≪三老碑≫의 자형 연구에 도움이 된다. 그러나 ≪八瓊室金石補正≫의 모사본은 초기 탁본「次字不損本」과 비교해 볼 때, 형태상 문제점을 지니고 있음을 알 수 있다.[39]

≪三老諱字忌日記≫의 拓本은 연대에 따라 일반적으로 크게 세 종류로 나눌 수 있다.

첫째는 周世熊 탁본(1852年-1919年)이고, 둘째는 陳渭泉 탁본(1919年-1921年)이며, 셋째는 西泠印社 탁본(1921年 이후)이다. 周世熊 탁본은 다시 咸豊同治 탁본(1852年-1874年)과 光緖 이후의 탁본(1879年-1919年)으로 나눈다. 전자는 또한 咸豊11년 辛酉政變[40]이 일어난 해까지의 탁본이 네 번째 칸의 첫 번째 줄 '次字'중의 '次'자가 아직 손상되지 않았기 때문에 '次字未損本'이라고 하며, 또는 '咸豊拓本'·'前拓本'이라도 한다. ≪次字未損本≫은 현재 '達受拔本'(1856年 達受題跋)·'傅以禮拔本'(1866年 傅以禮題跋)·'朱雲史拔本'(1866年 朱雲史題跋)·'達受拓本'(1873年 何紹基題端)·'丁丙拔本'(1873年 丁丙題跋)·'龔心銘拔本'(1894年 龔心銘 逍遙室 所藏本)·'余任天拔本'(余任天 歸漢室 所藏本)·'吳曾善拔本'(吳鬱生 舊藏裱本, 吳曾善 題簽) 등 8종이 있다.

이 중 吳曾善이 1929·1960·1962년에 跋文을 쓴 ≪吳曾善拔本≫은 吳旭生이 표구하여 소장하고 있던 것으로 현재는 浙江省 寧波市

---

39) 陸增祥은 ≪八瓊室金石補正≫ 이외에도 ≪篆墨述詰≫·≪吳氏筠淸館金石記目≫·≪金石偶存≫·≪三百磚硯彔≫·≪八瓊室待訪金石錄≫ 등의 저술이 있다.

40) 辛酉政變은 "北京政變"이라고도 하며, 1861년에 영국과 '北京條約'을 맺은 政治事件이다.

逸品齋에 소장되어 있다. 이 탁본은 현재 독자들이 참고할 수 있는 확대본이 있기 때문에, 본 책에서는 ≪八瓊室金石補正≫(卷三)의 모사본과 ≪吳曾善拔本≫의 자형을 비교 고찰하기로 한다.

≪三老碑≫의 원 자형과 ≪八瓊室金石補正≫의 모사본을 비교할 때, 주로 漢代의 비각 문자를 이용하기로 하나, 해당하는 자형이 없는 경우엔 지하에서 출토된 漢代의 자료와 이 시기와 가까운 문자 자료를 이용하여 설명하기로 한다.

二) ≪三老諱字忌日記≫와 ≪八瓊室金石補正≫

1) ≪三老諱字忌日記≫

漢 ≪三老諱字忌日記≫는 淸 咸豊 2年(1852年)에 浙江省 餘姚縣 客星山에서 마을 사람에 의해 발견되었다. 그 다음 해 周世熊(字 淸泉)이 嚴陵塢의 家園山館으로 옮겨와 보관해 왔는데, 淸 咸豊 11年(1861) 太平天國亂 때 군인들이 이것을 아궁이 돌로 사용하기도 하였다. 그 후 江蘇省 丹徒縣 사람 陳渭泉이 보관해 오다가 1921年에 上海에서 日本 商人에게 거액에 팔아넘기려 하자, 西泠印社의 姚煜와 沈寶昌 등이 이 소식을 듣고 "猶不忍其淪于異域, 而圖永久保存之(다른 나라에 빼앗긴다는 것은 참을 수 없는 일이다. 이 비를 영구히 보존할 수 있도록 하여야 한다)"라 하며 모금운동을 벌였다. 후에 초대 印社社長 吳昌碩 등이 주축이 되어 약 60여명이 大洋 11,270원을 모아, 그 중 8,000元 주고 ≪漢三老碑≫를 사들여 1921년부터는 浙江省 杭州市 西湖 孤山 西泠印社의 漢 三老石室에 보관되어 있다.

이 비는 출토 당시에 이미 碑額이 없었다. 碑의 높이는 90.5㎝이고,

너비는 45㎝이며, 문자는 모두 217字이다.

碑額이 이미 유실되었기 때문에, 碑文의 내용과 첫 구절 '三老諱通'을 참고하여 ≪三老諱字忌日刻石≫이라 하고, 이를 약칭하여 ≪漢三老碑≫ 혹은 ≪三老碑≫라고도 한다.

'三老'는 漢代 때 마을을 敎化하고 관장하는 鄕官으로41) 성씨는 알 수 없다. 다만 이 비석이 董氏 집안의 묘에서 출토되었기 때문에 '三老'가 중국 漢代 초기의 董子儀를 가리킨다고 주장하는 학자도 있다.42)

≪三老碑≫에는 한 명의 아들과 손자 아홉 명의 이름이 기록되어 있다. 이 ≪三老碑≫는 東漢 建武 28年(AD 52年)에 三老의 아홉 명의 孫子 중 第7代 孫子인 邯이 선조의 이름을 기록하여 後代 子孫들이 선조의 避諱를 알 수 있도록 하고, 先祖들의 德業과 忌日을 기록하여, 조상의 업적을 기리고 祭祀를 시기에 맞추어 잊지 않고 지낼 수 있도록 하기 위하여 세운 忌日碑이다.43)

문자는 비석 판을 크게 좌우 열로 줄을 그어 나누고, 우측 열은 다시 네 칸으로 나누어 쓰고 있다. 우측 열의 첫째·둘째 칸의 자형과 좌측 열의 자형은 서로 비슷하며 漢代의 ≪石門頌≫과 비슷한 풍격을 지니고 있다. 우측 열의 셋째와 넷째 칸의 자형은 ≪畜君開通褒斜道刻石≫ (永平六年, 公元63年)과 비슷한 풍격으로 큰 글자로 이름을 새기고 있다. ≪三老碑≫의 전체 석문은 아래와 같다.

---

41) ≪漢書·高帝紀≫(卷一): 『擧民年五十以上, 有修行, 能帥衆爲善, 置以爲三老.』 (臺灣鼎文書局, 33쪽 참고)
42) ≪三老碑彙考≫(西泠印社 編著, 上海書店, 2007年), 4쪽 참고.
43) 忌日碑은 일반적으로 姓氏貫籍을 기록하지 않고 조상의 기일을 기록하여 사당 안에 설치해 놓는다.

三老諱通, 字小父, / 庚午忌日. / 祖母失諱, 字宗君,/ 癸未忌日./

掾諱忽, 字子儀,/ 建武十七年, 歲在辛/丑, 四月五日辛卯忌日./ 母諱捐, 字謁君,/ 建武廿八年, 歲在壬/子, 五月十日甲戌忌日./

伯子玄, 曰大孫;/ 次子但, 曰仲城;/ 次子紆, 曰子淵; / 次子提餘, 曰伯老./ 次子持侯, 曰仲麗, / 次子盈, 曰少河.

次子邯, 曰子南;/ 次子士, 曰无士;/ 次子富, 曰少元;/ 子女曰无名, / 次女反, 曰君明./

三老德業朮烈. 克命先己, 汁稽履化,/ 難名分而右九孫./ 日月虧代, 猶元風力射. 邯及所識祖諱, 欽顯後嗣. 盖春秋義, 言不及尊, 翼上也. 念高祖至九子未遠, 所諱 / 不列, 言事觸忌, 貴所出嚴及焉, 敬曉末孫, 鬲副祖德焉./

2) ≪八瓊室金石補正≫

陸增祥(1816~1882)의 ≪八瓊室金石補正≫은 淸代 金石學의 중요한 저작 중의 하나로, 王昶의 ≪金石萃編≫[44]과 陸耀遹의 ≪金石續

---

44) ≪金石萃編≫은 淸 王昶이 편찬한 책이다. 昶의 자는 德甫 혹은 蘭泉이고, 松江 靑浦(上海市)사람이다. 淸 嘉慶10年 (1805)에 완성된 ≪金石萃編≫(共160卷)은 秦에서 宋·遼·金까지 시대 순으로 주로 歷代 碑刻 약 1500여종을 기록하고 나머지 기타 10여 종의 銅器와 銘刻을 수록하고 있다. 각 비각의 題目 아래 碑刻과 器物의 크기와 현존되어 있는 장소를 명기하고, 비각 중 漢代 이전의 篆文과 隸書는 문자를 임모하였다. 楷書로 쓰여진 漢代 이후 碑文은 각종 金石書와 文集 중에 기록되어 있는 題跋을 수록하고, 뒤에는 작가 자신의 考釋과 按語를 추가하였다. 주 편찬자 王昶 이외에 朱文藻와 錢侗 등이 편찬에 참여하였다. 이 책이 출간된 후, 淸 道光咸丰 연간에 이를 補正한 책들이 지속적으로 출간되었으나, 그 중 陸耀遹의 ≪金石續編≫(共21卷)과 陸增祥의 ≪八瓊室金石補正≫이 비교적 주목을 받았다. ≪金石續編≫은 漢에서 宋·遼·金·西夏까지의 石刻文字 400여종과 銅器·鐘銘 약 10종을 수록하고 있다. 이외에도 1918年에 羅振玉이 王昶이 수록하지 않은 元代 碑刻 80종을 수록한 ≪金石萃編未刻稿≫(共3卷)를 출판하였다.

編≫을 補正한 石刻文字 匯編書이다. 陸增祥은 江蘇省 太倉 사람으로 호는 莘農이며 평생을 금석학 연구에 전념하였다.

모두 130卷으로 된 ≪八瓊室金石補正≫은 약 3500여 종의 石刻과 약간의 기타 器物 銘文들을 수록하고 있다. 이는 ≪金石萃編≫에 비하여 약 2,000種이 더 많은 양이다. 이 책은 완성된 후 바로 인쇄되지 못하고, 1925年에 劉氏希古樓에서 처음으로 刊行되었다.

≪八瓊室金石補正≫은 기본적으로 ≪金石萃編≫의 체제를 계승하고 있으나, ≪金石萃編≫에 이미 수록된 전체의 문장은 수록하지 않고 舊拓本이나 精拓本을 참고하여 ≪金石萃編≫ 중 잘못된 점만을 지적하고 있다. 이외에도 ≪金石萃編≫이 인용하고 있는 題跋文에 누락된 점이 있으면 보충하여 설명하고 있다. 수록하고 있는 石刻은, 연대에 따라 秦漢에서 遼·西夏·金까지의 자료와 중국 이외에 ≪新羅眞興王巡境記≫ 등 한국 비각 10여 종과 越南·日本의 각각 비각이 한 점씩이다. 정문 이외에 부록에 ≪八瓊室金石札記≫四卷, ≪八瓊室金石祛僞≫一卷, ≪八瓊室金石偶存≫一卷이 추가되어 있다.

淸代의 金石學은 嘉慶(1796~1820) 이후 王昶의 ≪金石萃編≫(1805)의 영향을 받았고, 그로 인해 많은 금석학 저서들이 출현하였는데, 그 중에서 陸增祥의 ≪八瓊室金石補正≫(共130卷)은 ≪金石萃編≫을 더 학문적으로 충실히 보충한, 역대 어느 자료보다도 가치있는 금석 전문서이다.

≪金石萃編≫은 주편자 王昶 이외에 朱文藻와 錢侗이 편찬자로 참여하였다. 錢侗이 陸增祥의 外叔이었기 때문에 陸增祥은 어렸을 때부터 금석학 연구에 영향을 받았고, 일찍부터 많은 碑刻과 磚硯을 수집하였다. 陸增祥은 또한 陸耀遹의 ≪金石續編≫을 교정하는 작업에 참여하기도 하였고, ≪金石續編≫의 부족한 자료를 보충하는데 힘쓰

기도 하였다. 그는 ≪筠淸館金石錄≫을 주 참고 문헌으로 하여 三代 彝器・雜器・鏡銘・瓦當・磚文과 造象記 등 民俗資料은 물론 그동안 보기 어려웠던 비각들을 수집 고석함으로써 「金石學」을 한 단계 발전시키는 역할을 하였다.

≪八瓊室金石補正≫은 ≪金石萃編≫을 보충하여 原刻의 문자를 교정하고 자형을 임모하는 단순한 「補正」의 수준을 넘어 금석학의 새로운 지평을 연 자료이다.

본문은 ≪八瓊室金石補正≫의 모사본과 원 자형을 비교하여 이러한 문제점을 '석문을 달리하는 경우'·'필획을 정확하게 모사하지 않은 경우'·'인식하지 못하는 경우'·'잘못 모사한 경우' 등으로 나누어 살펴보기로 한다.

三) 陸增祥 ≪八瓊室金石補正≫의 摹寫本과 원 자형 비교

1) 석문(釋文)을 달리하는 경우

'釋文을 달리하는 경우'는 ≪八瓊室金石補正≫이 다른 학자들과 문자를 달리 인식하는 경우를 말한다. '釋文을 달리하는 경우'는 대부분 원 비석이 마모되어 탁본이 선명하게 보이지 않는 경우이기 때문에 ≪八瓊室金石補正≫의 시비를 논하는 것은 사실상 상당한 위험성이 있다. 따라서 본문은 다른 고문자의 자형들과 비교하여 비교적 가까운 자형에 따라 석문하기로 한다.

①

'字'자와 '父'자 사이의 ≪三老碑≫ 자를 ≪漢碑集釋≫은 '小'자

로 석문하나,45) ≪漢魏六朝碑刻校注≫와 ≪漢魏石刻文學考釋≫은 '介'자로 석문하고 있다.46) '介'자를 ≪馬王堆帛書≫ 중 ≪老子甲≫은 '𠕋'로, ≪戰國縱橫家書≫는 '𠕋'로 쓴다.47) ≪八瓊室金石補正≫은 '𠕋'로 임서하고 있다. 윗부분에 한 필획이 있으면 '介'자이고, 없으면 '小'자이다. 이 자는 인명으로 사용되고 있다. 현재 우리가 확인할 수 있는 가장 이른 탁본 ≪次字不損本≫의 '𠕋'자는 윗부분에 필획이 보이지 않기 때문에 '小'자로 석문할 수 있을 것이다.

② '元士'

≪三老碑≫의 '元士'는 인명으로 쓰이고 있다. '元士'를 ≪八瓊室金石補正≫은 '无士(无士)'로 쓰고 있으나, ≪漢碑集釋≫과 ≪漢魏六朝碑刻校注≫는 '元'자를 모두 '元士'로 석문하고 있다.48) 아래 '元名'49) 중의 '元'자를 ≪八瓊室金石補正≫은 역시 '无'로 쓴다. 위 두 횡획 사이에 종획이 있으면 '无'자이고 없으면 '元'자이다. '无'자를 ≪馬王堆帛書·老子≫는 '𡘜'·'𡗉'로 쓰고, ≪孔龢碑≫는 '无'로 쓰며, ≪熹平石經·易經≫은 '无'로 쓴다.50) '元'자를 ≪馬王堆1號漢墓≫는 '𡗉'으로 ≪承安宮鼎≫은 '元'으로 쓴다.51)

---

45) ≪漢碑集釋≫, 1쪽 참고.
46) ≪漢魏六朝碑刻校注≫는 "'介'字 ≪漢碑集釋≫ ≪秦漢碑述≫作小, 非"라 설명하고 있다.(34쪽). ≪秦漢碑述≫, 71쪽 참고. ≪漢魏石刻文學考釋≫, 53쪽 참고.
47) ≪秦漢魏晉篆隸字形表≫, 72쪽 참고.
48) ≪漢碑集釋≫, 1쪽 참고. ≪漢魏六朝碑刻校注≫는 "元, ≪八瓊室≫, ≪漢碑集釋≫均作无, 不取"라 설명하고 있다.(34쪽)
49) ≪漢魏六朝碑刻校注≫는 '元名'으로 석문하였다. ≪漢魏六朝碑刻校注≫, 34쪽 참고.
50) ≪秦漢魏晉篆隸字形表≫, 904쪽 참고.
51) ≪秦漢魏晉篆隸字形表≫, 1쪽 참고.

'［图］' 중의 '元'자는 위의 두 횡획 사이의 종획이 뚜렷하게 보이고 있기 때문에, 이 자가 '［图］' 중의 '元'자와 같은 자라면 '无'로 석문할 수 있다. 또한 왼쪽 열 '［图］(元風)' 중의 '元'자와는 아랫부분 두 종획의 벌어진 형태가 서로 다르다. 따라서 본 '无'자로 석문할 수 있다.

③ ［图］

《三老碑》의 '［图］' 중 '［图］'자를 《八瓊室金石補正》은 '仁'으로 모사하고 '仁'으로 석문하고 있으나, 《漢碑集釋》과 《漢魏六朝碑刻校注》 등은 '化'자로 석문하고 있다.[52] '仁'자를 《武威醫簡》은 '仁'으로 쓰고 《夏承碑》는 '仁'으로 쓰며,[53] '化'자를 《夏承碑》는 '化'으로 쓰고, 《郙閣頌》은 '化'로 쓴다.[54] 고문자 중 '仁'자와 '化'자의 차이는 오른쪽 필획이 한 획 더 있고 없음의 차이로 보인다. 오른쪽 윗부분에 한 획이 있는 '［图］'자는 '化'자로 석문할 수 있다. '履化'는 '행동거지가 예의에 어긋나지 않는다'의 의미이다.[55]

④ ［图］

《三老碑》의 '難名' 다음 '［图］'자를 《八瓊室金石補正》은 '乎(乎)'로 임서하고 있으나, 형태로 보아 '乎'자가 아니라 윗부분에 한 점이 없는 '兮'자인 것으로 보인다.[56] '兮'자를 《淮源廟碑》는 '兮'로 쓰고,

---

52) 《漢魏六朝碑刻校注》는 '化'로 석문하며 "八瓊室作仁, 備參"이라고 설명하고 (34쪽), 《漢魏石刻文學考釋》은 '履仁'으로 석문하고 있다.(54쪽).
53) 《秦漢魏晉篆隸字形表》, 546쪽 참고.
54) 《秦漢魏晉篆隸字形表》, 581쪽 참고.
55) 《秦漢刻石選譯》은 "履, 踐行, 化, 造化"라고 설명하고 있다.(19쪽).
56) 《漢魏六朝碑刻校注》는 "'兮', 《十二硯齋》 作美, 誤"라고 설명하고 있는데,(34쪽) 《十二硯齋》는 '美'자가 아니라 '予'자로 쓰고 있다. 《石刻史料新編》第十

≪熹平石經·詩≫는 '𤴥'로 쓴다.57)

⑤ '𢓍'

≪三老碑≫의 '虧' 다음 자 '𢓍'자를 ≪八瓊室金石補正≫은 '伐(伐)'로 쓰고, ≪漢魏石刻文學考釋≫은 '伐'로 석문하고 있다. '伐'자를 ≪馬王堆帛書≫는 '𢓍'·'伐'로 쓰고, ≪銀雀山漢墓≫는 '伐'로 쓴다.58) ≪漢魏六朝碑刻校注≫는 "≪八瓊室≫作伐, ≪文學考釋≫取之, 幷誤.(≪八瓊室≫은 이 자를 '伐'자로 석문하고 ≪文學考釋≫ 역시 이 주장을 따르고 있다. 모두 잘못된 것이다"라고 설명하고 있다.59) '𢓍'자의 왼쪽 字件이 '戈'이면 '伐'자이고, '弋'이면 '代'자이다. 부서진 정도가 심하여 확실히 알 수 없으나, 형태와 전후 문맥으로 보아 '代'자로 석문할 수 있다. '虧代'는 '세월의 변화' 즉 '오랜 세월'을 의미한다.

2) 필획을 정확하게 모사(摹寫)하지 않은 경우

'필획을 정확하게 모사하지 않은 경우'는 ≪八瓊室金石補正≫이 원형태와 달리 임모한 것을 가리킨다.

① '午(午)'

≪三老碑≫의 '午(午)'자를 ≪熹平石經·春秋·昭廿一年≫은 '午'로 임서하고 있다.60) ≪八瓊室金石補正≫은 '午'로 임서하고 있으나, 종획을 왼쪽으로 이동하여 위의 두 획이 교차하는 지점에서 아래로 내려 써야 한다.

冊, 7797쪽 참고.
57) ≪秦漢魏晉篆隸字形表≫, 312쪽 참고.
58) ≪秦漢魏晉篆隸字形表≫, 572쪽 참고.
59) ≪漢魏六朝碑刻校注≫, 35쪽 참고.
60) ≪秦漢魏晉篆隸字形表≫, 1065쪽 참고.

② '㳙(癸)'

≪八瓊室金石補正≫은 ≪三老碑≫의 㳙자를 '癸'로 모사하고 있다. ≪熹平石經·春秋·昭卅二年≫은 '癸'로 쓰고, ≪魯峻碑≫는 '癸'로 쓴다.[61] ≪說文解字≫는 '癸'자의 篆文을 字件이 'ㄨㄨ'와 '矢'인 '癸'로 쓴다. ≪八瓊室金石補正≫의 '癸'자는 윗부분을 정확하게 모사하지 않고 있다.

③ '㧻(㧻)'

≪三老碑≫의 '㧻(㧻)'자를 ≪建武泉范二≫는 '㧻'으로 쓴다.[62] ≪八瓊室金石補正≫은 '㧻'으로 모사하고 있으나, 아랫부분을 좀 더 정확하게 모사하여야 한다.

④ '淵(淵)'

≪三老碑≫의 '淵(淵)'자를 ≪石門頌≫은 '淵'으로, ≪孟孝琚碑≫는 '淵'으로 쓴다.[63] ≪八瓊室金石補正≫은 '淵'으로 임서하고 있으나, 오른쪽 부분을 약간 다르게 임서하고 있다.

⑤ '南(南)'

≪三老碑≫의 '次子' 다음 '南(南)'자를 ≪八瓊室金石補正≫은 '南'으로 임서하고 있다. '南'자를 ≪馬王堆漢墓帛書≫는 '南'·'甫'으로 쓰고, ≪西陲簡≫은 '甫'으로 쓴다.[64] 왼쪽 부분과 전체적인 형태가 다르다.

---

61) ≪秦漢魏晉篆隷字形表≫, 1055쪽 참고.
62) ≪秦漢魏晉篆隷字形表≫, 863쪽 참고.
63) ≪秦漢魏晉篆隷字形表≫, 795쪽 참고.
64) ≪秦漢魏晉篆隷字形表≫, 403쪽 참고.

⑤ '㷲(焦)'

《三老碑》의 '㷲烈(焦烈)'을 《八瓊室金石補正》은 '焱烈'로 쓴
다. '焦'은 '赫'의 이체자이다. '赫烈'은 '혁혁하고 성대하다'의 의미이
다.65) '焦'자의 아래 字件은 '火'이고, '烈'자의 자건과 비슷하게 써야
한다.

⑥ '高(高)'

《八瓊室金石補正》은 《三老碑》의 '念高祖' 중 '高'자를 '高'로
모사하고 있다. 중간 '口'가 아래 '冂'과 연결되게 쓰고 있으나, 《曹全碑》
의 '高'나 《孔龕碑》의 '高'자와 유사한 형태로 분리하여 써야 한
다.66)

⑦ '虧(虧)'

《三老碑》의 '月'과 '代'자 사이 虧자를 《八瓊室金石補正》은
'虧'로 모사하고 있다. 《漢魏六朝碑刻校注》와 《漢碑集釋》 등은
이 자를 '虧'자로 석문하고 있다.67) 《秦漢魏晉篆隷字形表》는 '虧'자
아래에서 《三老碑》의 虧자를 '虧'로 摹寫하고 있는데, 《八瓊室
金石補正》의 '虧'자와는 왼쪽 오른쪽 윗부분이 서로 다르다. 《北海
相景君銘》은 '虧'자를 '虧'로 쓴다.68)

65) 《秦漢刻石選譯》은 '赫烈'을 "光明而盛大"로 석문하고 있다. 19쪽.
66) 《秦漢魏晉篆隷字形表》, 345쪽 참고.
67) 《秦漢刻石選譯》은 "日月虧代, 日月有更代, 月有盈有虧, 日月虧代就是經過
了很多年月"이라 설명하고 있다. (19쪽).
68) 《秦漢魏晉篆隷字形表》, 314쪽 참고.

3) 인식하지 못하는 경우

'인식하지 못하는 경우'는 마모가 심하여 ≪八瓊室金石補正≫이 알 수 없는 자로 여겨 '□'로 표시하고 있는 경우를 말한다.

① (謁)'

≪三老碑≫의 '字'자와 '君'자 사이 자를 ≪八瓊室金石補正≫은 인식하지 못하는 자로 '□'로 표시하고 있으나, ≪漢魏六朝碑刻校注≫ 등은 '謁'자로 석문하고 있다.

≪曹全碑≫는 '謁'자를 ''로, ≪北海相景君銘≫은 ''로, ≪趙寬 碑≫는 ''로 쓴다.[69]

4) 잘못 모사(摹寫)한 경우

'잘못 모사한 경우'란 ≪八瓊室金石補正≫이 문자를 잘못 임모하고 있는 경우를 말한다.

② '曰'

≪三老諱字忌日記≫는 '次子邯曰'·'次子士曰'·'次子富曰'·'子女曰' 중의 '曰'자를 ·· 등으로 쓰는데, ≪八瓊室金石補正≫은 각각 '曰'·'曰'·'曰'·'曰'로 모사하고 있다. 이 중 '次子富曰' 중의 '曰' 자를 다른 자와 달리 '曰'로 임모하고 있으나, 사실상 모두 ≪西陲簡≫ 의 '曰'자와 유사하게 양쪽 횡획이 위로 솟아난 형태로 써야 한다.

---

③

≪三老碑≫의 '汁'자 다음 '자를 ≪八瓊室金石補正≫은 '稻(稻)'로 쓰고, '道'의 가차자로 석문하고 있으며, ≪漢魏石刻文學考釋≫ 역시 '稻'자로 석문하고 있다. 그러나 형태로 보아 '稻'자가 아니라 '稽'자이다. ≪武威簡·土相見≫은 '稽'자를 ''로 쓴다. ≪漢碑集釋≫은 "稽, 考也"라고 설명하고 있다.70) '稽'자를 ≪秦漢刻石選譯≫은 "稽, 考察"로 설명하고 있다.71)

≪三老忌日碑≫는 ≪跳山摩崖≫(≪大吉買山地記摩崖≫)과 함께 浙江에 있는 漢代의 碑刻 중 현존하는 가장 오래 된 것 중의 하나이다. 渾厚하고 遒勁한 풍격을 지닌 문자는 篆書와 隷書의 중간 단계로 고대 서법 연구에 중요한 학술적 가치를 지니고 있다.

陸增祥이 ≪八瓊室金石補正≫에서 ≪三老諱字忌日記≫의 자형을 임서하고 있는 摹寫本은 ≪三老碑≫의 자형 연구에 도움이 된다. 본 저서에서는 ≪八瓊室金石補正≫의 모사본과 초기 탁본「次'字不損本」을 비교하여 '석문을 달리하는 경우'·'필획을 정확하게 모사하지 않은 경우'·'인식하지 못하는 경우'·'잘못 모사한 경우' 등을 살펴보았다.

고문자를 연구하는 학자들은 종종 원 고문자 자료를 그대로 모사하기도 하고, 또한 그 자료를 근거로 하여 고문자 자전을 편찬하기도 한다. 예를 들어, 容庚의 ≪金文編≫이나 'xx字形表·xx文字編' 등이 이에 속한다. 이러한 모사본은 우리가 고문자를 연구하거나 원 문자 자형을 인식하는데 중요한 근거자료가 되며, 이 자료는 또한 후학자들에게 중요한 영향을 미친다. 잘못 모사한 문자를 후학들이 아무런

---

70) ≪漢碑集釋≫, 4쪽 참고.
71) "'稽'는 '고찰하다'의 의미." ≪秦漢刻石選譯≫, 19쪽 참고.

비판 없이 그대로 중요한 참고자료로 사용하는 경우가 종종 있기 때문에, 신중하게 연구하고 모사하여야 한다. 세심한 문자 자형 연구가 선행되어야 만이 작자가 전달하고자 하는 내용을 정확하게 파악할 수 있고, 해당 문자의 자형 연변과정을 정확하게 파악할 수 있다.

주요 참고문헌

淸 陸增祥, ≪八瓊室金石補正≫(吳興劉氏希古樓刊本), ≪石刻史料新編≫
　　　(第一輯)(第六冊), 台湾新文豊出版公司, 2009年.

淸 李慈銘, ≪越縵堂讀書記(〈史部・金石類・三老碑拓本〉)≫, 中華書局,
　　　2006年(1959年重印本)

淸 汪鋆, ≪十二硯齋金石過眼錄≫, ≪石刻史料新編≫(第一輯)(第六冊), 台湾
　　　新文豊出版公司, 2009年.

西令印社編著 ≪三老碑彙考≫, 上海書店出版社, 2007年2月.

西令印社編著 ≪西令印社≫總第十輯, 龍寶齋出版社, 2006年2月.

袁維春 撰, ≪秦漢碑述≫, 北京工藝美術出版社, 1990年12月.

李穡 著, ≪秦漢碑刻選譯≫, 文物出版社, 2009年4月.

高文 著, ≪漢碑集釋≫, 河南大學出版社, 1997年11月.

毛遠明 校注, ≪漢魏六朝碑刻校注≫, 線裝書局, 2008年12月.

葉程義 著, ≪漢魏石刻文學考釋≫, 新文豊出版公社, 1997年4月.

漢語大字典字形組編, ≪秦漢魏晉篆隷字形表≫, 四川辭書出版社, 1985年8月

徐中舒 主編, ≪漢語古文字字形表≫, 四川辭書出版社, 1981年8月.

楊家駱 主編, ≪漢書≫, 臺灣鼎文書局, 1987年

台湾新文豊出版公司編輯部, ≪石刻史料新編≫(第一輯), 台湾新文豊出版公
　　　司, 2009年.

중국 고문자 연구

초판 인쇄 2015년 1월 20일
초판 발행 2015년 1월 30일

공   저 | 최남규 · 진명호
펴 낸 이 | 하운근
펴 낸 곳 | 學古房

주   소 | 서울시 은평구 대조동 213-5 우편번호 122-843
전   화 | (02)353-9907 편집부(02)353-9908
팩   스 | (02)386-8308
홈페이지 | http://hakgobang.co.kr/
전자우편 | hakgobang@naver.com, hakgobang@chol.com
등록번호 | 제311-1994-000001호

ISBN   978-89-6071-471-7 93720

값 : 16,000원

이 도서의 국립중앙도서관 출판시도서목록(CIP)은 서지정보유통지원시스템 홈페이지 (http://seoji. nl.go.kr)와 국가자료공동목록시스템(http://www.nl.go.kr/kolisnet)에서 이용하실 수 있습니다. (CIP제어번호: CIP2015001451)